新时代金融创新与发展系列丛书

金融开放对金融风险的影响研究

何　云　著

中国金融出版社

责任编辑：石　坚
责任校对：潘　洁
责任印制：丁淮宾

图书在版编目（CIP）数据

金融开放对金融风险的影响研究／何云著．—北京：中国金融出版社，2023.12
（新时代金融创新与发展系列丛书）
ISBN 978-7-5220-2219-2

Ⅰ．①金…　Ⅱ．①何…　Ⅲ．①金融开放—影响—金融风险—风险管理
Ⅳ．①F830.9

中国国家版本馆 CIP 数据核字（2023）第 208448 号

金融开放对金融风险的影响研究
JINRONG KAIFANG DUI JINRONG FENGXIAN DE YINGXIANG YANJIU
出版
发行　中国金融出版社
社址　北京市丰台区益泽路 2 号
市场开发部　（010）66024766，63805472，63439533（传真）
网 上 书 店　www.cfph.cn
（010）66024766，63372837（传真）
读者服务部　（010）66070833，62568380
邮编　100071
经销　新华书店
印刷　北京九州迅驰传媒文化有限公司
尺寸　169 毫米×239 毫米
印张　14
字数　246 千
版次　2023 年 12 月第 1 版
印次　2023 年 12 月第 1 次印刷
定价　78.00 元
ISBN 978-7-5220-2219-2

“新时代金融创新与发展系列丛书”
编辑委员会

前言 PREFACE

近年来，我国金融业双向开放进程明显加快，在放宽市场准入、扩大业务范围等方面先后推出多项对外开放政策，包括取消银行、证券和保险等金融机构外资股比限制，允许外资金融机构开展信用评级等业务，鼓励金融机构加快“走出去”等。金融业在对外开放的进程中跑出了“加速度”，体现出我国金融业走向世界的自信和从容。在未来新一轮的金融开放中，金融业将作为领头羊，不断地加快“引进来”和“走出去”步伐，这既是金融业自身发展的需要，也体现出我国作为经济全球化贡献者的担当，是实现经济高质量发展的内在要求。

但是，金融业对外开放是一把“双刃剑”，收益和风险并存。一方面，可能有助于国内金融机构学习国外先进的管理经验、优化金融资源配置和提升金融服务效率；另一方面，也会加快金融市场的混业经营，对金融监管形成挑战，同时可能引发速度更快与规模更大的资金流动，加大中央银行宏观调控的难度，弱化宏观经济政策调控的效果。对外开放是我国的一项基本国策，我们应当进一步推进金融等行业的改革开放，吸引外资、放宽市场准入，推动建设开放型的经济，但是在对外开放的同时不能忽视金融风险。在此背景下，对金融业开放与金融风险进行研究可以完善开放经济条件下金融业开放与宏观经济风险防范的理论框架，同时有助于明晰金融业开放影响金融风险的传导机理与传导效果，为控制和预防金融风险提供经验支持和决策参考。

本书将金融业的三大支柱银行业、证券业和保险业作为研究对象，从“引进来”和“走出去”两个方面探讨了金融业开放对金融风险的影响。主要内容包括七个部分：金融业开放对金融风险影响的理论分析、银行业开放对银行风险的影响研究、银行业开放对宏观金融风险的影响研究、金融科技对银行业开放风险的影响研究、证券业开放对金融风险的影响研究、保险服务贸易开放对金融风险的影响研究以及对外开放对人身险公司经营风险的影响研究。具体来说，在理论分析方面，构建了宏观经济模型，通过债券市场将家庭、企业和政府联立起来，求解经济体系的长期均衡，并推导金融业开放对金融风险的影响机制。在银行业开放方面，从外资参股和境外投资两个方面研究了银行业开放与银行风险之间的关系。同时，采用 TVAR 模型检验了外资引入和境外投资对宏观金融风险以及不同金融市场风险的影响。另外，检验了在金融科技不同发展阶段下银行业开放的风险表现。在证券业开放方面，在机构维度层面研究了外资参股和境外投资对证券机构风险的影响，而在市场维度层面研究了跨境证券资金流动对宏观金融风险的影响。在保险业开放方面，以或有权益分析法（CCA）来测度保险业的市场风险，同时采用 LSTVAR 模型检验了保险服务贸易开放对保险业市场风险的影响，并分析了外资持股比例放开对人身险公司经营风险的影响。

在对以上问题深入研究的基础上，本书得到了以下结论：

数理模型推导显示，金融业“引进来”通过外商直接投资渠道影响金融风险，而金融业“走出去”则通过对外直接投资渠道影响金融风险，是否有利于降低金融风险取决于投资回报率。另外，从实体经济层面推导金融业开放影响金融风险的传导机制发现，金融业开放会通过企业成本渠道影响企业产出进而影响金融风险。

银行业开放对金融风险的影响研究，在银行风险方面得到的结论是：对中小型商业银行而言，过高的外资持股比例可能增加银行风险，但是加大境外投资规模有助于降低银行风险；对大型商业银行而言，境外投资规模存在一个阈值区间，在阈值区间内，可能导致银行风险上升。在宏观金融风险方面得到的结论是：较高的外资银行资产占比可能会对宏观金融风险产生正向冲击，不利于金融稳定，但是较高的中资银行海外资产占比有助于降低宏观金融风险，即银行业加大境外投资可能有利于维护金融稳定。在金融科技影响银行业开放风险方面得到的结论是：商业银行应用金融科技具有“赋能”效果，降低了商业银行开放风险，同时提振了商业银行开放风险防范的信心；商业银行金融科技的应用通过降低运营成本提高运营效率降低银行开放风险；金融科技对不同类型商业银行“赋能”效果具有差异性，更有助于降低地方性银行和非上市银行的开放风险。

证券业开放对金融风险的影响研究，在机构维度层面得到的结论是：外资持股比例过高时，可能导致证券机构的风险增大，特别会导致证券机构极端的风险；海外资产占比与证券机构风险呈负相关关系，即增加海外资产占比有助于降低证券机构风险。在市场维度层面得到的结论是：证券业的资金流动对宏观金融风险的影响存在门槛效应，当证券业的资金流入超过门槛值后，跨境证券投资会对宏观金融风险产生正向冲击，可能导致金融风险上升；证券业的资金流出超过门槛值后，跨境证券投资对宏观金融风险的冲击较小，可能不会明显影响金融稳定。

保险业开放对金融风险的影响研究，在服务贸易开放方面得到的结论是：保险服务贸易进口超过临界值后，可能会导致保险业市场风险上升，但在低速经济增长的宏观经济环境下，保险服务贸易进口有利于降低保险业市场风险；保险服务贸易出口与保险业市场风险似乎未形成明显的统计学特征，一个重要的原因可能是我国保险服务贸易出口水平较低，较低水平的保险业“走出去”没有产生规模效应。另外，在外资持股比例放开方面得到的结论是：提高外资股比上限有助于降低人身险公司经营风险；外资股东主要通过加强人身险公司的投资职能和保险职能进而影响公司经营风险；外资股东数目、来源地区以及外资股权制衡度均是影响人身险公司经营风险的重要因素。

基于所得到的技术结论，本书对银行业、证券业和保险业开放提出了有针对性的政策建议，概括来讲包括以下几个方面：加大金融业“引进来”的同时应当把握好“度”；鼓励金融业加大境外投资力度，加快海外战略布局；应积极融入金融科技发展的浪潮，充分利用金融科技的有利面推动金融市场化和结构化改革，提高实体经济的吸引力；完善开放条件下的监管制度建设，同时积极推进跨境监管合作等。

本书研究内容进一步丰富和完善了开放经济条件下金融开放与金融风险防范的理论框架，为相关研究奠定了一定的理论基础。在实证研究方面，有效检验了银行业、证券业和保险业开放对金融机构风险和宏观金融风险的影响，可以为银行、证券和保险等金融行业在“引进来”和“走出去”过程中防范金融风险提供经验支持和决策参考。

本书的写作得到了我的博士生导师、湖南大学马理教授以及湖北名师工作室主持人许传华教授的悉心指导，在此特别感谢。本书的出版得到了湖北经济学院金融学院学术专著出版基金和湖北经济学院科研培育项目（项目编号：790287）的资助。由于笔者水平有限，时间仓促之下难免有错漏之处，还请读者批评指正。

何云

2023 年 10 月 10 日

目录 CONTENT

第1章　引　言

本章首先介绍本书的选题背景与选题意义，然后对本书主要章节的研究内容、逻辑框架和技术思路进行了梳理，最后对本书的创新和不足之处进行了说明。

1.1　研究背景与研究意义

本节主要介绍我国金融业开放的历程和现状，阐述金融业开放可能带来的风险和收益，并剖析金融业开放与金融风险研究的选题意义。

1.1.1　研究背景

加入世界贸易组织（WTO）后，我国金融业取得了快速的发展，建立的具有自身特色的现代金融体系，为我国经济高速发展奠定了基础。图 1-1 显示，我国金融业增加值占比呈现稳步上升趋势，在 2005 年仅为 4%，但是 2015 年增长到 8.2%，十年间翻了一番，目前金融业增加值占比大约为 7.8%，这表明我国金融业发展迅速，在国民经济中占有重要地位。另外，和发达国家相比，我国金融体量已位居世界前列，金融业增加值占比在 2008 年已经超过了日本，并在 2015 年超过了美国，目前与美国持平。

金融的本质是实现资本的优化配置，促进经济增长。但是，在我国金融业快速发展的同时，实体经济却呈现下行趋势。图 1-2 显示，2005 年以后，我国金融业增加值增速整体较 GDP 增速高，近年来才有所回落，这种现象说明我国金融业发展伴随一定程度的“资金空转”“脱实向虚”以及金融运行效率低的现状。如果这种发展趋势不能得到有效改善，可能会导致金融市场动荡，发生系统性金融风险的可能性增加，甚至可能加剧经济下行和经济波动的趋势。2008 年，国际金融危机蔓延至整个金融体系并席卷全球，背后原因就是金融过度发展，与实体经济不匹配。

在这种背景下，我国政府意识到金融业过度发展、脱离实体经济，不仅会导致资产价格泡沫积累，同时金融体系可能进入恶性循环的发展阶段，容易滋生金融风险。为了扭转这一现象，党的十九大报告明确提出，我国经济发展进入新常态，未来经济增长将转向为高质量增长阶段，金融业要不断增强服务实体经济的能力，为经济的转型升级做好支撑。在政策推动下，我国金融业开始持续优化信贷结构，去杠杆取得了显著的成效，同时提高了服务实体经济的能力。在金融体系取得健康稳健发展的同时，我国金融业对外开放的广度和幅度也在不断加大，先后推出的 RQFII、沪深港通、债券通等制度为经济高质量发展提供了源源不断的动力。特别是面对新冠疫情的冲击，我国进一步提出国内国际双循环相互促进的发展理念，进一步彰显出我国坚持对外开放的恒心和决心。

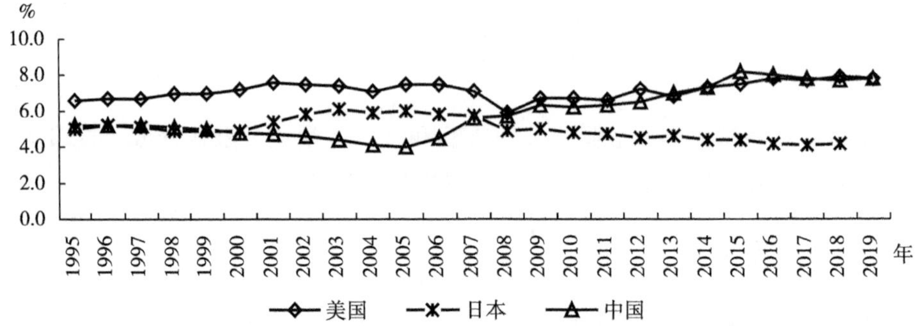

图 1-1　中国、美国和日本金融业发展趋势（1995—2019 年）

（资料来源：Wind）

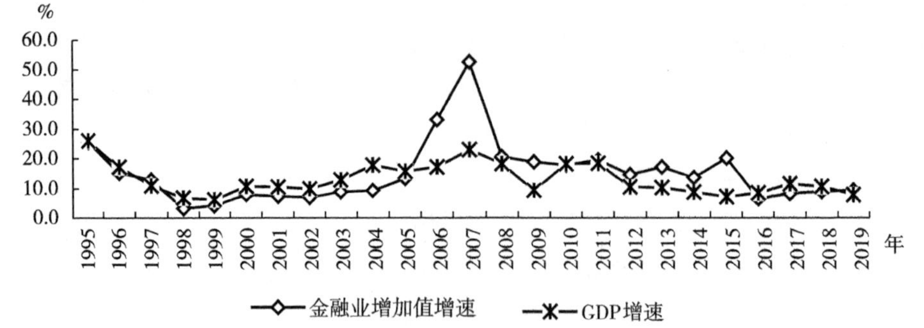

图 1-2　我国金融业增加值增速和经济增长趋势（1995—2019 年）

（资料来源：Wind）

实际上，金融开放是实现国际循环的关键抓手，有利于促进我国经济进一步融入世界经济体系。但是金融开放蕴含着多方面的含义，包括跨境资本的自由流动、放宽金融业的市场准入、扩大外资金融机构的业务范围等。从金融开放的对象来看，金融开放可以分为资本账户和金融业开放两个方面。与资本账户开放不同的是，金融业开放侧重于金融机构或者金融市场，影响更多的是中长期资本流动，而资本账户开放侧重于跨境资本的自由流动，主要影响的是短期资本流动。一般认为，短期资本具有逐利性强的特征，若流动太频繁且量大，容易对金融市场产生较大的负面冲击，可能对金融稳定和经济增长造成较大的负面影响。而中长期资本追求的是长期发展获益，资本流动在降低企业成本和增加投资等方面可能带来诸多益处，甚至可能带来一些附加效应，如金融创新。从这个角度来看，金融业开放更易落实到实体经济层面，促进经济的高质量发展，同时也有益于深化金融供给侧结构性改革。但是，目前围绕资本账户开放已经形成了一系列的学术成果，相对地，在金融业开放方面的研究明显不足，特别是在金融业开放可能带来的风险方面。因此，对金融业开放展开相关研究不仅有助于形成国际国内双循环格局，更有助于促进我国经济的快速发展和维护金融体系的稳定。

表1-1显示的是我国金融业对外开放的历程。根据对外开放的程度和开放的方向，可将金融业开放分为三个阶段：（1）1978—2000年为初步探索阶段，以日本输出入银行在中国设立代表处为标志，特征是采用试点式的开放形式，且开放程度较低。（2）2001—2013年为单向开放阶段，以加入WTO为标志，金融业对外开放开启了新篇章，特征是资金整体来看可双向流动，但是单一渠道仅能单向流通。另外，由于2008年国际金融危机的影响，2008年以后金融业放缓了对外开放的步伐。（3）2014年至今为双向开放阶段，以沪港通的启动为标志，该阶段的特征是各种开放政策和措施频繁落地，尤其是2017年以来，在降低金融业进入壁垒的同时，大力鼓励金融业“走出去”。在政策的带动下，2001年我国金融服务占出口服务的百分比仅有0.36%，但是截至2017年，金融服务占出口服务的比重已达3.62%，增长了十余倍。虽然离世界平均水平还有距离，但我国金融业对外开放程度不断加大，开放的步伐一直稳定而坚决，取得的成就有目共睹。

表1-1 金融业对外开放的历程回顾

标志性事件	时间	目的/意义
1978—2000年：初步探索阶段		
日本输出入银行在北京设立第一家代表处	1979年	金融业开始对外开放
国务院颁布《关于侨资、外资金融机构在中国设立常驻代表机构的管理办法》	1983年	从法律层面规范外资金融机构
中国人民银行发布《关于中国境内机构境外发行债券的管理规定》	1987年	境内机构在境外发行债券的法律依据

续表

标志性事件	时间	目的/意义
建立 B 股市场	1992 年	标志着外资股可以在境内上市
国务院颁布并实施《中华人民共和国外资金融机构管理条例》	1994 年	全面规范外资金融机构的第一部法规
中国人民银行发布《关于批准外资银行加入全国同业拆借有关问题的通知》	1998 年	扩大了外资银行的业务范围
对外发债改为“资格审核批准制”	2000 年	债券资金的使用效率进一步得到提高
2001—2013 年：单向开放阶段		
加入 WTO	2001 年	金融业开放进入新阶段
中国证监会颁布并实施《合格境外机构投资者境内证券投资管理暂行办法》	2002 年	A 股市场开始对外开放
外资银行在中国经营人民币的业务增加到 18 个	2004 年	加大了银行业对外开放的力度
实施合格境内机构投资者（QDII）制度	2006 年	国内投资者开始有机会配置国外资产
重启汇率形成机制改革	2010 年	人民币汇率弹性得到了显著提升
允许符合条件的基金公司、证券公司香港子公司作为试点机构开展 RQFII 业务	2011 年	人民币国际化进程加快
2014 年至今：双向开放阶段		
启动沪港通	2014 年	标志着金融业进入双向开放的新阶段
启动深港通	2016 年	三大交易所开始互联互通
推出债券通	2017 年	内地与香港债券市场开始互联互通
宣布系列的金融业开放措施	2018 年	金融业开放进入“快车道”
国务院出台 11 条金融业开放措施	2019 年	落实金融业对外开放的系列政策
国家发展改革委、商务部全文发布《外商投资准入特别管理措施（负面清单）（2020 年版）》	2020 年	取消了金融业的准入限制

资料来源：根据公开资料整理。

习近平主席在博鳌亚洲论坛上提出金融服务业要加大对外开放，政策落实“宜早不宜迟，宜快不宜慢”。随后，我国金融业开放进入了一个“快车道”，央行、国务院等部门相继出台了一系列对外开放政策和措施，特别是在外资准入方面，包括取消金融机构的外资持股限制、降低外资股东资质方面的限制以及扩大信用评级和支付领域的开放水平等。截至目前，外资机构在金融业准入的负面清单已经正式清零。最近发布的《中共中央关于制定国民经济和社会发展第十四个五年规划和二〇三五年远景目标的建议》也指明了“十四五”期间金融改革发展的方向，即将继续深化改革开放，促进金融业的长期可持续发展。

在不断的探索与创新中，金融业加快并完善了金融市场改革机制，逐步形成了以银行为主导，证券公司、保险机构为重要组成部分的市场体系。因此，银行业、证券业和保险业不仅是我国金融业的三大支柱，同时也是我国金融业对外开放的“排头兵”。2019年国务院金融稳定发展委员会办公室推出11条金融业对外开放措施，其中有9条涉及的是银行业、证券业和保险业的对外开放，这不仅体现了银行业、证券业和保险业在我国金融体系中的重要地位，也体现了我国金融业坚定推进更高水平对外开放的决心。

下面我们根据金融业开放的方向，从“引进来”和“走出去”两个方面描述银行业、证券业和保险业的对外开放现状，如图1-3和图1-4所示。数据显示，在银行业开放方面，外资银行总资产在2016年以后增长较为迅速，说明2016年以后我国银行业“引进来”程度不断加大；在“走出去”层面，中资大型银行海外资产明显高于中资中型和小型银行海外资产，说明中资大型银行在“走出去”方面明显要快于中资中小型银行。在证券业开放方面，证券资金流入整体高于证券资金流出，说明境外投资者看好我国证券市场，倾向在我国进行证券投资。在保险业开放方面，保险服务贸易开放在2015年以后呈现一个迅猛发展态势，特别是保险和养老金的流出，一个重要原因是在“一带一路”倡议带动下，保险业加快了“走出去”步伐，为企业“走出去”保驾护航。

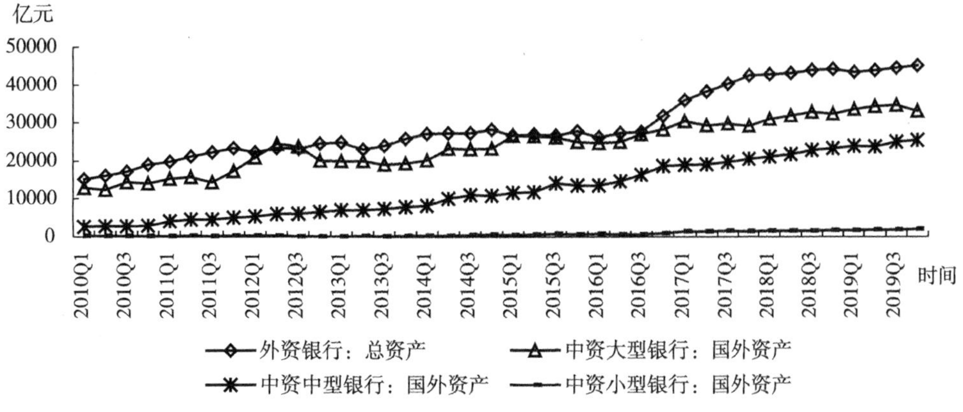

图1-3 2010—2019年中资银行海外资产和外资银行资产

（资料来源：Wind）

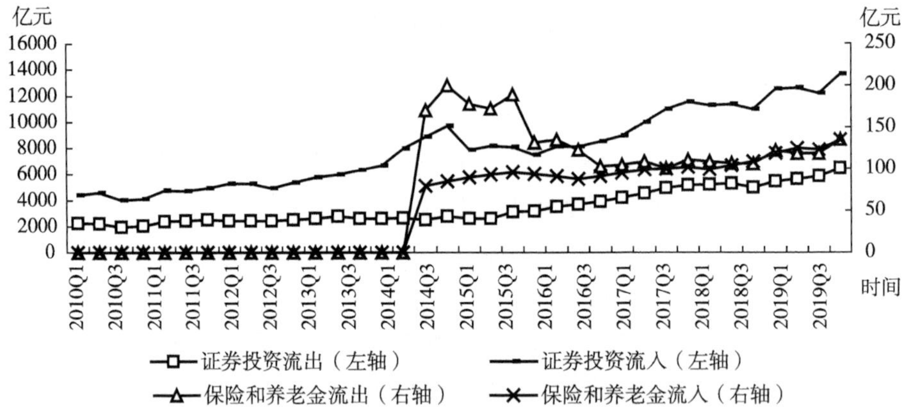

图 1-4　2010—2019 年证券业和保险业资金流入和流出

（资料来源：Wind）

从世界范围内看，金融业对外开放是大势所趋，可能带来一系列的收益，主要表现在以下几个方面：首先，金融业开放打通了国内外金融机构的沟通渠道，有利于国内金融机构学习国外金融机构先进的管理经验和技术，提高中资金融机构的公司治理水平，同时完善内部控制和创新机制；其次，金融业对外开放有助于将境内外市场统一起来，在更大的范围内优化金融资源配置和提升金融服务效率，为实体经济转型升级提供更有效的保障；最后，金融业对外开放有助于国内金融机构加大在境外的投资，有可能增加收益，同时引入外资金融机构在国际市场上的业务优势，提升中资金融机构的国际化发展能力，可以进一步提高我国的综合竞争实力。

但是，金融业对外开放是一把“双刃剑”，在带来收益的同时也可能会产生金融风险，主要表现在以下几个方面：首先，金融业开放会引发速度更快与规模更大的资金流动，可能对货币市场造成较大的冲击，引发金融危机，也有可能加剧人民币汇率波动，促使金融机构、企业与居民的杠杆率上升；其次，金融业开放会加快金融市场的混业经营，增加金融机构业务的多样性和竞争压力，带来道德风险和利益冲突，不仅会加大金融机构自身的风险管理难度，同时可能会形成跨行业、跨市场和跨区域的风险传递，对金融监管形成挑战；最后，在市场机制还不够完善的前提下过快开放金融市场，可能会造成金融市场的不稳定，加大中央银行宏观调控的难度，弱化宏观经济政策调控的效果。

除以上风险外，近年来在金融业开放的过程中还出现了一些新的动态，对我国的金融开放与宏观金融风险防范提出了新的挑战。一方面，日新月异的金融创新模式和金融科技应用改变了金融风险的传导渠道，有可能放大金融风险的影响并起到助涨助跌的作用。各种金融创新工具将商业银行、证券公司和保险机构紧密地联系在一起，形成了巨大的或有风险，传统金融业务背后的风险被急剧放大，货币政策与金融监管政策的引导与约束效果弱化，一旦多因素形成共振，很容易产生较大的系统性风险，对市场造成巨大的冲击。另一方面，各种贸易摩擦加大了宏观金融风险防范的压力。在危机中，发达国家通过实施宽松的货币政策，压低汇率向发展中国家倾销产品进行危机的转嫁，进入复苏期后，发达国家又利用自己的强国地位，通过贸易摩擦手段压制发展中国家的出口，从发展中国家攫取利益而获得再次发展，发达国家频繁的贸易政策调整冲击了发展中国家的金融稳定与金融秩序。

对外开放是我国的一项基本国策，我们应当进一步推动金融等行业的改革开放，吸引外资、放宽市场准入，推动建设开放型的世界经济，但是在对外开放的同时不能忽视金融风险。全国金融工作会议提出，金融是国家经济的核心，同时强调金融安全是国家安全的重要组成部分，加快金融业发展的同时应当提高金融监管水平，守住不发生系统性金融风险的底线。在此背景下，梳理我国金融业开放与金融风险的研究现状，解析金融业开放对金融风险影响的传导机理，并基于银行业、证券业和保险业探讨金融业开放对金融风险的影响效果，显然具有重要的研究意义。

1.1.2　研究意义

加入 WTO 以来，资本账户开放进程不断加快，相对地，金融业开放明显滞后，因此以往学者多以资本账户开放为研究对象，而对金融业开放的关注相对不足。近年来，金融业开放政策频繁落地，开放趋势明显加快，未来金融业也将是对外开放的重点和优先选项。但是，金融业对外开放是一把“双刃剑”，既有助于提高金融资源配置效率，也可能产生金融风险，影响金融稳定，因此有必要对金融业开放与金融风险的相关课题进行研究。

1. 理论意义

第一，完善了开放经济条件下金融开放与宏观金融风险防范的理论框架。金融开放的内涵较为丰富，简单来讲，包括资本账户开放和金融业开放两个方面。在资本账户开放方面，围绕资本账户开放的风险效应和经济增长效应已形成大量的学术成果，而在金融业开放方面，学术研究明显不足。实际上，开放资本账户更多影响的是短期资本流动，而开放金融业可能更多影响的是中长期资本流动，因此它们对金融风险影响的传导机制存在较大的差异性。在此背景下，全面探讨金融业开放对金融风险的影响是一个重要的研究课题，是对金融开放相关研究的一个重要补充，有助于完善金融开放与宏观金融风险防范的理论框架。

第二，尝试解开了金融业开放对金融风险影响的“黑箱子”，为相关研究奠定了一定的理论基础。在金融业开放对金融风险的影响机制研究中，部分学者通过 DSGE 模型探讨了金融业开放对金融风险的冲击，或者通过财富动态变化模型等初步探讨了金融开放的影响，但这些理论模型均无法揭示金融业开放作用于金融风险的传导机理，未解释出差异化影响的根本原因。本书尝试对该问题进行求解，思路是：构建经济体系，将家庭、企业和政府通过债券市场联立起来，求解经济体系的长期均衡，推导金融业开放通过资本流动渠道影响金融风险的传导路径。因此，本书的研究有助于厘清金融业开放对金融风险的影响机制，同时也解释了差异化影响的根本原因，为后文基于我国金融业开放背景，探讨银行业、证券业和保险业开放对金融风险的影响奠定了理论基础。

第三，拓展了开放经济条件下银行业、证券业和保险业开放与金融风险的理论研究。在金融业开放的研究中，大部分学者关注的是银行业国际化，或者不同国家股票市场之间的联动机制，这些均属于金融业开放的某一方面，不足以反映整个金融业的对外开放情况。实际上，银行业、证券业和保险业是我国金融业主要的三大组成部分，对银行业、证券业和保险业开放进行系统研究可以有效代表我国金融业开放的整体情况。在此背景下，本书分别从“引进来”和“走出去”两个方面系统梳理了银行业、证券业和保险业开放对金融风险影响的传导机制，为进一步的实证检验奠定了理论基础。

2. 实践意义

第一，在微观数据的基础上，检验对外开放对金融风险的影响，可以为银行、证券和保险等金融行业在“引进来”和“走出去”过程中防范金融风险提供经验支持和决策参考。由于本书在微观层面检验对外开放与金融风险之间的关系时，均是以银行业、证券业和保险业的整个行业数据为支撑，采用大样本数据进行检验，因此所得结论比较可靠。同时，对外开放包含“引进来”和“走出去”两个过程，为了研究的全面性，分别采用了外资持股比例（“引进来”）和海外资产占比（“走出去”）作为银行业、证券业和保险业对外开放的研究指标，并针对不同行业的特征，选择了有代表性的金融机构风险指标进行检验。因此，本书所得的结论具有经验性意义，可以为我国金融机构在参与国际化经营和引入外资时防范金融风险提供经验支持和决策参考。

第二，在宏观数据的基础上，检验银行业、证券业和保险业开放对金融市场风险和宏观金融风险的影响，有助于金融监管机构和政府部门实施宏观审慎监管。本书在检验银行业、证券业和保险业开放对金融机构风险影响的同时，也从宏观视角检验了银行业、证券业和保险业开放对金融市场风险和宏观金融风险的影响。思路是：利用综合指数法测算金融市场风险和宏观金融风险，同时指定银行业、证券业和保险业开放指标作为门槛变量，并采用门槛向量自回归等计量模型计算不同区制的金融业开放对金融风险的冲击，以得到银行业、证券业和保险业开放与金融市场风险和宏观金融风险之间的非线性关系。因此，本书所得结论也便于金融监管机构和政府部门实施宏观审慎监管和维护金融稳定。

第三，厘清金融业开放对金融风险影响的传导机制和传导效果，有助于在金融业开放过程中，从根源阻断金融风险。一般来说，金融业开放往往不会产生风险，但是不适合本国国情的对外开放可能会带来风险隐患。例如，在宏观经济不稳定、金融发展水平不高和监管不完善的国家，对金融业实施全方位的开放后，金融体系往往更易受到攻击，从而可能导致宏观金融风险增大。因此，本书从“引进来”和“走出去”两个方面，系统梳理了金融业开放对金融风险影响的传导机制，并探讨了金融业开放与金融风险之间的关系，这将有助于在金融业开放过程中，从根源上阻断开放产生的风险。

1.2　本书结构与技术思路

本节主要介绍全书的研究内容、各章内容的逻辑关联以及研究的技术思路，并通过思维导图的形式将各章节的研究内容进行汇总展示。

1.2.1　研究内容

本书以金融业的三大组成部分银行业、证券业和保险业为研究对象，从“引进来”和“走出去”两个方面探讨了金融业开放对金融风险的影响。主要内容包括金融业开放对金融风险影响的理论分析、银行业开放对金融风险的影响、证券业开放对金融风险的影响以及保险业开放对金融风险的影响。研究的思路是：在理论基础方面，通过构建数理模型尝试厘清金融业开放影响金融风险的传导机制，为后文从不同金融业角度分析对外开放与金融风险之间的关系奠定理论基础。在实证检验方面，收集银行业、证券业和保险业的微观大数据，并针对不同金融业特征，计算合适的金融机构风险指标，然后采用回归模型检验金融业开放与金融机构风险之间的非线性关系以及金融科技可能的作用。同时，构建系统性金融风险指标池，测算宏观金融风险以及金融市场风险，利用非线性的 VAR 模型检验金融业开放对金融市场风险和宏观金融风险的影响。主要内容如下。

1. 金融业开放对金融风险影响的理论分析

在第 3 章，我们首先对金融业开放以及金融风险进行概念界定，明确了金融业开放和金融风险的内涵。在此基础上，总结相关经济学理论，并利用该理论尝试解释金融业开放可能影响金融风险的途径。进一步地，通过债券市场将家庭、企业和政府联立起来，求解经济体系的长期均衡，以分析金融业开放对金融风险影响的传导机制。具体来说，首先，构建经济体系，家庭追求消费和投资的最大化，企业进行融资，金融机构为企业提供融资，政府部门追求金融稳定，通过债券价格和收益率反映。其次，利用常数变易法，对方程进行求解得到债券价格和收益率的表达式。进一步地，在开放的背景下，推导金融业开放与资本流动之间的关系，并在长期和连续的背景下对金融风险分别关于不同方向的金融业开放求偏导，由此得到金融业开放对金融风险的传导机制和影响效果。最后，由于金融稳则实体兴，实体兴会进一步促进金融稳定，因此本书也从实体经济角度进一步推导了金融业开放对经济增长的影响，两者结论具有一致性。

2. 银行业开放对银行风险的影响研究

在第 4 章，我们从年报、公告等材料中检索了银行业对外开放的微观数据。利用该数据，从“引进来”和“走出去”两个方面检验了银行业开放与银行风险之间的关系。具体步骤是：将样本银行划分为大型商业银行和中小型商业银行，首先，检验外资持股比例（“引进来”）和海外资产占比（“走出去”）与不同类型银行风险之间的线性关系。其次，检验两者之间的二次曲线关系，并设定三次曲线模型佐证二次曲线关系是否成立。最后，根据临界点将样本分组，检验外资参股和境外投资在临界点两侧时分别对银行风险的影响，以说明银行业过度开放是否会导致银行风险上升，同时可以进一步验证“U”形关系是否成立。

3. 银行业开放对宏观金融风险的影响研究

承接第 4 章内容，第 5 章从宏观视角检验了银行业开放对宏观金融风险的影响。首先，从银行部门、股票市场和货币市场等六个方面构建系统性金融风险指标池，测算不同金融市场的压力指数和系统性金融风险压力指数，分别表征金融市场风险和宏观金融风险。其次，指定外资银行资产占比（“引进来”）

和中资银行海外资产占比（“走出去”）作为门槛变量，并采用门槛向量自回归模型（TVAR）检验银行业开放对宏观金融风险和不同金融市场风险的非线性影响。最后，从货币政策视角分析了银行业开放是否会降低货币政策的调控效果，进而影响金融市场的稳定。

4. 金融科技对银行业开放风险的影响研究

第 6 章从银行微观个体角度，采用 Python 网络爬虫技术，获取金融科技关键词新闻的出现频次来构建金融科技指数，同时收集了银行业的相关数据，分组检验了金融科技对银行业开放风险的“赋能”效果，并将运营成本和运营效率作为中介变量，进一步检验了金融科技缓释银行业开放风险的作用机制。最后，探讨了金融科技对不同类型银行开放风险的影响。

5. 证券业开放对金融风险的影响研究

在第 7 章，我们从机构和市场两个维度检验了证券业开放对金融风险的影响。在机构维度层面，定义证券业的对外开放包括外资参股（“引进来”）和境外投资（“走出去”）两个过程，并在回归模型中引入外资参股和境外投资的一次项、二次项和三次项检验证券业开放与证券机构风险之间的非线性关系。在市场维度层面，定义证券业的对外开放包括证券业的资金流入（“引进来”）和证券业的资金流出（“走出去”）两个过程，并指定证券业的资金流动作为门槛变量，采用门槛向量自回归模型（TVAR）检验证券业的资金流入和流出对宏观金融风险的非线性影响。

6. 保险服务贸易开放对保险市场风险的影响研究

第 8 章是从宏观角度探讨了保险业开放对金融风险的影响，具体以或有权益分析法（CCA）来测度保险市场风险，并指定保险服务贸易开放作为门槛变量，采用逻辑平滑迁移向量自回归模型（LSTVAR）检验保险服务贸易开放、保险服务贸易进口开放（“引进来”）和保险服务贸易出口开放（“走出去”）与保险业市场风险之间的关系。

7. 对外开放对人身险公司经营风险的影响研究

第 9 章是从微观角度探讨了保险业开放对金融风险的影响，具体从财务风险和保险业务风险两个方面，检验了外资持股比例对人身险公司经营风险的影响效应和影响机制，并从外资股东数目、来源地区以及外资股权制衡度三个方面探讨了外资持股特征对人身险公司经营风险的影响。

1.2.2　逻辑结构与思维导图

1. 各章节关联

本书以金融业开放为研究主题，探讨的是金融业开放对金融风险的影响，研究内容的逻辑顺序为：金融业开放对金融风险影响的理论分析→银行业开放对银行风险的影响研究→银行业开放对宏观金融风险的影响研究→金融科技对银行业开放风险的影响研究→证券业开放对金融风险的影响研究→保险服务贸易开放对保险市场风险的影响研究→对外开放对人身险公司经营风险的影响研究。

第 1 章为引言，主要介绍本书的研究背景、研究意义、研究内容、技术思路以及研究创新与不足之处等。第 2 章为文献综述，从银行业、证券业和保险业开放三个方面系统梳理金融业开放和金融科技影响金融风险的传导机理和传导效果方面的研究成果，并进行了文献评述，总结了以往学者研究的局限性以及针对局限性进行的拓展。第 3 章尝试完善金融业开放与金融风险研究的理论基础，因此首先总结了相关的经济学理论，并应用该理论解释金融业开放对金融风险的影响途径，然后构建数理模型，从金融投资和实体经济两个角度推导了金融业的“引进来”和“走出去”对金融风险影响的传导机理。第 4 章和第 5 章，以银行业开放为研究对象，在微观层面检验了外资参股与境外投资对银行信用风险与经营风险的影响，在宏观层面检验了外资引入与境外投资对宏观金融风险和不同金融市场风险的影响。第 6 章构建了商业银行金融科技发展指数，检验了商业银行在金融科技不同发展阶段时对外开放的风险水平，并探讨了金融科技对银行业开放风险的影响机制。第 7 章以证券业开放为研究对象，从市场和机构两个维度检验了证券业开放对证券机构风险和宏观金融风险的影响。第 8 章基于宏观角度，从保险服务贸易开放方面检验了保险业开放对保险业市场风险的影响。第 9 章基于微观角度，检验了提高外资股比限制对人身险公司经营风险的影响效应和影响机制。

2. 思维导图

根据各章节的研究内容，绘制的思维导图见图 1-5。

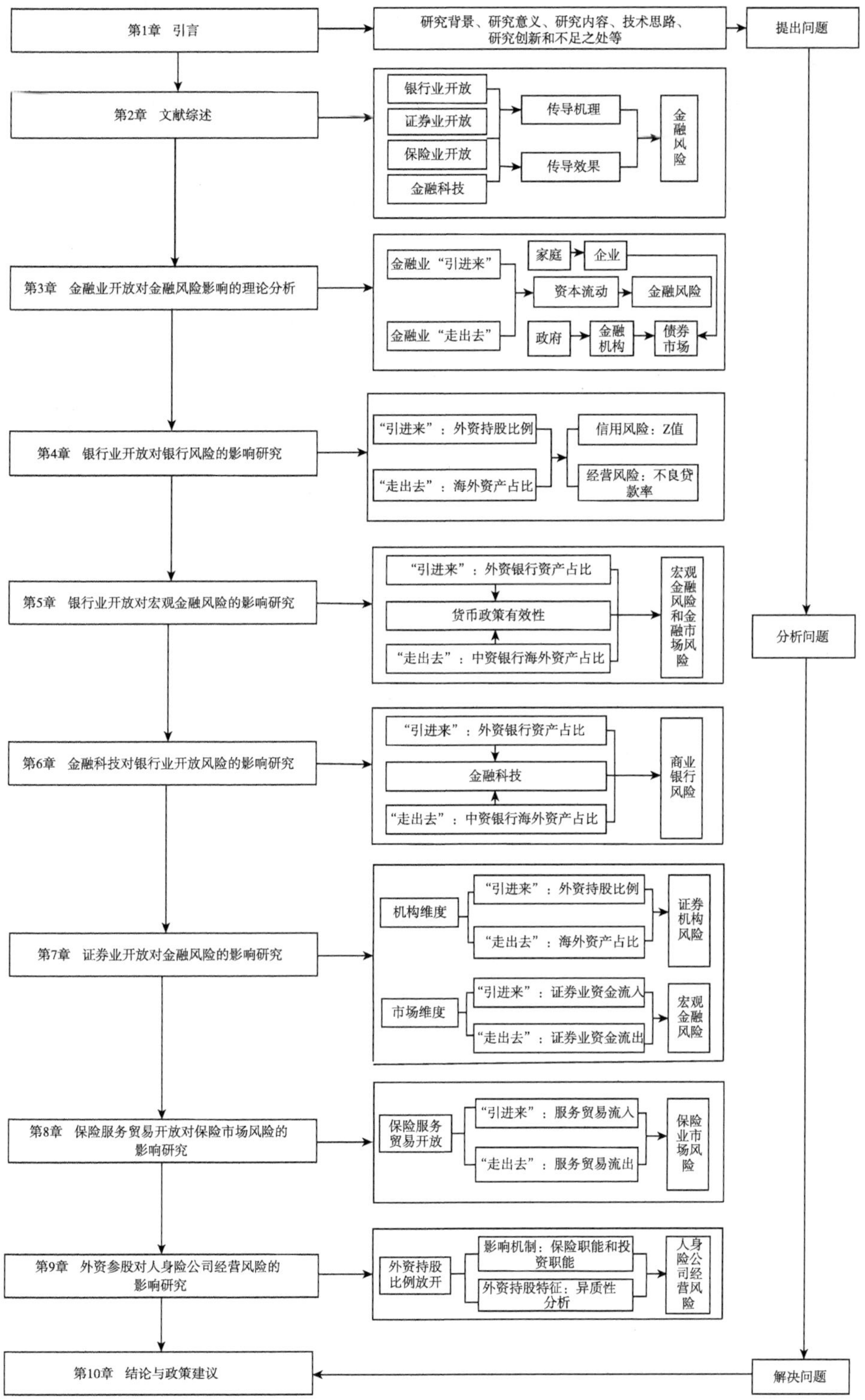
第1章 引言
研究背景、研究意义、研究内容、技术思路、研究创新和不足之处等
提出问题
第2章 文献综述
银行业开放
证券业开放
保险业开放
金融科技
传导机理
传导效果
金融风险
第3章 金融业开放对金融风险影响的理论分析
金融业“引进来”
金融业“走出去”
家庭
企业
资本流动
金融风险
政府
金融机构
债券市场
第4章 银行业开放对银行风险的影响研究
“引进来”：外资持股比例
“走出去”：海外资产占比
信用风险：Z值
经营风险：不良贷款率
第5章 银行业开放对宏观金融风险的影响研究
“引进来”：外资银行资产占比
货币政策有效性
“走出去”：中资银行海外资产占比
宏观金融风险和金融市场风险
分析问题
第6章 金融科技对银行业开放风险的影响研究
“引进来”：外资银行资产占比
金融科技
“走出去”：中资银行海外资产占比
商业银行风险
第7章 证券业开放对金融风险的影响研究
机构维度
“引进来”：外资持股比例
“走出去”：海外资产占比
证券机构风险
市场维度
“引进来”：证券业资金流入
“走出去”：证券业资金流出
宏观金融风险
第8章 保险服务贸易开放对保险市场风险的影响研究
保险服务贸易开放
“引进来”：服务贸易流入
“走出去”：服务贸易流出
保险业市场风险
第9章 外资参股对人身险公司经营风险的影响研究
外资持股比例放开
影响机制：保险职能和投资职能
外资持股特征：异质性分析
人身险公司经营风险
第10章 结论与政策建议
解决问题

图 1-5 思维导图

1.2.3 技术思路

以往学者研究金融业开放的风险效应时，较多关注的是金融业国际化或者外资进入的影响，研究得不够系统全面，因此得到的结论也存在明显的差异。基于此，本书在技术思路上进行了相关的改进。首先，通过构建数理模型，推导金融业开放影响金融风险的传导机理，进一步对银行业、证券业和保险业开放与金融风险之间的关系进行实证检验。由于本书的主要内容集中在第 3 章至第 9 章，因此我们主要介绍第 3 章至第 7 章的技术思路。

第 3 章，首先总结了相关的经济学理论，并利用该理论分析了金融业开放对金融风险的影响途径和效果。进一步地，尝试通过构建数理模型推导金融业开放对金融风险影响的传导机制，以完善金融业开放与金融风险理论研究的不足。具体思路是：第一步，构建包含家庭、企业和政府的经济体系，家庭购买债券进行消费和投资的最大化，企业发行债券进行融资，金融机构为企业提供融资，政府追求金融稳定，通过国债价格和收益率反映；第二步，通过常数变易法求通解、求特解和求极限的方式，得到债券价格和收益率的表达式；第三步，推导金融业开放与资本流动之间的关系，进一步在长期与连续的背景下推导金融业开放通过资本流动渠道影响金融风险的传导机制；第四步，由于金融稳则实体兴，实体兴会进一步促进金融稳定，因此为了进一步佐证模型的结论，我们也从实体经济角度推导了金融业开放对产出影响的传导机理，两者结论具有一致性。

第 4 章，由于采用的是大样本的微观数据，因此技术方法采用的是回归分析，通过引入外资持股比例和海外资产占比的一次项、二次项和三次项检验银行业开放与银行经营风险和信用风险之间的非线性关系。其中，通过一次项可以判断是否存在线性关系，二次项可以判断是否存在“U”形曲线关系，三次项可以佐证“U”形曲线关系是否成立，并判断是否存在三次曲线关系。另外，技术方法上未采用目前较为流行的面板门限回归模型，主要因为该模型对数据的要求较高，对非平衡面板数据的应用会存在很大的局限性。在具体的检验过程中，将样本银行分为中小型商业银行和大型商业银行分别进行统计检验，同时求出临界点，并根据临界点将样本分组，分析临界点两侧的外资持股比例和海外资产占比可能对银行风险产生的影响，以佐证“U”形曲线关系是否成立。

第 5 章，首先从银行部门、债券市场和货币市场等六个方面构建指标池，然后采用 CRITIC 赋权法和 CISS 法构建系统性金融风险压力指数，表征宏观金融风险。考虑到数据采用的是时间序列数据，而时间序列数据普遍存在样本量小、变量之间表现出高度的同步性等特征，使回归分析技术对时间序列变量建模时受到严重的多重共线性影响，导致参数检验失效，同时回归分析也无法捕捉到时间序列变量之间的动态持续响应。因此，对时间序列变量建模时，通常采用的是反映变量动态结构的VAR模型，如MSVAR、TVPVAR等。其中，MS-VAR模型根据变量之间的动态关系进行了分区制研究，TVPVAR模型反映的是变量之间时变的动态关系，两种方法均无法指定某一特征变量进行分区制研究，因此无法得到银行业开放是否存在“度”的结论。而门槛向量自回归模型（TVAR）是对线性VAR模型的拓展，可以刻画当银行业开放超过阈值时参数的变化，符合本书的研究目的。因此，我们借鉴胡成春和陈讯（2020）的研究，通过指定外资银行资产占比和中资银行海外资产占比作为门槛变量，采用两区制的TVAR模型检验银行业开放与宏观金融风险之间的非线性关系。

第6章从银行微观个体角度，采用Python网络爬虫技术，获取金融科技关键词新闻的出现频次来构建金融科技指数，同时收集了银行业的相关数据，分组检验了金融科技对银行业开放风险的“赋能”效果，并将运营成本和运营效率作为中介变量，进一步检验了金融科技缓释银行业开放风险的作用机制。最后，探讨了金融科技对不同类型银行开放风险的影响。

第7章，同银行业开放的研究思路一致，主要从机构和市场维度检验证券业开放对金融风险的影响。在机构维度层面，证券机构风险采用CoVaR法进行测度，计算了5%、1%和0.5%分位点的极端风险溢出，以反映证券机构发生极端风险甚至更加极端风险时对证券行业的风险溢出情况。技术方法采用的是回归分析，通过引入外资持股比例和海外资产占比的一次项、二次项和三次项检验证券业开放与证券机构风险之间的非线性关系。在市场维度层面，技术方法同第5章一致，采用的是门槛向量自回归模型（TVAR），并指定证券业的资金流动作为门槛变量，检验了证券业的资金流入和资金流出对宏观金融风险的非线性影响。

第8章，从保险服务贸易开放维度，检验了保险业开放与保险市场风险之间的非线性关系。由于CCA法具有动态性和前瞻性，可以避免账面数据带来的失真现象，并且适合保险市场整体的风险分析，因此保险业市场风险采用CCA法进行测算。技术方法采用的是平滑迁移向量自回归模型（LSTVAR），因为对时间序列变量建模时，普通的VAR模型无法检验保险业开放对金融风险的非线性影响，TVAR模型可以指定保险业开放作为门槛变量，但是由于我国保险业相对其他发达国家发展得较晚，对外开放程度也较低，因此在金融体系中引发系统性金融风险的可能性远远低于银行业和证券业，如果采用TVAR模型则假定经济变量在区制之间的转换是突变的，可能不太符合保险业对金融风险的影响特征。对此，我们在技术思路上进行了拓展，采用 LSTVAR 进行检验，即通过 Logistic 函数刻画经济变量在不同区制之间的转换。这种方法的优点在于不仅能准确地捕捉到经济变量之间的非线性关系，同时也符合我国保险业对外开放的风险特征。

第 9 章，以人身险公司作为研究对象，研究了提高外资股比上限对人身险公司经营风险的影响。技术方法采用的是回归分析，通过引入外资持股比例的一次项和二次项，分析提高外资股比上限是否对人身险公司经营风险的影响发生变化。当存在“U”形曲线关系时，通过将“U”形曲线临界点与外资股比限制的临界点进行对比，来实证分析提高外资股比上限对人身险公司经营风险的影响。

1.3 创新与不足之处

1.3.1 创新之处

第一，构建了宏观经济学模型探讨金融业开放影响金融风险的传导机制，完善了金融业开放与金融风险理论研究的不足。本书通过对以往学者研究的梳理发现，大部分研究采用实证检验的方法探讨金融业开放对金融风险的影响效应，但是在理论研究方面明显不足。本书在以往学者的研究基础上，以债券市场的稳定表征金融风险，推导了债券的价格和收益率的表达式。进一步地，在长期和连续的背景下，从金融业“引进来”和“走出去”两个方面，对债券的价格和收益率分别关于金融业开放求偏导，由此解析出了金融业开放影响金融风险的传导机制。因此，相对以往学者的研究，本书构建的宏观经济学模型有助于完善金融业开放与金融风险理论研究的不足。

第二，将金融业开放分为“引进来”和“走出去”两个过程，全面考察了不同方向的金融业开放与金融风险之间的关系。一般而言，金融业开放不仅包含“引进来”的过程，也包含“走出去”的过程。在“引进来”的过程中伴随资本流入的增加，而在“走出去”的过程中伴随资本流出的增加，因此不同方向的金融业开放对金融风险的影响可能存在较大的差异性。但是，以往学者的研究较多关注的是金融业的“引进来”，对金融业的“走出去”的关注度明显不足。本书在以往学者研究的基础上进行了拓展，将金融业的“引进来”和“走出去”纳入统一框架，从微观的金融机构开放和宏观的金融业开放两个视角，全面分析了金融业开放对金融风险的影响。

第三，针对不同的数据类型，本书设定了合适的计量模型检验金融业开放“度”的问题。金融业开放一方面可能有利于促进经济增长和维护金融稳定，另一方面也可能带来金融风险，以往学者得到的结论存在较大的差异性，很大原因在于未关注到金融业开放可能存在“度”。因此，本书以此为切入点，设定了合适的计量模型检验金融业开放“度”的问题。具体来说，在微观层面，通过引入对外开放指标的二次项，检验金融机构开放对金融风险的非线性影响；在宏观层面，采用TVAR和LSTVAR模型检验金融业开放在不同区制对金融风险的非线性冲击。相对其他计量模型的优点在于，该类模型得到的结果可以直观反映金融业开放是否存在“度”。另外，不同金融业具有异质性，对不同类型的金融风险也具有差异化的影响，因此针对特定的金融业，本书选取了合适的指标表征其风险。同时，依据理论分析和实证检验的技术结论，本书也提出了有针对性的政策建议。

1.3.2 不足之处

尽管本书在以往学者研究的基础上进行了拓展和创新，但是也存在以下不足。

第一，金融业不仅包括银行业、证券业和保险业，同时也包括理财公司、信托和租赁等二级行业，而本书以金融业三大支柱银行业、证券业和保险业为主要研究对象，探讨了银行业、证券业和保险业开放对金融风险的影响，对于其他金融业开放是否会带来风险，本书并未涉及。另外，无论是银行业、证券业还是保险业，对外开放都是多层次的，蕴含着多方面的含义，而本书研究重点从外资持股比例、海外资产占比等角度考察了金融业的“引进来”和“走出去”对金融风险的影响。因此，本书在研究金融行业范围和对外开放内涵方面，可能存在不全面的问题。

第二，本书基于银行业、证券业和保险业三个方面检验了金融业开放对金融风险的影响，但是第3章构建的数理模型是将不同金融业看作统一整体，从金融业的“引进来”和“走出去”两个方面解锁金融业开放对金融风险影响的“黑箱子”。实际上，不同金融业具有不同的特征，因此不同金融业开放对金融风险影响的传递机制不能一概而论。但是由于技术限制，将银行业、证券业和保险业分别引入模型中存在较大的难度，故在理论建模部分未对不同金融业进行区分，仅利用模型推导的结论对银行业、证券业和保险业开放的风险进行了应用和分析。

第 2 章　文献综述

本章从银行业、证券业和保险业三个方面，分别梳理了金融业开放影响金融风险传导机理和传导效果方面的研究成果，同时进行文献评述，总结以往学者研究的局限性，并针对局限性进行了相关拓展。

2.1　银行业开放影响金融风险的传导机理和传导效果

本部分首先梳理银行业开放对金融风险传导机理方面的研究成果，然后梳理两者之间传导效果方面的研究成果，最后梳理金融科技对金融风险的传导机理。

2.1.1　银行业开放对金融风险的传导机理

1. 银行业开放对银行风险的传导机理

Wu 等（2011）采用亚洲、拉丁美洲、东欧和中欧 35 个新兴经济体的 1200 多家银行样本，实证检验发现外资银行可以作为促进新兴经济体与发达经济体经济一体化的渠道，同时外资银行也可能降低东道国的经济政策效果，进而加大东道国银行业风险。Tacneng（2015）认为，外资参股在大股东股权集中度较低时，可以通过改善银行股权结构降低银行风险承担行为，但是这种积极影响在大股东股权集中度较高时消失。Goetz 等（2016）发现，地域多元化通过地域风险分散机制降低了银行风险，同时不影响银行的贷款质量。Chen 等（2017）利用 2000—2013 年 32 个新兴经济体 1300 多家商业银行的面板数据，发现由于信息不对称、母国银行的风险传染效应、市场差异性和委托代理等问题，外资银行的风险比母国银行风险更高。Cao 等（2018）认为，银行业国际化会通过跨国银行间所有权网络传导 GIIPS 国家的流动性危机，导致风险上升。

2. 银行业开放对宏观金融风险的传导机理

Navaretti 等（2010）指出，跨国银行连接了不同国家的内部资本市场，因此在金融危机期间有助于对冲东道国的异质性冲击，稳定金融市场。另外，这种影响在欧盟国家表现得特别明显。Joyce（2011）以 20 个新兴市场国家为研究对象，发现外资银行进入通过多种渠道促进了金融稳定，如引入金融创新、提高国内银行效率和促进金融机构改革等。Bruno 和 Hauswald（2013）认为，外资银行通过缓解融资约束、提供稳定信贷的渠道，促进了经济发展，同时在东道国危机期间也起到了稳定的作用。Aiyar（2012）研究发现，在大衰退期外资银行分行相对国内银行贷款下降得更多，因此外资银行可能通过信贷渠道影响东道国金融稳定，进而影响实体经济。Jeon 等（2013）认为，银行业开放提高了内部资本市场的活跃度，从而促进了金融危机在不同国家之间传播，导致金融风险上升。Iwanicz-Drozdowska 等（2017）通过构建 FSI 指数分析发现，在经济繁荣时外资银行推行积极的信贷政策，但是在经济衰退时外资银行会降低信贷供给，因此不利于金融稳定，加剧了繁荣—衰退周期。Karolyi 等（2018）指出，国际化银行的资产质量、运营效率通常较高，同时对传统收入的依赖程度较低，因此国际化银行可以通过促进东道国银行业的发展，降低系统性金融风险。

3. 国内学者的研究

刘家松（2012）认为，外资机构通过多种方式参股中资银行，掌握了中资银行的实际控制权，可能会传导国际金融风险，不利于我国的金融稳定。熊启跃等（2016）认为，银行国际化会通过价格效应机制提高银行的盈利能力，进而提高银行的抗风险能力，特别是当宏观经济发展环境不好时，国际化对非国有控股、发展比较稳定的商业银行的积极影响更大。刘家松（2014）认为，外资机构通过相对控股或非控制权方式获得了中资银行的实际控制权，因此不利于中国金融业稳定，并且会对中国金融安全形成巨大威胁。李振等（2020）使用 160 家中资银行的非平衡面板数据，检验了外资持股比例与银行风险承担之间的关系，发现外资参股会通过知识溢出和外部监督两种渠道降低中资银行的风险承担，因此认为银行业开放有助于金融稳定。

2.1.2　银行业开放对金融风险的传导效果

1. 银行业开放可能导致金融风险上升

有学者认为，银行业开放可能导致银行风险上升。例如，Bush 等（2013）采用监管机构测算的风险指标表示银行风险，并区分对外开放的不同方式，结果发现，德国银行业的多个开放指标与银行风险均呈正相关关系。Berger 等（2016）认为，海外市场具有特定的风险因素，因此银行国际化与银行风险承担之间呈现明显的正相关关系。Galema 和 Koetter（2018）认为，海外经营的跨国银行通常盈利能力低、风险高，跨国经营的目的是分散风险，因此跨国银行可能导致东道国银行风险上升。Grassa 等（2021）发现，外资持股增加了银行的信息不对称进而导致银行风险增加。也有学者认为，银行业开放可能导致宏观金融风险上升。例如，Kalemli-Ozcan 等（2013）发现，跨国银行是传导美国金融危机到工业化国家的重要渠道，因此认为跨国银行可能导致其他国家金融风险上升，特别是在金融动荡时期。Drakos 和 Kouretas（2015）考察了美国外资银行和系统性金融风险之间的关系，发现外资银行对美国系统性金融风险具有正向冲击作用，但是冲击幅度要小于美国本土银行。Yin（2019）利用1995—2013 年 129 个国家的数据，研究了银行全球化对金融稳定的影响，发现外资银行进入降低了银行贷款质量，同时增加了银行破产风险，因此不利于东道国的金融稳定。

2. 银行业开放可能导致金融风险下降

有学者认为，银行业开放可能导致银行风险下降。例如，Fang 和 Van Lelyveld（2014）以全球最大的 49 家银行为研究对象，分析发现地域多元化降低了银行信贷风险，降低幅度在 1.1%~8%。Cheng 等（2016）发现，引入境外战略投资者后，商业银行的风险呈现逐年下降的趋势，尤其当境外战略投资者是董事长或者总经理时，风险降低效应更大。Shaban 和 James（2018）以 2005—2012 年印度尼西亚商业银行为考察对象，研究发现外资商业银行比国有商业银行风险更低，盈利能力更强，另外也发现外资并购提高了银行收益，从而有助于降低银行风险。Zhu 和 Yang（2016）检验了股权结构与商业银行风险之间的关系，发现外商投资可以降低商业银行风险，特别是国有商业银行。Rivai 等（2020）指出，来自发达国家和地区的外资股东可以降低被收购地方银行的信用风险。也有学者认为，银行业开放可能导致宏观金融风险下降。例如，Ghosh（2016）研究认为，银行部门全球化降低了银行危机发生的概率，因此外资银行有助于增强东道国银行业的金融稳定性。Van Horen 和 Claessens（2012）使用 1995—2009 年 137 个国家的银行所有权综合数据库，对外资银行的行为和影响进行了评述，指出外资银行相对国内银行的信贷来源更加稳定，因此有助于增强国内金融系统的稳定性。Fiala 和 Havranek（2017）利用极值理论的非参数方法，分析发现外资银行母行对其海外分支机构的风险传染要远小于当地银行之间的风险传染。Faia 等（2019）通过对 2005—2014 年 15 家欧洲银行的数据集进行分析，发现银行业国际化能显著降低欧洲银行业风险，也有助于降低系统性金融风险。

3. 银行业开放对金融风险的影响具有不确定性

有学者认为，银行业开放对银行风险的影响具有不确定性。例如，Angkinand 和 Wihlborg（2010）通过对工业化国家和新兴市场国家的横截面数据的分析，发现外资持股比例对银行不良贷款率的影响不显著。Havrylchyk 和 Jurzyk（2011）使用倾向得分匹配和双重差分技术，研究发现外资股东对银行盈利能力和风险的影响具有阶段性，在接管银行三年内可能影响不明显，但是在接管三年后，银行的盈利能力和风险管理能力会明显改善。Schmid 和 Walter（2012）研究了美国金融机构的地域多元化对风险的影响，发现对不同类型金融机构的影响存在较大的差异性。Meslier 等（2016）认为，不同规模银行地域多元化的效果不同，规模越大的银行越不能从地域多元化中获得收益。Yildirim 和 Claessens（2017）认为，外资银行是否有益于促进东道国银行业稳定，取决于外资银行母国的宏观经济发展状况。当外资银行母国的经济发展好、金融体系比较稳健时，引入外资才能对东道国银行业的发展产生有益影响。Efthyvoulou（2018）对比了不同类型国家地域多元化对银行风险的影响，发现影响取决于东道国的金融发展水平。Bui 和 Bui（2019）以新兴市场国家和发达国家的面板数据为研究样本，检验发现金融市场开放对银行风险承担表现出异质性影响，主要取决于制度发展水平。Nguyen（2020）发现，外资所有权对高风险银行的风险有正向影响，而对低风险银行有负面影响。

也有学者认为，银行业开放对宏观金融风险的影响具有不确定性。例如，Cihak 等（2012）检验了银行部门风险与国际化银行之间的关系，发现两者呈"M"形曲线关系。De Hass 和 Van Lelyveld（2014）认为，跨国银行对东道国金融稳定的影响不确定，特别是在国际金融危机期间，可能传递国外的不稳定冲击，也可能促进东道国的金融稳定。Lee 和 Hsieh（2014）发现，外资所有权对金融稳定的影响存在临界点，超过临界点后，才有益于金融稳定。Pawłowska 等（2015）分析了国际性银行对东道国银行业的影响，发现国际性银行具有两面性，可能传递国际流动性危机，也可能在危机期间作为一个稳定机制。Tonzer（2015）发现，国际化银行间网络在稳定期和危机期对金融稳定的影响存在差异性，在稳定期间有益于金融稳定，但是在危机期可能威胁到金融系统的稳定。Cull 等（2018）指出，发展中国家的外资银行相比国内银行效率更高，因此当国内出现不稳定因素时，外资银行可以稳定信贷市场，但是也可能传递外部冲击，不利于东道国的金融稳定。

4. 国内学者的研究

有学者认为，银行业开放可能导致金融风险上升。例如，吴成颂等（2017）检验了境外战略投资者对城商行风险的影响，发现境外战略投资者入股城商行会导致银行风险增大，并且入股比例越高，风险上升得越快。邱立成和殷书炉（2011）认为，中东欧国家机制设计严重缺失，不合理的外资引进方式会危及银行系统的稳定，同时外资引入过高的话，在外生冲击下容易引发金融动荡，不利于金融稳定。韩晓峰和陈师（2018）指出，本国对外部经济冲击的力度和反应强度会随着跨国银行海外业务占比的增加而不断加大，因此可能放大银行业背后的国际经济风险。熊琛和金昊（2023）发现，银行“走出去”能够改善资产配置效率，但也会增加银行资产端海外风险的敞口。

也有学者认为，银行业开放可能导致金融风险下降。例如，常建新和盛秀婷（2014）测算了外资银行的进入程度，并检验了外资进入对银行业的影响，发现外资银行进入提高了国内银行效率，改善了国内银行的盈利能力和风险管理能力。张博等（2018）基于外资参股基本特征与股权结构特征的双重视角，检验发现引入外资股东有利于降低银行风险，同时外资股东在股权制衡与银行风险之间起到正向的调节作用，即增强了股权制衡对银行风险的抑制作用。胡历芳和刘纪鹏（2019）认为，中国银行业开放是有准备的渐进式的开放，与中国金融市场的监管力度相匹配，不会威胁到中国金融稳定。李振等（2020）发现，外资持股在知识溢出效应和外部监督效应共同作用下降低了中资银行风险承担。蒋芊如等（2022）检验发现，境外引资银行贷款业务的不良率更低，同时境外引资可以弱化不良贷款率对经营风险的负面影响。

还有学者认为，银行业开放可能对金融风险的影响不确定。例如，何维达和于一（2011）基于10家中国上市银行的面板数据，检验了外资银行进入对上市银行风险承担行为的影响，发现两者之间呈“U”形曲线关系。孙焱林和夏禹（2019）通过建立平滑转换回归模型，检验发现金融开放对金融风险的影响是非线性的，取决于金融深化的程度，当金融深化程度较高时有利于降低金融风险。张礼卿和杨荣（2020）指出，新兴经济体的银行业开放对一国金融稳定的影响具有两面性，既可能产生正向冲击，不利于金融稳定，也可能产生负向冲击，促进金融稳定。陈旺等（2020）发现，外资银行资产占比的提高对银行业风险的影响不显著。

2.1.3 金融科技对金融风险的传导机制与效果

1. 金融科技对银行风险的传导机制

现有研究普遍认为，商业银行发展金融科技可以降低银行风险。在传导机制方面，Frame 等（2018）指出，金融科技核心技术的应用改善了商业银行信贷风险管理。Fung 等（2020）发现，金融科技主要通过改变银行的盈利能力渠道降低了商业银行风险，增强了金融稳定。邱志刚等（2020）通过构建信息不对称模型，推导发现大数据信贷模式是传统信贷模式的升级，利用了传统银行信贷模式没有的信息，提高了金融机构的风控能力。郭丽虹和朱柯达（2021）指出，银行应用金融科技手段可以降低普惠贷款带来的风险，同时提升远距离分支行普惠贷款经营表现和风控能力。鲍星等（2022）研究发现，商业银行运用金融科技可以通过提升银行内部控制水平、改善银企信息不对称来降低商业银行的不良贷款率。郭晔等（2022）检验发现，银行布局金融科技提高了自身创新能力和竞争力进而降低了银行信贷风险。Sajid 等（2023）指出，金融科技通过提高银行的经营效率降低了银行风险。而吴文洋等（2023）研究指出，银行数字化转型能够弱化经济政策不确定性、国际金融市场波动等负外部冲击对银行系统性风险的不利影响。郭品等（2021）检验发现，金融科技发展有助于降低突发公共事件对银行风险承担的负面冲击。

2. 金融科技对银行风险的异质性影响

在异质性影响方面，Cheng 和 Qu（2020）检验发现，金融科技显著降低了商业银行的信用风险，同时金融科技对大型银行、国有银行和上市银行信用风险的负面影响相对较弱。Deng 等（2021）指出，金融科技通过银行内部息差、管理能力、外部竞争强度、居民储蓄意愿等渠道影响银行风险，并且对银行风险的抑制作用在大型商业银行和城市商业银行中更为明显。Zhang 等（2023）指出，金融科技能降低银行的信贷风险，对中小型商业银行风险的抑制作用更加明显。另外，也有部分研究持有不同的观点。例如，王道平等（2022）认为，银行金融科技水平提升会增加银行风险承担倾向，系统性金融风险显著放大，而宏观审慎监管可以有效削弱金融科技的风险溢出效应。刘慧超和王书华（2023）检验发现，数字化转型与中小银行风险呈倒“U”形曲线关系。Zhao 等（2023）指出，支付结算技术（PST）、集资技术（CRT）和投资管理技术（IMT）与银行风险承担呈正相关，市场设施技术（MFT）与银行的风险承担呈负相关。

2.2 证券业开放影响金融风险的传导机理和传导效果

本部分首先梳理证券业开放对金融风险传导机理方面的研究成果，然后梳理两者之间传导效果方面的研究成果。

2.2.1 证券业开放对金融风险的传导机理

An 等（2018）以 1990—2013 年 42 个国家的 26473 家公司为研究样本，发现境外投资者在传递海外情绪中发挥了重要作用，导致企业风险承担和盈余管理行为对股价暴跌风险的正向影响效应加大，特别是在国际金融危机期间。Umutlu 等（2010）检验发现，在控制了规模、流动性、国家特征和危机因素后，金融自由化可以抑制股票市场的波动，主要是通过促进金融市场改革，加快完善市场基础建设等渠道。Kim 等（2019）研究认为，境外投资者通过发挥外部监管的作用，避免了管理层对坏信息囤积引发的股价崩盘风险，并且当境外投资者更熟悉东道国的制度背景时，其降低崩盘风险的作用更显著。Lee 和 Chou（2018）探讨了金融开放对新兴市场国家流动性的影响，指出金融市场开放通过提高新兴市场国家的资本流动性，缓解了信息不对称、道德风险和逆向选择等问题，因此提高了市场效率。

任光宇（2015）认为，股票波动包括连续型波动和跳跃型波动两种，而证券市场开放可以通过降低连续型和跳跃型波动显著降低市场总体波动风险。刘海飞等（2018）采用最小生成树算法，构建了不同股市之间的关联网络，通过仿真模拟发现，沪港通通过提高两市场网络的融合度以及面对随意攻击时股票市场的鲁棒性，进而促进了股票市场稳定。钟覃琳和陆正飞（2018）基于股价信息含量的视角，研究发现资本市场开放通过增强价格对资源配置的引导作用，促进了资本市场稳定。刘晓群等（2023）研究发现，“沪港通”政策引入境外投资者，提高了市场流动性，带来了更多分析师覆盖，同时提高了企业信息披露质量，从信息利用和信息生成两个角度降低了股价信息风险。王子柱和刘浩思（2022）指出，深港通交易制度引入了境外成熟机构投资者，秉承价值投资理念，提高股价信息含量，进而有效降低了股价波动。

2.2.2 证券业开放对金融风险的传导效果

1. 证券业开放可能导致金融风险上升

基于境外投资者的角度，如 Ahmed（2017）考察了资本流动对埃及股票市场波动的影响，以及影响是否会因国内政治动荡而改变，结果发现境外机构投资者的股票交易在政治稳定期和动荡期均对埃及股票市场波动具有正向影响。Naufa 和 Lantara（2017）利用印度尼西亚证券交易所上市公司数据，检验了外资所有权、收益波动、交易量和股票市场风险之间的关系，发现外资参股增加了股票收益率波动的同时增加了风险，因此外资所有权的增加不利于印度尼西亚股票市场的稳定，建议印度尼西亚政府限制并规范外资参股。基于金融市场一体化的角度，如 Vo 和 Ellis（2018）利用 GARCH-BEKK 模型研究了不同国家波动率传递之间的关系，发现在国际金融一体化的背景下，越南股票市场与发达国家股票市场之间的收益和风险存在显著的正相关性，特别是在金融危机期间，股票市场的变动趋势更趋于一致。Todea（2016）采用横截面分析方法，研究了 20 个新兴市场国家股票市场一体化、波动性和波动持续性之间的关系，发现一体化程度越高，股票市场波动性和波动持续性越高，特别是在 2005 年之后。Nishimura 等（2018）基于开放背景研究了港股市场、沪深 A 股市场与国际有影响力的股票市场之间的波动溢出效应，发现股票市场开放度越大，不同股票市场之间的波动溢出效应越大。基于境内外交易所互联互通对股票市场影响的角度，如 Bai 和 Chow（2017）研究认为，尽管沪港通的实施对内地和香港两个市场的影响幅度不同，具有不对称性，但是中长期来看，两个股票市场的规模和流动性均会增加，同时两个市场的风险持续性和系统性风险也会增加。Yang 等（2019）利用 Copula 模型计算了 CoVaR 和 CoES 指标，分析了伦敦和中国股票市场的依赖性和风险溢出效应，指出伦敦和中国股市尾部依赖和下行风险均有所增加，并且由于国际投机的影响，伦敦股市对上海和深圳股市的风险溢出也有所增加。Anyamaobi（2022）使用了普通最小二乘法、增强型 Dickey Fuller 检验、Johansen 协整检验、准向量误差修正模型和成对因果关系检验，研究发现，系统性风险对尼日利亚的外国证券投资流入有显著影响。

2. 证券业开放可能导致金融风险下降

基于金融自由化对股票市场影响的角度，如 Ben Rejeb 和 Boughrara（2014）采用 13 个新兴市场国家样本，研究了在正常期和金融危机期间金融自由化与股票市场波动之间的关系，发现金融自由化与股票市场波动呈负相关关系，降低了股票市场风险，同时也降低了各种金融危机发生的概率。Han 等（2015）在控制个体效应和时间效应后，采用工具变量法检验了金融自由化对中国资本市场的影响，发现境外机构投资者在降低市场波动性的同时，对资本市场起到了稳定器的作用。基于外资参股与股价稳定相关性的角度，如 Chiang 和 Chan（2017）采用 1994—2014 年中国台湾上市公司的面板数据，研究了外资所有权对股票市场波动的影响，发现外资所有权与股票收益率波动呈负相关关系，对企业稳定起到了促进效果，但是自 2008 年国际金融危机之后，稳定效应就降低了。基于跨境证券组合投资的角度，如 Lee 和 Jeong（2016）利用 GARCH 风险分解模型研究了东盟经济体、中国和美国股票市场之间的动态模式，发现亚洲经济共同体与地区股票市场的融合程度更高，主要受国内经济形势的驱动。另外，国际投资者将东盟纳入投资组合中可以降低非系统性风险。Batten 和 Vo（2015）发现，境外投资者不倾向投资风险高、信息不对称严重的企业，投资时倾向采用长期投资策略，侧面说明金融市场开放和提高市场透明度有助于促进国际证券投资。Zhang 等（2022）检验发现，资本市场开放政策显著降低了股价暴跌风险，主要通过改善公司治理和提高信息透明度来降低股价暴跌风险。

3. 证券业开放对金融风险的影响不确定

基于不同类型的境外投资者的角度，如 Chen 等（2013）研究了中国的上市公司数据，发现境外机构持股导致企业股票收益波动增加，境外个体持股降低了收益波动。Ahmed（2016）对比了境外投资者和国内投资者的股票交易活动对卡塔尔股票市场的影响，发现境外机构投资者和境外个体投资者的卖出交易均导致股票市场波动增加，但是境外机构投资者的购买交易降低了股票市场的波动。基于证券市场开放的双重效应的角度，如 Charteris 和 Strydom（2016）建立利率波动模型，分析了撒哈拉以南地区的债券资本流动性是否影响波动性，结果发现债券市场开放具有两面性，一方面开放程度越高，市场的波动性越高；另一方面高波动性的同时也伴随着市场效率的提升。Huo 和 Ahmed（2017）采用动态预测技术，评估了沪港通开通对股票市场的影响，发现沪港通增加了股票市场之间的波动溢出效应，因此开放会影响股票市场的风险水平，但是也提高了市场效率。Nguyen 等（2019）考察了不同水平外资持股比例下的股票投资组合的风险—收益特征，发现外资参股增加了股票的流动性和收益，但是也增加了股票的风险，并且认为外资持股比例在 20%以下时股票的表现最好。基于不同类型国家或者不同阶段金融市场一体化与股票市场波动之间关系的角度，如 Esqueda 等（2012）分析了金融全球化与股票市场风险之间的关系，发现金融全球化有助于降低代表性新兴市场国家的股票收益率波动，但是对工业化国家影响不显著。Lehkonen（2014）基于 23 个发达国家和 60 个新兴市场国家样本，发现在金融危机开始阶段股票市场的一体化传播了金融风险，但是在金融危机期间对金融风险没有影响，并且新兴市场国家的一体化程度有所提高，发达国家的一体化程度有所下降。此外，Ochieng 等（2019）分析了跨境证券投资对肯尼亚股票市场波动的影响，发现在引入调节变量前后跨境证券投资对当前股票市场波动的影响均不显著。Islamaj 和 Kose（2022）研究了各类资本流动（外国直接投资、证券投资、债务、汇款和援助流动）的风险分担结果，发现汇款和援助流动与国际风险分担的增加有关，其他类型的资本流动与更好的风险分担结果并不一致。

4. 国内学者的研究

有的学者研究了跨境证券投资对金融市场的影响。例如，庄起善和张广婷（2013）指出，国际证券投资者根据其投资收益率迅速改变证券等的投资方向，导致东道国金融市场波动加剧，不利于金融稳定。杨海珍等（2017）采用 MS-VAR 模型计算了跨境证券投资对国内金融市场的冲击大小，发现在市场的高波动区制阶段，跨境证券投资对金融市场的冲击幅度明显增大。曹衷阳和关田田（2021）指出，跨境证券投资对国有银行系统性风险影响不大，但增加了股份制银行以及城市商业银行的风险，且影响的持续时间较长。何国华和徐梦洁（2022）发现，2008 年国际金融危机以后，跨境资本净流动降低了银行的稳定性，但是逆周期调节政策会削弱跨境间接投资对银行稳定性的负向影响。张春生等（2023）指出，跨境资本流入激增有助于维护金融稳定，但是跨境资本流入中断和资本外逃不利于维护金融稳定，资本撤回对金融稳定的影响不显著；而资本外逃对新兴（发展中）经济体金融稳定的负向影响更为明显，但对发达国家的冲击并不显著。

有的学者研究了 QFII、RQFII 以及沪港通等政策的实施对证券市场的影响。例如，纪彰波和臧日宏（2019）将沪港通开通作为准自然实验，研究发现沪港通的实施能够明显降低 A 股市场的投机气氛，因此有助于降低市场的波动性。李志辉和田伟杰（2020）考察了股票市场互联互通机制与系统性风险之间的关系，发现互联互通机制具有两面性，一方面降低了股票市场系统性风险，另一方面也促进了系统性风险的跨市场传导。方意等（2021）指出，沪股通资金大幅流出事件发生会加剧港股的跨境风险传染作用，并使沪市行业风险上升，同时港股向沪市的对应行业扩散风险以后，风险会进一步在沪市行业间传导。潘宁宁和韩科飞（2022）指出，沪港通交易制度的实施在短期内加剧了左尾系统风险，不利影响主要集中在信息效率低、公司治理机制较差、流动性较低的公司，但是标的股票对外开放程度（交易规模）的提高会降低左尾系统风险。有的学者研究了证券业开放与金融体系稳定之间的关系。例如，宁特林和谢朝阳（2017）研究发现，开放某一个证券市场可能不利于金融稳定，但是推动不同的证券市场同时开放有利于促进金融稳定。林曙和叶海春（2014）认为，中国股票市场开放可以带来短期的增长效应，但是在股票市场开放十年以后，会导致投资下降，进而抑制经济增长，同时货币危机发生的可能性也会增加。

2.3　保险业开放影响金融风险的传导机理和传导效果

本部分首先梳理保险业开放对金融风险传导机理方面的研究成果，然后梳理两者之间传导效果方面的研究成果。

2.3.1　保险业开放对金融风险的传导机理

Cole 等（2012）使用折衷范式的研究框架，以国外市场的财务指标作为国际化水平的代理变量，对美国再保险公司的国际化进行了实证研究，结果发现美国再保险公司参与国际市场可能会通过分散风险和利用过剩产能等途径，降低再保险公司风险。Dina（2018）采用保险监管部门发布的年度报告，定量评价了2007—2016年罗马尼亚保险业的集中度和竞争情况，然后基于竞争视角分析了全球化对罗马尼亚保险市场的影响，研究发现外资渗透加剧了罗马尼亚保险市场的竞争，进而导致了保险市场波动性和风险传染性增加。Pervan等（2014）采用SWOT方法分析了马其顿保险业盈利能力的影响因素，指出外资保险的渗透增加了保险业竞争，同时加快了保险公司的业务发展，并促进了产品的研发，因此可能有利于降低保险业风险。Pervan和Curak（2012）研究了2005—2010年影响波斯尼亚和黑塞哥维那保险公司盈利能力的因素，指出外资保险公司具有更丰富的知识和技能，使外资保险公司相比国内保险公司的绩效表现得更好，因此引入外资保险可能通过知识溢出效应渠道降低保险业风险。Li和Li（2020）发现，金融开放可以帮助外资保险机构打开中国市场，提高中国保险市场的产品研发管理能力和市场效率，在保险业发展中发挥积极作用。

黄薇和龚六堂（2013）研究了新兴市场国家保险业发展状况，发现对外开放导致保险行业竞争加剧，经营成本增加，同时效率水平也受到不利影响，因此可能不利于保险业稳定。黄荣哲（2015）通过实证研究证明，保险服务市场的开放显著提升了中国保险公司的国际竞争力，同时促进了中国保险公司在激烈的国际竞争中不断成长。陈华等（2020）采用动态面板模型考察了财险公司多元化投资的动机，认为我国财险公司进行多元化投资主要是为了获得内部市场，并分散经营中的风险，因此财险公司进行境外投资可以通过获得内部市场降低风险。

2.3.2 保险业开放对金融风险的传导效果

1. 保险业开放可能导致金融风险上升

Wanjugu（2014）以肯尼亚2009—2012年23家保险公司作为研究样本，分析了肯尼亚保险公司财务绩效的影响因素，发现外资所有权会对保险公司财务绩效产生显著的负向影响，因此外资所有权可能导致保险公司风险增大。Chen等（2019）以30个OECD国家保险公司为研究样本，采用Probit模型分析了公司层面和国家层面因素对金融危机的影响，认为保险公司绩效改善有助于降低金融危机发生的概率，但是经济全球化减弱了保险公司绩效对金融危机的抑制作用。Altuntas和Gößmann（2016）利用1999—2011年德国财产责任保险集团的调查数据和财务报表数据，考察了国内市场绩效与国外市场进入模式选择之间的关系，发现战略转型是保险集团作出国际化决策的重要动因，并且国际化保险集团表现出较低水平风险调整的市场绩效，其业绩波动性要高于内资保险公司。Schoenmaker 和 Sass（2016）指出，欧洲保险业存在较高程度的外资渗透，甚至超过了银行业，尽管带来了一些收益，但是也产生了一定的金融风险。Mühlnickel 和 Weiß（2015）分析了 394 个保险公司海内外并购样本，结果发现保险业的合并降低了保险业的稳定性，同时也降低了银行业的稳定性，因此建议监管机构需要考虑保险业务的多元化是否会影响金融稳定。Lee 等（2021）利用中国和东盟五国的数据，研究发现经济自由度越高越不利于非寿险行业的发展。

2. 保险业开放可能导致金融风险下降

Shim（2017）研究了 1992—2010 年美国财产责任保险业的市场集中度与保险公司财务稳定性之间的关系，同时采用两阶段最小二乘法控制了模型的内生性，发现保险业在不同州开展业务有助于降低承保收益的波动性，可能有利于提高保险行业的稳定性。Rosa 等（2019）建立连续时间模型评估了寿险行业海外扩张带来的风险抑制效应，发现国际扩张的风险分散效应很大，特别是在低利率的政策环境下。Jeng（2015）分析了中国寿险和财产险行业的竞争程度，发现中资保险公司较外资保险公司更具有竞争性，并且外资保险公司相对中资保险公司的收入更低，这暗示着引入外资保险公司可能不会对中资保险公司造成较大的竞争压力，加大保险业风险。Hu 和 Yu（2014）采用多种方法研究了我国台湾人寿险公司资本比率对投资风险和承保风险的影响，发现外资保险公司具有更丰富的风险管理经验，使外资保险公司的风险较国内的保险公司的风险更低。Lee 等（2016）检验了 39 个国家的保险市场风险和金融自由化之间的关系，发现金融自由化程度较高的国家可以通过建立完善的保险市场体系来降低金融危机发生的概率。因此，加大保险业外资引入可能也有利于降低金融风险。Kasman 等（2020）在研究土耳其保险业稳定、竞争与集中度之间的关系时，发现外资寿险和非寿险保险机构均相对国内保险机构更加稳定。De Rosa 等（2021）发现，寿险行业国际扩张的风险分散效应很大，特别是在低利率的政策环境下。Dragota 等（2022）、Johri 等（2023）指出，FDI 水平越高的国家，寿险业的发展水平越高，暗示着对外开放有利于寿险业发展。

3. 保险业开放对金融风险的影响不确定

Outreville（2012）为克服小样本问题，采用了重抽样方法研究了国际地域多元化与全球最大再保险集团承保业绩之间的关系，发现地域多元化对再保险公司承保业绩具有正向影响，但这种关系不是线性的，表现出 S 形曲线的关系。

Biener 等（2015）从风险调整收益和成本效率两个方面检验了保险行业全球化与其绩效之间的关系，发现全球化对寿险行业风险抑制效应较小，相对地，非寿险行业更能从全球化中获益。Weiss 等（2014）比较了外资寿险公司和内资寿险公司对系统性风险的贡献，发现外资寿险公司对系统性风险的贡献较小，但是大型的内资寿险公司与保险业的内在联系是导致系统性风险的一个重要驱动因素。Kanno（2016）利用网络分析法研究了全球非寿险市场的系统性风险，发现在 2008 年国际金融危机之后，全球再保险网络不再是非寿险市场系统性风险传染的主要渠道。Che 等（2017）采用美国财产责任保险行业数据，检验了多元化与保险公司承保和投资表现之间的关系，发现地域多元化对承保损失率和投资回报率的影响不显著。Bierth 等（2015）分析了外资寿险的系统性风险，发现在金融危机期间外资寿险公司的系统性风险达到了顶峰，明显较正常时期的风险高。Bukowski 和 Lament（2019）将外资持股比例作为结构性因素，分析了外资持股比例与财产险和人身险市场发展之间的关系，发现外资持股比例对保险市场发展具有显著的影响，但是对不同类型的保险机构的影响具有异质性。

4. 国内学者的研究

何小伟和谢远涛（2012）基于 2003—2009 年的寿险市场数据，考察了外资保险进入与中资寿险效率之间的关系，发现外资保险进入对中资寿险公司效率产生了正向溢出效应。黄薇（2011）通过分解保险企业经营活动，检验了外资进入对中国保险业效率的影响，发现外资持股比例与保险机构效率之间存在正“U”形曲线关系，超过一定的临界点后，外资参股才有助于保险机构发展。边文龙和王向楠（2017）收集了中国 50 家产险公司和 57 家寿险公司的面板数据，比较分析了中资产险和外资产险风险的差异性，指出外资寿险比中资寿险的退保率更低。王桂虎和郭金龙（2019）构建了保险业资产负债流动性错配指数，并采用多种计量模型检验了保险业流动性错配对系统性金融风险的影响，结果发现流动性错配对系统性金融风险具有显著的正向影响，特别是在开放经济中，流动性错配可能会引发连锁效应，导致系统性金融风险发生的可能性增大。欧阳越秀（2016）以 45 家财险公司为研究对象，认为相比中资财险，外资财险偿付能力更高，但是信用风险也更高，因此建议外资财险公司应关注再保交易的信用风险。杨波和吴婷（2020）基于投资组合原理，发现保险公司跨地域经营可以降低风险。王稳和田满霞（2020）指出，外资寿险公司的治理效率总体上优于中资寿险公司。吴望春和李春华（2020）指出，外资寿险公司的经营效率普遍低于中资寿险公司，且前者的进步略慢于后者，未来难以威胁到中资寿险公司的主导地位。王丽珍等（2021）检验发现，外资参股对财险公司承保风险和投资风险的影响具有异质性，降低了财险公司投资风险，但是提高了其承保风险。李腾等（2022）发现，外资参股和境外投资会加剧保险公司的风险承担水平。彭雪梅和邓啓平（2023）指出，外资持股通过公司治理效应和技术溢出效应促进了寿险公司财务稳定。

2.4　文献述评

本部分从研究思路、理论基础和研究方法三个方面总结以往学者研究的局限性，然后针对研究的局限性进行了相关拓展。

2.4.1　局限性

第一，研究的理论基础不够充分。以往大部分研究采用的是实证检验的方法进行分析，如采用银行业的微观数据检验外资进入对银行风险的影响，或者研究沪港通和深港通的风险溢出效应等。虽然实证检验方法可以较为有效地分析出金融业开放与金融风险之间的关系，但是也存在一定的问题，如在分析金融业开放对金融风险影响的内在机理方面存在明显的短板。因此，实证检验和数理建模相结合的研究方式得到的结论往往更让人信服。目前，理论研究中很少有学者通过数理模型来推导金融业开放与金融风险之间的关系，近期少部分学者构建了 DSGE 模型考察了金融开放对金融风险的冲击，如马勇和王芳（2018）与温兴春和梅冬州（2020）。但是整体来看，金融业开放对金融风险影响的理论基础仍旧比较薄弱。

第二，研究的内容不够全面。首先，从金融开放的对象来看，金融开放包括了资本账户和金融业的对外开放，而以往学者重点关注的是资本账户开放，对金融业开放的关注相对较少。其次，金融业开放包含“引进来”和“走出去”两个方向，不同方向的金融业开放对金融风险的影响机制完全不同，可能产生迥异的结果，而相关研究较多地从“引进来”角度进行考察，较少区分不同方向的金融业开放。最后，金融业开放包含机构层面和行业层面的开放，机构层面的开放主要基于金融机构角度，影响的是机构层面的风险，行业层面的开放是站在整个金融行业的角度，影响的是宏观层面的风险，而相关研究往往是仅从机构或者行业某一层面的开放进行的相关研究。

第三，采用的技术方法没有检验出金融业开放可能存在“度”。以往学者以微观面板数据为基础时，采用多元线性回归和面板回归模型研究金融业开放与金融风险之间是否存在线性关系，或者采用面板门槛回归模型研究金融业开放对金融风险的影响是否受某一因素的制约。以时间序列数据为基础时，采用反映变量动态结构的 VAR 模型进行研究，如根据变量动态关系采用 MSVAR 模型进行分区制研究，采用 TVPVAR 模型分析变量之间时变的动态关系。但是，这些研究均未注意到金融业开放可能存在“度”，因此得到的结论存在较大的差异性。

2.4.2 拓展

第一，在理论基础方面，本书尝试建立数理模型推导金融业开放对金融风险影响的作用机理，为后文基于中国背景检验银行业、证券业和保险业开放对金融风险的影响奠定了理论基础。具体来说，首先，我们构建包含家庭、企业和政府的经济体系，家庭追求投资和消费的最大化，企业发行债券进行融资，金融机构为企业提供融资，并服务企业“走出去”，政府追求金融稳定，通过债券市场的价格和收益率反映。其次，通过求通解、求特解以及求极限的方式得到债券价格和收益率的表达式。最后，将金融业开放分为金融业的“引进来”和“走出去”两个过程，推导金融业开放对金融风险影响的传导机理和传导效果。

第二，在研究内容方面，首先，金融业开放相对资本账户开放更能引导资金进入实体经济，避免短期资本流动带来的风险，同时也更有利于金融业的改革发展，因此本书研究重点关注的是金融业开放，完善了金融业开放相关研究的不足。其次，不同方向的金融业开放带来的风险效应不能一概而论，而单方向的金融业开放的风险研究又不够全面，基于此，我们将金融业开放分为“引进来”和“走出去”两个过程，并纳入统一框架进行研究，较为全面地分析了金融业的对外开放可能带来的风险。最后，本书在以往学者的研究基础上进行了拓展，不仅关注了机构层面开放带来的风险，也考察了行业层面开放带来的风险，由点到面进行研究，研究的视角更为全面。

第三，在技术方法方面，针对微观机构数据，通过引入金融业开放的二次项检验金融机构开放适当的“度”的问题。针对时间序列数据，尝试采用可以反映变量之间非线性关系的 VAR 模型，如 TVAR 和 LSTVAR 模型等，并且均指定金融业开放作为门槛变量，分析在不同区制时金融业的“引进来”和“走出去”对金融风险的冲击，以从行业开放的角度探讨金融业开放的“度”的问题。

第3章　金融业开放对金融风险影响的理论分析

本章首先对相关概念进行界定，其次应用经济学理论分析金融业开放对金融风险的影响途径和效果，最后构建宏观经济模型，从“引进来”和“走出去”两个方面推导金融业开放对金融风险影响的传导机理。

3.1　相关理论模型回顾和应用

金融业开放是一把“双刃剑”，虽能提高金融资源的配置效率，同时也可能产生金融风险。实际上，金融业开放可能通过多种途径影响金融稳定。例如，资本大量流入可能导致杠杆升高和价格上升，加剧资产泡沫；资本大量外流可能加剧宏观经济波动，导致金融不稳定。从不同国家金融业开放情况来看，有些国家通过金融业开放促进了经济增长，并维护了金融稳定，而有些国家进行金融业开放，不仅没促进经济增长反而引发了系统性金融风险。以往学者从这些国家的宏观经济基础、金融体系稳健性等角度进行了相关解释，但是背后的机理究竟是什么，目前尚未有学者对此进行深入探讨。

在此背景下，本书构建了宏观经济学模型，研究金融业开放对金融风险影响的传导机理，探讨金融业开放对金融风险差异化影响的原因。相关研究的理论意义在于：构建开放经济条件下金融业开放与金融风险的理论模型，研究金融业开放影响金融风险的传导机理和传导效果，为我国进一步深化金融市场改革，避免在金融业开放过程中引发系统性金融风险提供有益的理论支撑。现实意义则在于：探索金融业开放影响金融风险的传导机理，有助于提出促进金融稳定的金融开放优化设计方案，为维护我国金融稳定、防范系统性风险的宏观调控提供经验支持和决策参考。

本部分首先对金融业开放与金融风险等相关概念进行界定，然后总结相关的经济学理论，并利用对应的理论分析金融业开放对金融风险的影响途径和效果。

3.1.1 概念界定

1. 金融风险

(1) 风险和金融风险的定义

“风险”一词由风和险组成，来源比较普遍的一种说法是，渔民在出海打鱼的生活中深刻领悟到了“风”给他们带来的危险，形成了“风”即意味着“险”的观念，于是有了“风险”一词。风险是生产经营活动的基本特征，来源于对未来结果的不确定性。大致有两层含义：一是强调结果具有不确定性特征，即事件的结果服从概率分布，因此在实践中常常需要对事件出现的结果进行主观推断；二是强调结果的不确定性对不同人类活动的影响，因为不同的人类活动具有不同的特征，由此产生的不同结果造成的影响也是不一样的。

金融指的是资金融通，是现代经济的重要组成部分。由于是一般的人类活动，因此也具有风险的特征。简单来讲，金融风险指的是金融活动产生的结果的不确定性，从而导致一个甚至多个经济主体遭受损失。在一般的经济活动中，任何资金融通或者货币相关的要素变动，如股市波动、交易对手的倒闭或者金融开放等，都可能使投资者的实际收益与预期收益不符，进而经济主体采取不理性的防范措施导致发生严重亏损。

(2) 金融风险的特征

在经济活动中，金融风险是与投资和融资活动密切相关的一类风险，因此具有一般风险不确定性的特征，也具有一些自身的特征，包括累积性、传染性、周期性等。下面我们进行简单的说明。

不确定性是金融风险的基本特征，说的是金融活动或者金融事件有很多种可能的结果，不同的结果对应的收益不同，产生的影响也不同。但是这种不确定性不是完全未知的，可以通过一定的技术手段进行测度，从而根据测度结果制定有效的防范措施，尽可能地降低金融风险的不确定性带来的损失。

累积性是金融风险内在的特征，说的是随着时间的推移，风险在受到一系列的冲击后不断地积累变大，当到达一定阈值的时候，金融风险会造成严重的损失，引发金融危机。因此，金融危机是金融风险的极端表现形式，会对经济主体造成巨大的损害。

传染性是金融风险的重要特征，金融风险具有传染性的根源在于金融业的混业经营，因为银行业、证券业和保险业等金融机构的投资和融资活动往往是密切相关的，经常互相拆借资金，甚至作为战略投资者参与对方的投资项目中，这样导致不同金融机构之间的风险因素交织在一起，一旦某家金融机构出现问题，由于协同作用，可能产生“多米诺骨牌效应”，将一家金融机构的风险不断放大，最终传染到整个金融体系。

周期性是金融风险的一般特征，说的是金融风险的表现同经济运行和货币政策密切相关，呈现有规律的变动。一般来说，在宽松的货币政策时期，社会层面的资金比较充裕，金融市场运行整体会比较平稳；但是在货币紧缩时期，社会资金短缺，货币供需缺口较大，导致影响金融机构安全的因素很容易被激化，一旦多因素形成共振，金融风险就容易被急剧放大。

此外，金融风险还具有其他的一些特征，具体如下：金融风险具有多样性，指的是金融风险有多种表现形式，如信用风险、利率风险等；金融风险具有易变性，指的是金融风险具有一定的阈值，超过阈值后会发生质变，引发金融危机；金融风险具有隐蔽性，指的是金融风险不易被观察到，容易被一些表象所掩盖；金融风险具有复杂性，指的是引起金融风险的因素较多，不容易分辨出来。

（3）金融风险的分类

金融风险有多种分类标准，本书在进行金融风险的分析中，主要根据金融风险涉及的范围，将金融风险分为三类，分别是微观金融风险、中观金融风险和宏观金融风险。下面我们进行简单的说明。

从微观层面看，金融风险主要体现在金融机构自身的风险上，是金融机构某一方面风险的具体化，往往影响的是金融机构自身经营的稳定性，通常不具有很大的破坏力，但是如果监管不当，可能会演化为所在行业的风险，甚至是系统性金融风险。例如，影子银行风险、不良贷款风险、股票市场的波动风险、证券市场的质押规模和比例不断攀升带来的潜在风险、保险业的偿付能力风险和退保风险等。从中观层面看，金融风险主要表现为某一金融行业的风险，往往是由某一大型金融机构的风险演化而来，造成风险在整个行业内传播，导致行业内出现大量金融机构倒闭和破产的现象。例如，银行部门风险、货币市场风险、外汇市场风险和股票市场风险等均属于中观金融风险。从宏观层面看，金融风险主要由于资金流动范围比较广，如在不同金融市场、企业、金融产品和地理区域之间流动。在资金流动的过程中，杠杆因素层层叠加，隐藏的风险因素不断积累，当达到一定的临界值后，风险会集中爆发，并向外扩散，引发系统性金融风险。在本书的研究中，主要是通过对不同金融市场构建系统性金融风险压力指数来刻画宏观金融风险状况。

2. 金融业开放

金融业开放属于金融开放的一个方面，相关的概念还有金融自由化。本质上来讲，金融开放主要是针对金融抑制现象，逐步放开国内金融市场的运行限制。一般来说，一个国家在金融自由化和金融开放过程中会经历三个阶段，分别是完全封闭阶段（没有自由化）、部分开放阶段（部分自由化）和完全开放阶段（完全自由化）。整体来看，目前世界各国均是一定程度上的金融开放和金融自由化，但是金融开放和金融自由化的程度是不断加大的。

（1）金融自由化

金融自由化最早是针对“金融抑制”现象提出来的，认为发展中国家金融市场不成熟，金融抑制现象比发达国家更加严重。主要表现是：发展中国家政府对利率进行严格管制，导致实际利率为负，公众不愿意将钱存到银行，因此银行需要以较高的贷款利率获取收益，同时银行又根据偏好实施信贷供给，这严重损害了金融体系的资源配置功能，进一步导致了投资不足和产出下降。

为了解决这种现象，Mckinnon 和 Shaw 提出了金融自由化理论，主张让市场“看不见的手”起主导作用，解除政府的信贷管制，并实施市场化利率，提高金融体系的资金配置效率。因此，通过市场机制来引导利率，会使利率更加合理，带动投资和储蓄双向增加，进而促进本国产出增加。实际上，金融自由化除了利率的自由化外，还包括汇率的自由化、取消投融资业务的管制、市场准入的开放以及国际金融资本流动的自由化等。可以概括为内外两个方面：一是消除国内金融抑制，二是对外放松资本流动管制。但是在 20 世纪 80 年代，实施金融自由化的国家均在一定程度上遭受了金融危机，这促使人们开始审视金融自由化的成本问题，反思金融自由化与金融风险之间的关系。

（2）金融开放

学术界对金融开放并无统一的界定，但是我们可以通过主体、工具和客体三个维度来对金融开放进行刻画。显然，金融开放的主体是一国当局，工具可以是法律法规、管理办法和政策条例等，客体可以是国内外的居民、机构或者金融活动准入约束、业务限制等。因此，从这个角度来看，金融开放包含的方面很多，内涵较为丰富。

从内容角度，金融开放有广义和狭义之分，狭义的金融开放指的是跨境资本的自由流动，既包括国际资本的流入，也包括本国资本的流出。如果不同国家的资本流动不存在任何管制，则可以认为金融是完全开放的，而实际情况是大部分国家对资本流动存在或多或少的限制。广义的金融开放包括两大方面：一是资本账户的开放，这意味着跨境资本的自由流动和本外币之间的自由兑换，资本能够以直接投资或者证券投资等方式自由进入国内外的金融市场；二是金融业的开放，包括政府容许境外的机构或者个人参股金融机构，或者以合资、并购和独资等形式从事银行、证券和保险等业务。另外，鼓励国内金融机构进行跨国投资也属于金融业开放的一个方面。

（3）金融业开放

金融业开放属于广义的金融开放，是金融开放的一个重要方面。从开放的对象来看，金融业开放可以分为金融服务业的开放和金融市场的开放。例如，在金融服务业的开放方面，取消金融机构的外资持股比例限制、放开外资金融机构的业务范围以及允许符合条件的境外投资者来华经营金融相关的业务等。在金融市场的开放方面，开通沪港通、深港通和沪伦通等，主要涉及的是国际资金的自由流通。从开放的方向来看，金融业开放可以分为“引进来”和“走出去”两个过程。金融业的“引进来”指的是引入外资的过程，通过降低外资的准入门槛，引导国际资金到我国进行投资；而金融业“走出去”指的是鼓励国内金融机构走出国门，参与国际经营，进行全球战略布局。

综上所述，我们可以将金融业开放总结为：一个国家在开放过程中所包含的金融服务和国际投资在金融行业的跨国流动，这种金融服务和国际投资的跨国流动既包括国外的机构和投资者来我国从事金融业务（表现为金融业“引进来”的过程），也包括我国的银行、证券和保险等金融机构到国外从事相关业务（表现为金融业“走出去”的过程）。

3.1.2　经济学理论与应用

1. 投资组合理论

（1）基本内容

投资组合理论一般用来刻画投资组合的收益和风险，由马科维茨首次提出。下面我们先对该理论进行简单介绍。

假定投资者对 n 种资产进行投资，资产的实际投资收益率为 $r_i(i=1, 2, 3, \cdots, n)$，期望收益率向量为 $R=[R_1, R_2, \cdots, R_n]^T$，投资比重系数向量为 $X=[X_1, X_2, \cdots, X_n]^T$，且满足 $\sum_{i=1}^{n} X_i = 1$，则投资组合的期望收益率可表示如下：

$$E(R_p) = \sum_{i=1}^{n} X_i E(R_i) = X^T R \tag{3-1}$$

设 R_i 和 R_j 的协方差为 σ_{ij}，则投资组合的风险用方差 σ_p^2 表示为：

$$\sigma_p^2 = \sum_{i=1}^{N} \sum_{j=1}^{N} X_i X_j \sigma_{ij} = X^T Q X \tag{3-2}$$

由于投资比重系数向量不唯一，故投资者可以构建不同的投资组合。当投资组合满足风险一定收益最大或者收益一定风险最小时，则为有效的投资组合。可建立如下的双目标优化模型表示：

$$\begin{cases} \max E(R_p) = \sum\limits_{i=1} X_i E(R_i) \\ \min \sigma_p^2 = X^T Q X \\ \sum\limits_{i=1}^{n} X_i = 1(X_i \geqslant 0) \end{cases} \tag{3-3}$$

在式（3-3）中，$E(R_p)$ 为投资组合的预期收益率，σ_p^2 为投资组合的方差，Q 为协方差矩阵。

（2）应用

下面，我们利用该经济理论分析金融业“走出去”对金融风险的影响。假定金融机构在国内投资的收益率为 u_D ，方差为 σ_D ，境外投资的收益率为 u_F ，方差为 σ_F ，两类投资资产收益率相关系数为 ρ_{DF} ，投资境外的资产占比为 w ，则投资组合的期望收益率为：

$$u_p = wu_F + (1-w)u_D \tag{3-4}$$

投资组合的方差为：

$$\sigma_p^2 = w^2\sigma_F^2 + (1-w)^2\sigma_D^2 + 2w(1-w)\rho_{DF}\sigma_F\sigma_D \tag{3-5}$$

投资组合的标准差为：

$$\sigma_p = \sqrt{w^2\sigma_F^2 + (1-w)^2\sigma_D^2 + 2w(1-w)\rho_{DF}\sigma_F\sigma_D} \tag{3-6}$$

我们以 Z 值为例，来推导金融机构境外投资对金融风险的影响，Z 值表达式如下：

$$Z = \frac{u_p + K/A}{\sigma_p} \tag{3-7}$$

其中，K/A 为资本资产比，则 Z 值可进一步表达如下：

$$Z = \frac{wu_F + (1-w)u_D + K/A}{\sqrt{w^2\sigma_F^2 + (1-w)^2\sigma_D^2 + 2w(1-w)\rho_{DF}\sigma_F\sigma_D}} \tag{3-8}$$

对上式关于境外资产占比 w 求偏导，得到：

$$\begin{aligned} \frac{\partial Z}{\partial \mathrm{w}} = & \left[\frac{(1-w)\sigma_D^2 + w\rho_{DF}\sigma_F\sigma_D}{[w^2\sigma_F^2 + (1-w)^2\sigma_D^2 + 2w(1-w)\rho_{DF}\sigma_F\sigma_D]^{3/2}}\right]u_F \\ & - \left[\frac{w\sigma_F^2 + (1-w)\rho_{DF}\sigma_F\sigma_D}{[w^2\sigma_F^2 + (1-w)^2\sigma_D^2 + 2w(1-w)\rho_{DF}\sigma_F\sigma_D]^{3/2}}\right]u_D \\ & - \left[\frac{w\sigma_F^2 - (1-w)\sigma_D^2 + (1-2w)\rho_{DF}\sigma_F\sigma_D}{[w^2\sigma_F^2 + (1-w)^2\sigma_D^2 + 2w(1-w)\rho_{DF}\sigma_F\sigma_D]^{3/2}}\right](K/A) \end{aligned} \tag{3-9}$$

其中，$w \in [0, 1]$，$\rho_{DF} \in [-1, 1]$，$u_F \in (0, 0.5)$，$\sigma_F \in (0, 1)$，$u_D \in (0, 0.5)$，$\sigma_D \in (0, 1)$，$K/A \in (0, 0.5)$。

通过对式（3-9）分析，我们并不能明确得到金融机构境外投资如何影响风险。但是经验显示，当 $\rho_{DF} \leqslant 0$、$\sigma_F < \sigma_D$、$u_F > u_D$ 时，$\frac{\partial Z}{\partial w}$ 倾向大于 0，说明当两种资产的投资收益相关系数为负，并且境外投资风险低的时候，金融机构的境外投资能够降低投资组合的风险；但是当 $\rho_{DF} > 0$、$\sigma_F > \sigma_D$、$u_F < u_D$ 时，$\frac{\partial Z}{\partial w}$ 倾向小于 0，说明当两种资产的投资收益相关系数为正，并且境外投资风险高的时候，金融机构的境外投资会增加投资组合的风险。

综上可见，利用投资组合理论可以解释金融机构“走出去”对金融风险的影响，但是“走出去”是否有利于分散风险需要取决于一定的条件。例如，国内资产与境外资产投资收益的相关性，境外投资的风险大小等。因此，金融业“走出去”对金融风险的影响需要具体情况具体分析。

2. 道德风险理论

（1）基本介绍

道德风险理论最初由经济学家麦金农提出，是以发展中国家为研究对象，对政府的隐性担保、过度借债与金融危机之间的因果关系进行的相关研究。具体说的是，政府的隐性担保会导致道德风险，而道德风险会带来系列的社会问题，如过度投资、过度外债和经常账户赤字等，进而导致资产泡沫积累。未来随着泡沫的不断积累和膨胀，到达一定阈值破灭后，金融机构和企业会出现流动性不足、财务状况恶化等现象，由此可能会引发金融危机。

具体表现为，在资本管制比较严的条件下，国内融资难度比较大，利率上升抑制了投资需求，因此不会产生过度投资和过度借债等问题。但是如果金融开放之后，外资机构进入国内金融市场，可以有效缓解企业的融资约束，因此可能导致资产泡沫积累。当资产泡沫积累到一定程度破灭后，外资机构对国内资本市场失去信心，停止资金供应，导致国内金融机构和企业陷入流动性不足和财务状况恶化的局面。此时，政府为了稳定资本市场，防止发生金融危机，会通过发行货币的方式对大型金融机构和企业进行救助，导致政府财政赤字扩张，可能会诱发货币危机，甚至是金融危机。

以上是政府行为引发的道德风险，实际上金融机构的道德风险来源很多。例如，监管机构、评级机构或者借款人等都可能引发道德风险。下面，我们以借款人为例来说明。在社会信用体系还不完善的阶段，借款人可能会制造虚假的财务信息资料骗取银行贷款，并且不按借款协议进行投资，可能导致银行资产发生损失并引发风险。实际上，信息不对称是借款人道德风险的主要来源，银行较难获取企业的信用状况以及经营情况信息，使借款人在资金的信贷、使用和偿还等过程中存在发生道德风险的可能。

（2）应用

目前我国不断加大金融业的对外开放，一方面，有利于金融机构和企业获取国际融资，缓解企业的融资约束，同时引入外资股东有利于形成股权制衡的局面，对大股东进行监督可以降低经营者和管理层之间的道德风险，从而降低金融机构损失的可能性。另一方面，金融机构和企业利用获取的国际融资可能会从事风险高的投资活动，引发道德风险，并且过度的投资可能导致资产泡沫的积累，加剧金融体系的脆弱性。因此，根据道德风险理论，金融业开放可能具有两面性。

3. 溢出效应理论

（1）基本介绍

知识溢出指的是知识的自有者有意识或者无意识地将知识传授给其他人，但是没有获得对应的收益。因此，知识溢出具有外部性，是过程和结果的统称，具有带动效应、激励效应、模仿效应、连锁效应和交流效应等。根据知识的表现形式，知识分为显性知识和隐性知识。显性知识的传播不受地理边界的限制，可以通过一定的媒介进行传播，如大众媒体。隐性知识由于传播和吸收能力有限，它的传播需要特定的环境和传播方式，如面对面交流。通常我们研究的知识溢出效应属于技术溢出效应范畴，它不仅和专业知识有关，同时也与经验积累有密切关系。

罗默的技术溢出效应模型如下：

$$Y = K^{\alpha}(AL_{y})^{1-\alpha} \tag{3-10}$$

在式（3-10）中，Y 表示产出，K 表示资本，A 表示技术进步，α 取值范围 0~1。该模型说明企业可以通过科技进步提高生产率，从而带动全社会经济增长。

在开放经济背景下，外资企业进入东道国后，可能会有意识或者无意识地将自身先进的技术和管理经验传授给当地企业或者员工，这一过程会产生技术溢出效应。技术溢出主要通过三个渠道来实现：模仿和学习渠道、竞争渠道和培训渠道。其中，模仿和学习渠道是指当地企业和员工学习并借鉴外资企业的技术和管理经验，并经过长时间的应用后，掌握了该门技术，于是外资企业在某些方面的技术和优点会慢慢渗透到相关行业中；竞争渠道是指外资企业和内资企业抢占同一个市场，内资企业为了获得更大的市场份额，不断地提高自身实力；培训渠道是指外资企业在东道国招聘员工进行培训，提高了当地劳动力的技能和素质，在人才相互流动的情况下，推动了内资企业的发展。

（2）应用

知识溢出效应在金融业开放过程中发挥着重要作用，不仅体现在金融业“引进来”的过程，也体现在金融业“走出去”的过程。例如，降低外资准入门槛后，大量外资金融机构在我国进行投资经营，和我国金融机构在同一市场上展开竞争，在这一过程中我国金融机构可能通过模仿和学习等渠道，吸取外资金融机构的优点，产生的技术溢出效应促进了我国的金融业发展。另外，我国金融机构走出国门在境外进行经营，也便于模仿和学习其他国家。因此，根据知识溢出效应理论，金融业开放有助于促进金融业发展，从而可能有利于降低金融风险。

4. 金融危机传染理论

（1）基本介绍

金融危机传染指的是某一事件导致金融机构出现破产倒闭、资产价格暴跌和汇率大幅度贬值等现象，以及这些现象不断发酵对实体经济造成巨大的消极影响，并通过某些特定的渠道在不同国家之间进行传播和深化的过程和结果。由于不同国家可以通过贸易、金融和投资渠道相互关联，因此金融危机也主要通过这三大渠道进行传染。其中，贸易渠道是通过影响商品货物、技术服务等的进出口，一国的金融市场和经济发生剧烈波动；金融联系渠道是通过影响金融市场的流动性，一国金融资产价格暴跌和金融机构倒闭；投资渠道是外资机构出于自身发展的考量，对投资的项目进行撤资和变现，引起市场恐慌，进而导致金融市场出现流动性紧缩等系列问题。

金融危机发生的根源在于金融系统和宏观经济的脆弱性，这些脆弱性会导致投资者对危机国经济发展失去信心，进而加剧危机国资本外逃，甚至遭受投机资本攻击。另外，经济金融全球化也是导致国际金融危机传染的重要条件，因为在全球化条件下，发展中国家对发达国家产生了过度的资本依赖。一方面，若发达国家发生危机，可能会撤回投资以求自保，发展中国家就可能会陷入流动性不足的困境；另一方面，由于发达国家投资回报率高，发展中国家在国际经济和金融秩序下，可能倾向对发达国家进行投资，但是当发达国家遇到金融危机时，发展中国家海外投资项目也会受到严重影响，进而可能威胁到本国金融市场的稳定。

（2）应用

金融业开放会通过多种渠道传导金融风险。例如，在金融联系渠道方面，金融业开放后，与他国的金融联系会更加紧密，金融风险和危机很容易通过两国相关联的投资项目进行风险传染，导致本国金融风险上升；在投资渠道方面，遭受危机的境外投资机构或者投资者撤资，不仅导致国内面临流动性紧缩问题，同时还可能产生负面的连锁反应。因此，根据金融危机传染理论，金融业开放可能会传导境外的金融风险，导致国内金融风险增大。

5. 三元悖论

（1）基本介绍

“三元悖论”理论是保罗·克鲁格曼（1999）在蒙代尔—弗莱明模型和“米德二元冲突”理论的基础上提出来的，研究的是货币政策、资本流动和汇率稳定三大宏观经济政策之间的关系。

“三元悖论”理论可以用图 3-1 进行直观解释。其中，阴影三角Ⅰ是“三元悖论”中的不可能三角，三角形三个顶点代表的是严格的固定汇率制度、货币政策完全独立和资本完全自由流动。四个三角形中除了Ⅰ，其他的三个三角形Ⅱ、Ⅲ和Ⅳ是可以相互兼容同时存在的，并且每个三角形代表一种政策组合。

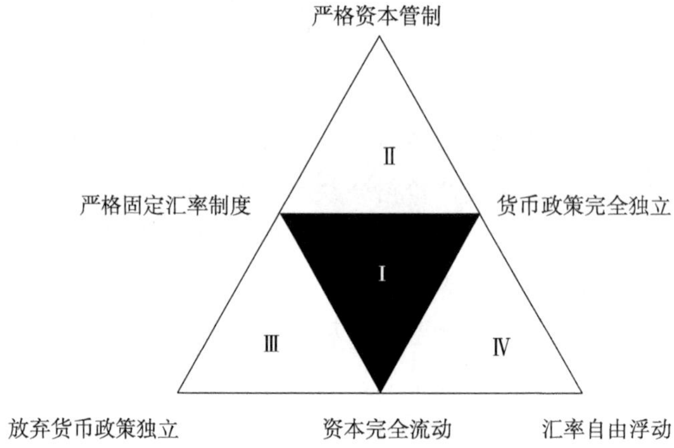

图 3-1　“三元悖论”理论的解释

实际上，Ⅱ、Ⅲ和Ⅳ刻画的是“三元悖论”理论的角点解，但是可能忽略了中间化情况。我们用图 3-2 进行说明，其中 X 表示汇率稳定性，Y 表示货币政策独立性，Z 表示资本流动性，将 X、Y 和 Z 进行标准化，取值在 $[0, 1]$ 区间范围内，则任一政策组合可以采用 (X, Y, Z) 来表示。根据等边三角形的特点，$(1-X)$、$(1-Y)$ 和 $(1-Z)$ 的和为 1，即 $X+Y+Z=2$。因此，当 X、Y、Z 的和为 2 时，即为“三元悖论”的非角点解，此时可以实现均衡。这意味着在进行政策组合搭配时，可以采取“适度的汇率稳定”“适度的货币政策独立”“适度的资本自由流动”的组合搭配，既有助于维护金融稳定的同时，又可以促进经济增长。

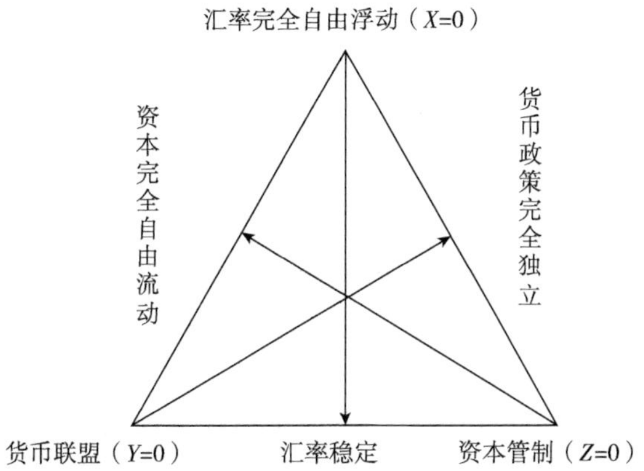

图 3-2　“三元悖论”理论的非角点解

（2）应用

目前，我国实施的是折中化的政策组合搭配。在汇率稳定方面，采取的是有管理的浮动汇率制度，也就是说，我国采取的是相对固定的汇率制度，即 $0<X<1$。在货币政策独立性方面，由于国际收支带来的外汇收入会结转为人民币，因此会影响货币政策的独立性，即 $0<Y<1$。在资本流动方面，近年来我国加快了金融开放，资本的自由流动也在加快，Z 值向 1 趋近。因此，资本自由流动的加快客观上可能要求降低货币政策独立性以及汇率的稳定，以实现政策组合搭配均衡。

综上所述，在“三元悖论”的约束下，中国宏观经济政策目标的选择会趋于折中化，即在加大金融业开放的同时，要维持汇率的相对稳定则会以降低货币政策独立性为代价，从而宏观经济稳定性可能会降低。

6. 对外直接投资风险理论

（1）基本介绍

在对外直接投资的过程中会面临各种不可预知的风险，主要包括以下几类。

政治风险，该风险指的是东道国政治环境不稳定引起投资环境恶化的风险。包括多种类型，如政府制裁风险、政府干预风险和政治冲突风险等，这些风险会对企业境外经营产生很大的影响，直接关系到企业的生死存亡。因此，政治风险在对外投资过程中应该是首先被充分评估的风险。

法律风险，该风险指的是在对外直接投资过程中不遵守当地法律、法规等规章制度，从而要面临法律制裁的风险。产生的原因主要有以下三个方面：一是由于知识文化的差异，对当地的法律法规产生误解；二是东道国出于本国安全或者打压的目的，对海外投资的企业进行国家安全审查；三是东道国为保护当地企业，以法律的形式限制外资进入，或者驱赶外资企业。

经济风险，该风险的来源包括多个方面，如汇率风险、市场风险和利率风险等。经济风险会导致企业在对外投资过程中无法对收益和成本进行准确评估，因此对生产经营产生不确定性。例如，利率风险在很大程度上影响一国的投融资环境，利率如果频繁调整会对企业的资金使用成本、发行的债券预期收益率等产生较大影响。另外，不同的文化背景会导致人们在消费和价值观等方面存在极大的差异性，由此可能在企业经营过程中产生摩擦，增大企业经营风险。

（2）应用

以上几类风险是企业在对外直接投资过程中常遇到的风险，这些风险轻则影响企业的日常经营，重则可能直接导致企业倒闭，并且由于连锁反应，可能将境外经营风险波及国内企业和金融机构。类似地，金融机构在对外直接投资过程也会遇到风险，并且境外风险更易通过金融机构传递到国内，影响国内的金融稳定。因此，根据对外直接投资的风险理论，金融业“走出去”可能导致金融风险上升。

以上从投资组合理论、道德风险理论、溢出效应理论、金融危机传染理论、“三元悖论”理论以及对外直接投资的风险理论六个方面详细地阐述了各个理论的基本内容，并分析了金融业开放对金融风险的可能影响途径和效果。根据分析的结果可以发现，不同理论解释金融业开放对金融风险的影响时存在较大的差异性。因此，我们推测金融业开放对金融风险的影响可能具有不确定性，取决于一定的条件。

3.2 金融业开放影响金融风险的理论分析[①]

3.2.1 金融业开放影响宏观金融风险的理论分析

1. 银行业开放对宏观金融风险的影响

对外开放可能导致银行业自身信贷风险增加，同时将风险传递给其他金融机构，增加宏观金融风险。一方面，银行业开放可能促使信贷过快增长，银行

---

① 此部分内容发表于《武汉金融》2020 年第 11 期。

不良贷款率增加，从而影响金融稳定。例如 Jordà 等（2011）发现，金融开放可能导致信贷快速增长和经常账户失衡，增加金融不稳定性，导致金融危机爆发，使经济发展进入衰退期。方显仓等（2015）指出，金融开放后，如果国内利率较高，则国际资本有可能大规模流入银行体系，导致银行信贷过度扩张，加大宏观金融风险。另一方面，银行自身风险增大后，可能形成连锁反应，不仅导致银行业自身风险增加，也可能传递给其他金融机构。例如，Billio 等（2012）发现，银行和其他金融机构具有很高的相关性，银行业的风险很可能会通过复杂的关系网络拓展为系统性风险。傅强等（2015）指出，银行业板块存在着对证券业和保险业的正向溢出效应，当银行业风险增大时，其他金融机构的风险也会增大。

对外开放可能导致国际金融风险通过银行的海外投资或者海外分支机构传递到国内，导致宏观金融风险增大。在 1995 年巴林银行倒闭事件中，日本银行业持有大量的巴林证券资产，从而导致多家日本银行停业，日本股市也出现剧烈波动。商业银行在海外设置分支机构，面临跨国经营的市场风险，由于国外借贷资金本身不稳定，因此海外分支机构的经营风险会增大，最终可能通过银行海外分支机构渠道将风险传递到国内。例如，Bandelj（2016）发现，由于激烈竞争与信息不对称，商业银行的海外分支机构客户有较多的是当地经营状况并不太好的公司或者个人，这会使商业银行的海外贷款的不良贷款率增加，海外经营风险增大。韩晓峰等（2018）指出，跨国银行在国际经济风险中扮演着风险传递角色，跨国银行在扩充海外业务、提高海外资产占比的同时，母公司对外部冲击的吸收能力和反应强度也在不断增加，由此可能传递银行业海外业务潜在的经济风险。

对外开放加剧了银行业竞争，可能导致银行系统的脆弱性增加，弱化政策调控效果，导致宏观金融风险增大。在经济上行期，对外开放会加速外资银行进入，外资银行往往在管理模式和综合性服务方面更具有优势，因此可能会迫使中资银行过度承担风险，导致银行杠杆率上升，增加商业银行的内部脆弱性（Bourgain 等，2012）。在经济下行期，外资银行可能撤销在东道国的投资，资金流方向发生强烈逆转，可能导致商业银行体系的脆弱性增加，银行间市场的关联性会增加银行间潜在的传染性（张博，2018）。外资银行行为的自主性且对东道国货币政策调控政策的相对不敏感，可能会弱化东道国政府的宏观经济政策调控效果，导致金融不稳定性上升，加大宏观金融风险。而且，外资银行的质量参差不齐，甚至有可能是为了分散国内经营风险而进入东道国银行业，因此有可能将银行业风险转嫁到东道国，导致东道国宏观金融风险增大

（Galema 等，2018）。

2. 证券业开放对宏观金融风险的影响

对外开放加大了跨境资本流动，增加证券市场风险的同时有可能形成虚拟经济过分繁荣，导致宏观金融风险增大。发展中国家的证券市场容量较发达国家证券市场容量一般偏小，大量的跨境资本流入容易形成资产价格泡沫、信贷短期激增、通货膨胀等经济过热现象，导致金融体系的杠杠增加，使一国的金融系统脆弱性持续积累，一旦资本流入反转，价格泡沫破灭就容易形成金融危机。例如，方先明等（2012）认为，开放可能导致国际投机资本的大规模流入，股市出现"过山车"现象，形成房地产市场泡沫和放大金融市场风险，反过来，开放也可能导致证券投资基金与海外信贷资金的大规模外逃，对宏观经济安全造成负向影响。Tillmann（2013）认为，证券资金流动本身具有明显的短期逐利性特点，资金流动不稳定、投机性强，短期波动会加剧国内股票市场风险。

对外开放不但可能增加证券市场的自身风险，而且会对其他金融市场产生风险溢出效应，导致宏观金融风险增大。首先，证券市场开放会引导国际游资通过证券投资方式进入股票市场，加大股票市场动荡，使企业产出和收益下降，融资成本增加，最终促使商业银行资产端的风险上升（勒玉英，2013）。其次，证券市场的开放可能导致大量的国际资本流入中国证券市场，在推动国内证券价格上涨的同时，增加外汇市场的本币需求，导致本币升值，影响进出口的成本和国际投资者的预期收益，最终会波及实体经济发展和金融市场稳定（杨海珍，2017）。最后，证券市场会对其他金融市场产生风险溢出效应。由于证券行业中存在大量的高负债投资者，风险承受能力较差，易在受到冲击时产生过度反应与"羊群效应"，因此金融风险会通过投资者的债权债务关系以及恐慌情绪而引起其他金融市场动荡（杨子晖等，2018）。

对外开放加强了我国证券市场和其他国家证券市场的联动性，其他国家的市场波动可能会影响到我国的证券市场，整体加大我国宏观金融风险。例如，Yang 等（2017）发现，美国的股票市场是全球风险波动溢出效应的中心，而且近年来的波动溢出效应明显加强。BenSaïda 等（2018）认为，不同国家的股票市场具有风险波动溢出效应，尤其是美国和德国是风险的传递者，很多国家的股票市场均表现出很强的风险传递和风险接受的关系。对外开放以后，证券市场除了受本国内部因素的影响，国际因素对本国的证券市场波动也会产生较大的影响，国际经济周期的变化正在明显地加大对我国证券市场波动的影响（宁特林，2017）。

3. 保险业开放对宏观金融风险的影响

对外开放加强了中国的保险机构与国外金融机构的联动性，当国外金融机构产生较大风险时有可能会把风险传递到国内的保险市场，导致宏观金融风险上升。近几年，我国保险业的资产规模不断壮大，保险业加快了“走出去”的步伐，在海外并购和投资的频率以及规模迅速增加。截至 2018 年，我国已有 20 余家保险公司入选全球系统重要性保险机构，这意味着我国的保险机构与世界保险机构的联系越来越紧密。我国保险市场和世界保险市场的联动性增强，由此导致世界财产保险市场对中国财产保险市场的单向溢出效应增大，当世界保险市场发生巨大波动时，可能造成我国保险市场的波动，金融风险通过世界保险市场传递到我国保险市场的可能性不断增加（粟芳等，2012）。

对外开放加深了我国保险业参与全球市场的程度，国际宏观经济、金融市场、地缘政治等跨国投资市场风险因素对我国保险业境外投资形成了严峻的挑战，可能导致宏观金融风险上升。以中国平安为例，金融危机前大规模投资了比利时富通集团，但金融危机爆发后，富通集团被比利时政府国有化并低价出售，中国平安由此遭受巨额损失。由此可见，尽管未来新兴市场是经济增长和资产增值的重要源泉，但保险资金的境外投资具有很高的不确定性。此外，对外开放后，保险公司持有的外币资产不断增加，可能面临汇率波动风险，会对保险公司的资产、负债、外汇业务、偿付能力、投资活动等产生重要影响，从而增加公司未来经营收益与经营风险的不确定性。

对外开放加快了外资保险公司进入的步伐，可能导致宏观金融风险跨境传递，加大东道国金融风险水平。首先，随着外资保险公司进入门槛的降低，外资保险公司的进入速度开始增加，外资保险公司与我国保险公司同台竞技，虽然可以倒逼我国保险业转型，加快产品、管理和科技创新的步伐，但是也可能加剧保险业急功近利的心态，在监管力度不够和违规成本较低的情况下，增加保险公司的道德风险。其次，外资保险公司与其关联企业从事再保险交易，当关联企业经营活动出现异常或者不符合国家以及监管当局的偿付能力标准等情况时，可能会导致外资保险公司跨境传递金融风险。最后，外资保险公司的母公司可能出现风险，从而向国内金融机构传递金融风险。

3.2.2　新业态背景下金融业开放风险的理论分析

1. 金融科技创新性影响金融业开放风险的理论分析

进入经济新常态后，我国经济增速放缓，实体经济的产出与收益不断下滑，金融业却出现了高速增长的态势，尤其是 2008—2015 年，以同业业务和金融杠杆为代表的金融科技创新呈现井喷之势，实体经济与虚拟经济的发展出现背离。未来随着金融科技创新的加快，可能会给金融开放过程中宏观金融风险防范带来新的挑战。

金融科技创新可能放大金融开放和银行部门风险的传导效果。近年来，由于实体经济滑坡，商业银行的传统业务收益萎缩，为了寻求新的利润增长点，商业银行大量参与贷款证券化、债券债务远期市场，以及可变利率的债券债务工具等金融衍生品。从理论上说，银行可以通过买卖信用违约互换或者资产抵押债券等金融科技创新工具来分散和转移银行部门自身的经营风险，但是衍生品交易存在巨大的或有风险，可能放大商业银行体系的经营风险，甚至威胁金融稳定，特别是在金融开放的背景下。因为衍生品交易必然促使商业银行加大与国内外其他金融机构的联系，一旦其中某个环节出现问题，会产生连锁反应，从而放大金融体系的风险。同时，金融科技创新工具改变了货币需求和资产结构，而金融开放可能干扰到货币政策工具的实施，导致央行在货币政策操作上变得更加困难，加大了央行通过货币政策传导机制营造稳定货币环境的难度，阻碍了经济金融的协调发展。此外，金融科技创新具有多样性和复杂性的特点，交易者的违约可能产生“多米诺骨牌效应”，造成银行和债权人出现财务损失，也可能把银行推向危险的边缘。

金融科技创新可能放大金融开放和证券业风险的传导效果。通常国外证券公司的金融科技创新能力更强，在金融开放的背景下，国外券商和基金公司进入中国，将和国内证券公司在同一个市场上展开业务竞争，可能会使我国证券金融机构经营面临巨大压力，加大我国证券金融机构的经营风险，迫使证券业在保持效率与控制风险的过程中，加强自主研发能力，通过多元化证券资产组合投资分散和转移风险。同时，我国的金融业都是实施分业经营和分业监管的模式，但金融科技创新推动了国内外金融业的混业经营，如果监管机制不进行相应调整，有可能产生监管漏洞，导致系统性金融风险上升。此外，对于金融科技创新在证券业对外开放过程中的应用，如 QFII 和 RQFII，投资者的投资行为和证券经营者的经营行为可以轻易地超越国界，但是不同国家的证券法律法规以及证券交易与结算制度存在较大差别，当不同国家监管部门之间缺乏合作，全球化的金融监管机制缺失时，金融科技创新有可能带来负向影响。

金融科技创新可能放大金融开放和保险业风险的传导效果。以往传统的保险业相对银行业和证券业，在公司治理、组织架构等方面缺少统一的机制和筹划，一定程度上限制了金融科技创新给保险业带来的经济效益，使传统的保险机构相对于其他金融机构普遍存在信息化投入低、信息技术人员少、资金物力不足和自主研发能力不强等问题。但是保险业通过金融科技创新促进了资本的增值和保值，丰富了产品内涵，扩大业务范围的同时创造了更多的利润，极大地促进了保险业的快速发展，使保险业成为重要的商业化金融机构。然而，金融科技创新促进了保险业发展的同时增加了保险业的监管难度，特别是金融科技创新极大地促进了银行业、证券业和保险业的经营融合，刺激了金融衍生品的快速发展，可能使保险业的发展超出传统的保险监管的能力和范畴，在金融开放的背景下，来自国内外的保险业风险因素极易引发金融危机。未来随着保险公司业务创新的进一步推动，如果监管不到位，在金融开放的过程中，保险业出现系统性风险的可能性会逐渐增加，特别是保险公司的短期融资和表外衍生品交易业务极有可能引发系统性金融风险（赵桂芹等，2012）。

2. 贸易摩擦影响金融业开放风险的理论分析

除了金融科技创新之外，发达国家的贸易摩擦也增大了发展中国家在金融开放过程中的金融风险防范的难度。近年来，发达国家对发展中国家实施了名目繁多且形式不一的贸易制裁措施。表面上看，贸易制裁是源自发展中国家与发达国家的贸易差额，但事实上背后的原因可能没有那么简单。特朗普政府发布的《2018 贸易政策纲要暨 2017 年度报告》强调，“要确保美国在研究和技术方面的领先地位，保护美国经济免受不公平获取我们知识产权竞争对手的影响”，可见美国发起贸易摩擦的目的除了降低贸易差额之外，可能还有一个重要的目的，是保持美国国内产业，尤其是高科技产业的全球领先地位，防止美国的技术和知识产权流入其他国家的企业中。但是美国对发展中国家频繁发动的贸易制裁，破坏了市场经济条件下的开放经济规则，加大了发展中国家的金融风险。

首先，贸易摩擦导致了双边贸易额的下降，阻碍了两国贸易的顺利开展，迫使出口向经济弱势的国家转移。以中美贸易摩擦为例，目前的角力点主要在于加征进口关税，影响主要有以下三点：其一，关税的增加会直接提高相关企业出口成本以及下游企业生产成本，由于贸易摩擦的负面作用无法完全通过贸易转移来实现，因此贸易摩擦产生的生产成本最终会转嫁到消费者身上，消费者不得不为此支付更高的价格，降低了消费者的福利。其二，关税的增加会导致出口商品价格上升，而其他国家相同商品的相对价格下降，使出口品价格竞争力骤然下降，进一步降低了产品向贸易摩擦国的出口。由于降低了上下游企业的出口品数量以及工作岗位数量，因此影响了两国经济增长的外部需求，国内产能过剩，降低了经济增长的速度。其三，贸易摩擦将逼迫相对弱势国家与更弱势国家建立贸易关系来降低不利影响，迫使贸易摩擦国的出口向成本更低的国家转移。

其次，贸易摩擦影响了外资企业的投资意愿和产业布局，恶化了出口贸易的外部环境，可能弱化进出口在拉动经济增长的作用。如果贸易摩擦升级并长期化，由于供应链被扰乱与成本增加，已在华投资的外资企业可能会调整生产布局，迁出中国或者移址其他地区如东南亚等。同时，特朗普政府出台的关税豁免等政策，促使美国提高了资本吸引力，大量有在华投资意愿的外资企业为规避贸易摩擦的影响可能取消在华投资的计划。此外，贸易摩擦还会影响到海外高端人才的引进和开展离岸创新，如果美国以各种所谓“调查”为借口，进一步收紧高科技领域的技术交流，可能使海外高端人才放弃来华创业。

再次，贸易摩擦将倒逼中国短期内扩大市场开放，降低外资进入门槛和降低关税。目前，为了降低贸易摩擦的负面影响，中国正在通过全方位的开放举措努力降低美国贸易摩擦的影响。全方位开放了物质产品市场、服务市场和投资市场，降低国际产品进入中国市场的准入条件、降低汽车到日用品的关税、设立海南自贸区并取消关税，海外金融机构在中国银行、证券、保险、基金、期货的持股比例进一步放宽，同时加快推进“一带一路”建设，开拓新的产品市场和投资市场。降低外资进入门槛和降低关税具有双重效应，一方面可以增加国内商品市场的销售种类，提高国内商品的竞争度，优化消费结构，使普通消费者能够以较高的性价比买到更多高质量的产品，并且扩大开放导致更多国外产品进入国内市场，提高国内技术溢出效应，有利于国内企业技术创新和产品创新。另一方面也会对国内同类产品产生替代效应和转移效应，影响到国内厂商的正常运营，不利于国内消费者福利的长期提升。

最后，贸易摩擦破坏了全球经贸规则，不利于全球经济一体化，并成为全球经济复苏的不利影响因素。长期以来，美国是市场经济与全球经贸规则的主导者，但这次绕开 WTO 争端机制，未经 WTO 授权，单方面地向发展中国家征税，对全球经济一体化造成了较大的负面示范效应，冲击了 WTO 框架下的多边体制，对现有的国际贸易关系产生了重大的消极影响。经济全球化是大势所趋，各国企业和生产形式都不同程度地依赖于全球化采购，美国发起的贸易摩擦，不仅损害了当事双方的利益，也会伤及全球产业链上的各方利益，扰乱整个供应链，破坏产业合作，增加全球经济增长的不确定性。发达国家与发展中国家之间的贸易摩擦本质上是国力和规则之争，关系到全球贸易新格局构建与新规则的制定，会影响到全世界所有国家的切身利益。

本部分从银行业、证券业和保险业三个层面，分析了金融业开放与宏观金融风险之间的关系。研究发现，金融风险会通过对外开放的渠道进行传导；金融创新已促使银行业、证券业和保险业形成了存在交互影响的联动系统，可能会放大金融开放和金融风险的风险传导；贸易摩擦破坏了对外开放与全球经贸规则，加大了金融监管的难度，增加了中国宏观金融风险防范的压力。下文将根据理论分析的结果进行数理建模，探讨金融业开放影响金融风险的机理。

3.3　金融业开放影响金融风险的理论建模①

上文总结了相关的经济学理论并进行了应用分析，但根据不同的理论，得出的结论不同。基于此，本部分尝试通过构建宏观经济学模型进一步探讨金融业开放对金融风险的影响机制，以厘清金融业开放对金融风险影响的传导渠道。

3.3.1　构建经济体系

经济体系由家庭、企业（包含金融机构）和政府组成，家庭以消费与投资的最大化为追求目标，政府以金融稳定为追求目标，而企业进行融资追求利润最大化，金融机构为企业提供融资，三者在出清的前提下达到市场均衡。由于引入了时间因素并求解极限值，所以本模型可以探讨在长期中金融业开放对金融风险的影响。

1. 家庭

本书基于 Smets 和 Wouters（2003）的研究，设置家庭效用函数为式（3-11），表示最大化效用函数的贴现值之和。该式意味着家庭效用取决于每期的实际消费额 c_t（边际效用为正）、持有的货币余额 M_t（边际效用为正）和提供的劳动量 l_t（边际效用为负）。

$$\max E_0\left\{\sum_{t=0}^{\infty}\beta_t U[c_t,\ M_t,\ l_t]\right\} \tag{3-11}$$

在式（3-11）中，E_0 是期望算子，β 是贴现因子，可以将 t 期效用贴现为当期效用。同时，假设家庭持有的货币余额不仅可以来源于工资，同时可以通过投资债券获得。由于债券是一种稳健的投资产品，因此通过投资债券可以获得正向收益，给出式（3-12），债券收益率用 *Yield* 表示。

$$M_j = f(Yield_j)\ ,\ \frac{\partial M_j}{\partial Yield_j} > 0 \tag{3-12}$$

债券收益率的影响因素主要包括市场成交价格和债券的预期收益率。一方面，投资学理论指出，债券收益率与市场成交价格呈负相关关系，债券的市场价格越低（高）时，债券的收益率反而越高（低）。另一方面，债券收益率与债券的预期收益率呈正相关关系，债券的预期收益率上升意味着债券的风险上

① 此部分内容发表于《世界经济研究》2023 年第 3 期。

升，债券被大规模抛售，导致债券的市场价格下降，又由于债券收益率与市场成交价格呈负相关关系，因此债券收益率上升。三者的关系可用式（3-13）表示，该式中 a 与 w 均大于0，意味着债券收益率与价格呈负相关关系，但是与预期收益率呈正相关关系。债券收益率不能完全由债券预期收益率决定，因此 $w<1$。

$$Yield = e - ap + wEy \tag{3-13}$$

根据经典的适应性预期理论，投资者在期初会对债券收益率有一个主观判断，即先验的预期收益率。同时，由于实际收益率的影响，投资者会适时调整对未来债券收益率的预期，即当投资者获得的债券收益率大于预期收益率时，投资者预计未来的债券收益率会上升，反之会下降。我们假定投资者在期初的先验收益率为 $Ey|_{t=0} = Ey(0)$ ，则以上过程可以表示为式（3-14）。

$$E(Ey|Yield) = \frac{dEy}{dt} = j(Yield - Ey) \tag{3-14}$$

综上所述，代表性家庭的目标函数为式（3-11），约束条件为式（3-12）、式（3-13）和式（3-14），在约束条件下代表性家庭追求收益最大化。

2. 企业

全国金融工作会议多次强调，金融业要提高服务实体经济的能力，为企业营造健康有序的投资环境，促进实体经济的健康发展。在本书模型中，企业决定着商品市场均衡，在沟通上游融资来源与下游投资产出方面起着重要作用。我们采用柯布—道格拉斯函数表示产出函数，如式（3-15）所示：

$$y_t = A_t k_t^{\alpha} l_t^{1-\alpha} \tag{3-15}$$

在式（3-15）中，y_t 表示的是 t 期的总产量，A_t 反映技术水平，表示的是社会当期的生产率，k_t 表示的是 t 期的资本投入，其主要来源于融资，l_t 表示的是劳动力投入，$\alpha \in (0,\ 1)$ 表示的是资本的产出弹性。为简化讨论，此处假定生产率不变，企业追求利润最大化函数如式（3-16）所示：

$$\max\pi = E_0 \sum_{t=0}^{\infty} \beta_t (p_t y_t - c_t) \tag{3-16}$$

在式（3-16）中，E 是期望算子，β 是贴现因子，p 为价格，c 为成本。我们假定产品价格为常数，则企业的产出取决于融资成本，两者成反比例变动关系，如式（3-17）所示：

$$y = f(c_k)\ ,\ \frac{dy}{dc_k} < 0 \tag{3-17}$$

在式（3-17）中，y 表示的是企业的产出，c_k 表示的是企业的融资成本。通常，企业的融资可以通过三个渠道获得：第一个渠道是向国内的金融中介机构获取贷款，如商业银行，但是融资成本受金融中介机构的资金充裕度的影响；第二个渠道是在资本市场发行债券，但是预期市场利率水平会对发行成本产生较大的影响；第三个渠道是通过外商直接投资获得，这部分取决于金融业对外开放的程度与投资的回报率。因此，企业的融资成本也由金融中介机构的贷款成本、资本市场债券的发行成本以及获取外商直接投资的成本等部分组成，企业将根据市场情况选择适合的融资方式，由此给出方程式（3-18）：

$$c_k = h(Mloan,\ Ey,\ FDI) \tag{3-18}$$

在式（3-18）中，$Mloan$ 是商业银行向市场提供的贷款量，影响企业向金融中介机构的贷款成本，Ey 是债券的预期收益率，影响资本市场发行债券的成本，FDI 是外商直接投资，影响企业获取境外融资的成本。下面，我们对企业在国内经营时的融资成本与金融中介机构向市场提供的贷款量、债券的预期收益率和外商直接投资之间的关系予以讨论：当金融中介机构提供的贷款量越充足（越少）时，企业通过贷款进行融资的成本越低（越高）；当未来预期的债券收益率上升（下降）时，为融得相等的资金，企业的成本变得更高（更低）；当金融业开放的程度越高时，外商倾向投资回报率高的企业，因此企业吸收资金的成本会下降。于是，企业融资成本与 $Mloan$ 、Ey 和 FDI 之间的关系可以表示为式（3-19）：

$$\frac{dc_k}{dMloan} < 0\ ,\ \frac{dc_k}{dEy} > 0\ ,\ \frac{dc_k}{dFDI} < 0 \tag{3-19}$$

进一步地，我们讨论企业对外直接投资与融资成本之间的关系。一般而言，对外直接投资项目的经营周期较长，面临的风险较多，如市场风险、法律风险、政治风险、汇率风险等。因此，相比在国内经营的企业，境外经营的企业面临的不确定性更高，也缺乏风险对冲的有效手段。另外，企业经营在国外，信息不对称问题更加严重，项目的监督成本也更高，这直接导致企业在对外直接投资过程中不容易得到信贷支持，面临更为严重的融资约束问题。因此，资金的提供者在给企业提供融资时，可能要求更高的风险溢价，导致企业的融资成本上升（刘莉亚等，2015），由此给出方程式（3-20）：

$$\frac{dc_k}{dOFDI} > 0 \tag{3-20}$$

综上所述，企业追求产出最大化，因此效用函数可以用式（3-16）表示，约束条件是式（3-15）、式（3-17）、式（3-18）、式（3-19）和式（3-20）。

3. 追求金融稳定的政府

以往学者对金融稳定有不同的度量标准，由于本书既考察了金融机构风险，也分析了金融市场风险和宏观金融风险，因此我们以整个国家层面的金融稳定来推导金融业开放对金融风险的影响，选取的是国债市场稳定（国债价格与国债收益率为度量指标）作为金融风险的衡量指标。理由如下：

国债的发行主体是国家，因此国债在众多的投资产品中信用度最高，被认为是一个国家中最安全的投资工具。国债价格与国债收益率一般比较稳定，但如果在短期内出现巨幅波动，尤其是出现超出预期的大幅度价格下跌与收益率上涨，那么说明这个国家有可能出现了经济动荡与金融危机，金融风险上升。在 2010 年，希腊的债务水平超过了政府能够承受的范围，由此爆发了欧债危机，投资者预测希腊国债市场的风险将大增，因此纷纷大量抛售希腊国债，导致希腊国债市场价格大跌，同时国债收益率快速飙升，风险因素积累，导致金融稳定环境被破坏。2019 年，易会满在全国法院的审理债券纠纷相关案件座谈会上指出，债券市场是直接融资的重要渠道，也是资本市场的重要组成部分，债券市场的稳定在优化金融资产配置中发挥着重要作用。

可见，债券市场稳定在金融稳定中扮演着重要角色，债券市场的平稳运行事关金融稳定全局。何国华等（2018）在度量金融稳定时，使用了政府的债券价格与债券收益率作为表征指标，并且认为特定时期内政府债券收益率出现大幅上升，同时债券价格出现大幅下跌，则说明金融风险上升，金融稳定环境被破坏；反之，则说明金融风险小，金融环境稳定。基于以上分析，我们使用债券市场稳定来推导金融业开放对金融风险影响的传导机制。

4. 市场出清

在本书设计的经济体系中，代表性家庭投资债券，企业发行债券，政府追求的金融稳定也将通过债券的价格与收益率体现出来，因此模型将通过债券市场的出清来形成均衡。但是不同的经济主体投资的债券种类并非完全一致，其中代表性家庭主要投资国债获取收益，企业通过发行企业债来融资，政府发行国债刺激经济发展。但以往学者［近期的如 Krishnamurthy 和 Vissing-Jorgensen（2011），牛霖琳和林木材（2017），Amstad 和 He（2019）等］证明了，国债利率与企业债券利率呈正向的强相关关系，两者呈同向变动趋势。因此给出式（3-21），将国债与企业债券联系起来。

$$\frac{dEy_{bond}}{dEy_{enterprise}} > 0 \tag{3-21}$$

一般政府不会出现破产风险，于是我们可以将债券作为一种特殊的商品，则债券的需求和价格呈负相关关系，给出方程式（3-22），其中 $c < 0$。

$$Q_d = b + cp \tag{3-22}$$

国债的供给过程较为复杂，因为在考虑价格的同时，需要结合经济发展状况发行国债。当经济萧条时，政府可能通过发行更多的国债吸收社会上的资金来发展经济；当经济繁荣时，政府不会发行很多国债，因为发行国债不仅需要发行成本，将来还要还本付息，增大政府的财务压力。由于投资主要来源于本国投资与外商直接投资，因此外商直接投资会通过社会层面资金的充裕度渠道影响政府的债券供给。由此给出式（3-23），其中 $h > 0$，$m < 0$。该式意味着，政府的国债供给与国债价格成正比，且国债供给是外商直接投资的函数，与外商直接投资成反比例变动关系。

$$Q_s = g + hp + mFDI \tag{3-23}$$

企业债的供给类似国债的供给，一方面受发行成本和外商直接投资的影响，另一方面会受企业投资活动的影响。例如，当企业境外扩张时，需要更多的资本金，可能就需要通过发行更多的债券进行融资。由此给出企业债的供给方程式（3-24），其中 $m' > 0$。该式意味着，企业债的供给与国债价格成正比，与外商直接投资成反比，与对外直接投资成正比例关系。

$$Q_s = g + hp + mFDI + m'OFDI \tag{3-24}$$

债券的供给包含国债和企业债，由于式（3-21）的存在，我们将债券的供给看作价格、外商直接投资和对外直接投资的函数，可以统一用式（3-24）表示。根据供需曲线理论，商品价格的变化率与超额需求之间呈正相关关系，如式（3-25）所示，其中 q 为大于 0 的常数。

$$\frac{dp}{dt} = q(Q_d - Q_s) \tag{3-25}$$

同时假定在期初，政府债券的价格为 $p(0)$，即：

$$p\mid_{t=0} = p(0) \tag{3-26}$$

在本书建立的宏观经济模型中，式（3-11）、式（3-12）、式（3-13）和式（3-14）涉及的是国债，是家庭需要满足的方程。式（3-15）、式（3-16）、式（3-17）、式（3-18）、式（3-19）、式（3-20）、式（3-22）和式（3-24）涉及的是企业债，是企业需要满足的方程。但是由于式（3-21）的存在，所以债券的供需方程可以统一用式（3-22）和式（3-24）表示，并且两类债券的差异性并不会影响到后续的推导结果。

3.3.2　求解方程的解析解

1. 求解国债价格的变化趋势

将式（3-22）与式（3-24）代入式（3-25），可以得到：

$$\frac{dp}{dt} = (qc - qh)p + q(b - g - mFDI - m'OFDI) \tag{3-27}$$

使用常数变易法对式（3-27）进行求解，并代入初值条件，得到特解式（3-28）。

$$p = \left[p(0) + \frac{b - g - mFDI - m'OFDI}{c - h}\right]\exp[q(c - h)t] + \frac{b - g - mFDI - m'OFDI}{h - c} \tag{3-28}$$

对于式（3-28），由于某一期间的 *FDI* 和 *OFDI* 是在某一范围内变动的，因此 $\left[p(0) + \frac{b - g - mFDI - m'OFDI}{c - h}\right]$ 是一个有界量，而 $c - h$ 小于 0，q 大于 0，当 t 趋向于正无穷时，负向有界量乘以正无穷大等于负向无穷大，则 $\exp[q(c - h)t]$ 趋于 0，所以债券价格会趋向于一个定值，得到式（3-29）。

$$\lim_{t \to +\infty} p = \frac{b - g - mFDI - m'OFDI}{h - c} \tag{3-29}$$

2. 求解国债收益率的变化趋势

结合式（3-13）、式（3-14）和式（3-29），可以得到式（3-30）。

$$\frac{dEy}{dt} = j[e - ap + (w - 1)Ey] = j(w - 1)Ey + j\left[e - \frac{a(b - g - mFDI - m'OFDI)}{h - c}\right] \tag{3-30}$$

使用常数变易法求解式（3-30），同时代入初值条件，得到特解式（3-31）。

$$Ey = \left[Ey(0) - \frac{e - \frac{a(b - g - mFDI - m'OFDI)}{h - c}}{1 - w}\right]\exp[j(w - 1)t] + \frac{e - \frac{a(b - g - mFDI - m'OFDI)}{h - c}}{1 - w} \tag{3-31}$$

对于式（3-31），由于 $\left[Ey(0) - \frac{e - \frac{a(b - g - mFDI - m'OFDI)}{h - c}}{1 - w}\right]$ 是一个有界量，而 $(w - 1)$ 小于 0，j 大于 0，因此当 t 趋向于正无穷时，负向有界量乘以正无穷大等于负向无穷大，则 $\exp[j(w - 1)t]$ 趋于 0，所以债券收益率会趋向

于一个定值，得到式（3-32）。

$$\lim_{t\to+\infty} Ey = \frac{e}{1-w} - \frac{a(b-g-mFDI-m'OFDI)}{(h-c)(1-w)} \tag{3-32}$$

3.3.3　基于长期与连续性背景下的经济学分析

1. 金融业开放与资本流动

金融业开放会影响外商直接投资以及对外直接投资，不同方向的金融业开放可能导致不同方向的资本流动。例如，金融业加大“引进来”的力度时，可能带来更多的外商直接投资，外资会源源不断地流入国内。而金融业加大“走出去”力度时，会形成全球金融网络布局，可能有助于企业“走出去”，进一步影响企业的对外直接投资。下面我们分别进行讨论。

金融业“引进来”与外商直接投资之间的关系：当国内经济形势好，投资收益高风险低的时候，金融业在加大“引进来”的过程中，会降低外资准入门槛，境外的金融机构和投资者愿意进入国内进行投资，因此金融业加大“引进来”过程往往会伴随外商直接投资的增加。但是当国内经济形势恶化，投资回报率变低风险变高时，即使金融业加大“引进来”，外商直接投资可能也不会增加，反而国内的外商直接投资资金可能会撤出，转而投向回报率更高的国家。通过以上分析，我们给出下式：

$$\frac{dFDI}{dForeign} > 0 \text{ , } if \quad r_D > r_F \tag{3-33}$$

$$\frac{dFDI}{dForeign} < 0 \text{ , } if \quad r_D < r_F \tag{3-34}$$

金融业“走出去”与对外直接投资之间的关系：当国内经济形势好，投资收益高风险低的时候，即使金融业加大“走出去”力度，可能对企业境外投资的带动作用也不大，反而在境外的投资可能撤资回到国内。因为相比国外经营，企业在国内展开经营活动可能获得的收益更大，面临的风险更小。但当国内经济形势恶化，投资回报变率低的时候，金融业加大“走出去”时，企业为了分散国内经营风险并追求更高的回报率，在金融业的带动下，可能会纷纷选择“走出去”，到国外进行投资经营。通过以上分析，我们给出下式：

$$\frac{dOFDI}{dOversea} < 0 \text{ , } if \quad r_D > r_F \tag{3-35}$$

$$\frac{dOFDI}{dOversea} > 0 \text{ , } if \quad r_D < r_F \tag{3-36}$$

其中，r_D 是国内的投资回报，r_F 是国外的投资回报率，投资回报率高往往暗示着国家的经济运行平稳，金融发展水平高。式（3-33）、式（3-34）、式（3-35）与式（3-36）符号相反，实际上是由经济发展的基本面决定的。因此，不同国家经济金融基础不同，金融业开放后带来的资本流动的差异，最终导致金融业开放对金融风险的影响产生了不确定性。

2. 金融业开放对金融风险影响的传导机理

在式（3-29）的基础上，对国债价格关于金融业“引进来”求导数，得到式（3-37）。

$$\frac{dp}{dForeign}=\frac{d\left(\dfrac{b-g-mFDI-m'OFDI}{h-c}\right)}{dFDI}\frac{dFDI}{dForeign}=\frac{-m}{h-c}\frac{dFDI}{dForeign} \tag{3-37}$$

由于 $\frac{-m}{h-c}>0$，再结合式（3-33）和式（3-34）的结果，于是得到式（3-38）和式（3-39）。

$$\frac{dp}{dForeign}>0\text{ , }if\quad r_D>r_F \tag{3-38}$$

$$\frac{dp}{dForeign}<0\text{ , }if\quad r_D<r_F \tag{3-39}$$

式（3-38）的结果意味着，当国内经济具有吸引力，经济发展好，投资回报率高时，金融业“引进来”带来了外商直接投资，而外商直接投资会导致国债价格上升，从而促进了金融稳定，降低了金融风险。式（3-39）的结果完全相反，该式意味着当国内经济发展不稳定，投资回报率低时，金融业“引进来”不仅不会带来外商直接投资，反而导致外商直接投资减少，从而降低了国债价格，不利于金融稳定，增加了金融风险。

在式（3-32）的基础上求解国债收益率对金融业“引进来”的导数，得到式（3-40）。

$$\frac{dE\gamma}{dForeign}=\frac{d\left[\dfrac{e}{1-w}-\dfrac{a(b-g-mFDI-m'OFDI)}{(h-c)(1-w)}\right]}{dFDI}\frac{dFDI}{dForeign}$$

$$=\frac{m}{(h-c)(1-w)}\frac{dFDI}{dForeign} \tag{3-40}$$

由于 $\frac{m}{(h-c)(1-w)}<0$，同时结合式（3-33）和式（3-34）的结果，于是得到式（3-41）和式（3-42）。

$$\frac{dEy}{dForeign} < 0 \text{ , } if \quad r_D > r_F \tag{3-41}$$

$$\frac{dEy}{dForeign} > 0 \text{ , } if \quad r_D < r_F \tag{3-42}$$

式（3-41）的结果意味着，当国内经济具有吸引力，经济发展好，投资回报率高时，金融业“引进来”带来了外商直接投资，而外商直接投资有助于降低国债收益率，因此促进了金融稳定，降低了金融风险。式（3-42）的结果完全相反，该式意味着当国内经济发展不稳定，投资回报率低时，金融业“引进来”不会带来外商直接投资，反而外商直接投资可能撤出国内，表现为外商直接投资的下降，从而引起国债收益率上升，不利于金融稳定，增加了金融风险。

在式（3-29）的基础上，对国债价格关于金融业“走出去”求导数，得到式（3-43）。

$$\frac{dp}{dOversea} = \frac{d\left(\dfrac{b - g - mFDI - m'OFDI}{h - c}\right)}{dOFDI} \frac{dOFDI}{dOversea} = \frac{-m'}{h-c} \frac{dOFDI}{dOversea} \tag{3-43}$$

由于 $\frac{-m'}{h-c} < 0$，再结合式（3-35）和式（3-36）的结果，于是得到式（3-44）和式（3-45）。

$$\frac{dp}{dOversea} > 0 \text{ , } if \quad r_D > r_F \tag{3-44}$$

$$\frac{dp}{dOversea} < 0 \text{ , } if \quad r_D < r_F \tag{3-45}$$

式（3-44）的结果意味着，当国内经济具有吸引力，经济发展好，投资回报率高时，金融业“走出去”不会导致对外直接投资增加，反而境外的投资可能撤资回到国内，表现为对外直接投资呈下降趋势，而对外直接投资的下降会导致国债价格上升，从而有利于金融稳定，降低了金融风险。式（3-45）的结果完全相反，该式意味着当国内经济发展不稳定，投资回报率低时，金融业“走出去”会导致对外直接投资增加，而对外直接投资的增加有利于降低国债价格，因此不利于金融稳定，增加了金融风险。

在式（3-32）的基础上，对国债收益率关于金融业“走出去”求导数，得到式（3-46）。

$$\frac{dEy}{dOversea}=\frac{d\left[\dfrac{e}{1-w}-\dfrac{a(b-g-mFDI-m'OFDI)}{(h-c)(1-w)}\right]}{dOFDI}\frac{dOFDI}{dOversea}$$
$$=\frac{m'}{(h-c)(1-w)}\frac{dOFDI}{dOversea} \tag{3-46}$$

由于 $\frac{m'}{(h-c)(1-w)}>0$，同时根据式（3-35）和式（3-36）的结果，可以得到式（3-47）和式（3-48）。

$$\frac{dEy}{dOversea}<0\text{ , }if\quad r_D>r_F \tag{3-47}$$

$$\frac{dEy}{dOversea}>0\text{ , }if\quad r_D<r_F \tag{3-48}$$

式（3-47）的结果意味着，当国内经济具有吸引力，经济发展好，投资回报率高时，金融业“走出去”会导致对外直接投资降低，而对外直接投资的下降会降低国债收益率，从而有利于金融稳定，降低了金融风险。式（3-48）的结果完全相反，该式意味着当国内经济发展不稳定，投资回报率低时，金融业“走出去”会增加对外直接投资，而对外直接投资的增加会导致国债收益率上升，从而不利于金融稳定，增加了金融风险。

综上所述，以上从金融业“引进来”和“走出去”两个方面，通过推导得到金融业开放影响金融风险的传导机制。结果说明，金融业开放会通过资本流动渠道影响金融风险。具体来说，当国内投资回报率高时，金融业“引进来”导致外商直接投资增加，而外商直接投资会增加国债价格和降低国债收益率，从而金融业“引进来”可能通过外商直接投资渠道降低金融风险；当国内投资回报率低时，金融业“引进来”不会带来外商直接投资，反而外资可能撤出国内转而投向回报率更高的国家，因此金融业“引进来”也可能通过外商直接投资渠道增加金融风险。当国内投资回报率高时，金融业“走出去”开放不会导致对外直接投资增加，反而境外的投资可能撤资回到国内，表现为对外直接投资的降低，而对外直接投资会降低国债价格和增加国债收益率，因此金融业“走出去”可能通过对外直接投资渠道降低金融风险；当国内投资回报率低时，金融业“走出去”会导致对外直接投资增加，因此金融业“走出去”也可能通过对外直接投资渠道增加金融风险。

3. 基于实体经济角度分析

以上从金融投资的角度探讨了金融业“引进来”和“走出去”对金融风险影响的传导机理，我们还想从实体经济角度解析金融业开放对金融风险的影响机制。将企业成本对金融业“引进来”和“走出去”求导数得到式（3-49）和式（3-50）。

$$\frac{dc_k}{dFroeign}=\frac{dc_k}{dFDI}\frac{dFDI}{dForeign} \tag{3-49}$$

$$\frac{dc_k}{dOversea}=\frac{dc_k}{dOFDI}\frac{dOFDI}{dOversea} \tag{3-50}$$

结合式（3-19）、式（3-33）、式（3-34），得到式（3-51）与式（3-52）两个结果。

$$\frac{dc_k}{dForeign}<0\ ,\ if\quad r_D>r_F \tag{3-51}$$

$$\frac{dc_k}{dForeign}>0\ ,\ if\quad r_D<r_F \tag{3-52}$$

结合式（3-20）、式（3-35）、式（3-36），得到式（3-53）与式（3-54）两个结果。

$$\frac{dc_k}{dOversea}<0\ ,\ if\quad r_D>r_F \tag{3-53}$$

$$\frac{dc_k}{dOversea}>0\ ,\ if\quad r_D<r_F \tag{3-54}$$

上面两个方程式说明，国内经济发展好，投资回报率高的时候，金融业“引进来”和“走出去”可能会降低企业的成本；但是当国内经济形势不好，投资回报率低时，金融业“引进来”和“走出去”会导致企业的成本上升。下面将企业产出对金融业“引进来”和“走出去”求导数得到式（3-55）和式（3-56）。

$$\frac{dy}{dForeign}=\frac{dy}{dc_k}\frac{dc_k}{dFDI}\frac{dFDI}{dForeign} \tag{3-55}$$

$$\frac{dy}{dOversea}=\frac{dy}{dc_k}\frac{dc_k}{dOFDI}\frac{dOFDI}{dOversea} \tag{3-56}$$

结合式（3-17）、式（3-19）、式（3-51）、式（3-52），得到式（3-57）与式（3-58）。

$$\frac{dy}{dForeign}>0\ ,\ if\quad r_D>r_F \tag{3-57}$$

$$\frac{dy}{dForeign}<0\ ,\ if\quad r_D<r_F \tag{3-58}$$

结合式（3-17）、式（3-20）、式（3-53）、式（3-54），得到式（3-59）

与式（3-60）。

$$\frac{dy}{dOversea} > 0 \text{ , } if \quad r_D > r_F \tag{3-59}$$

$$\frac{dy}{dOversea} < 0 \text{ , } if \quad r_D < r_F \tag{3-60}$$

上面4个方程式说明，当国内投资回报率高，经济发展好时，金融业“引进来”和“走出去”通过降低企业成本进而增加企业产出；当国内投资回报率低，经济形势不好时，金融业“引进来”和“走出去”可能增加企业成本进而降低企业产出。由于金融稳定与实体经济发展两者是相互的，所以式（3-57）、式（3-58）、式（3-59）和式（3-60）从实体经济的层面分析了金融业开放影响金融风险的传导机制。①

4. 数理模型结论的应用

上文从金融投资和实体经济两个层面解析了金融业开放影响金融风险的传导机理，在分析思路上是将金融业开放分为“引进来”和“走出去”两个过程分别进行推导。后文研究不同的金融业时，是以金融业的三大支柱银行业、证券业和保险业为研究对象，分别考察金融业开放与金融风险之间的关系。因此，我们利用数理模型推导的结论对银行业、证券业和保险业开放的风险进行探讨。

银行业、证券业和保险业在“引进来”过程中会通过外商直接投资渠道影响金融风险。理由如下：银行业、证券业和保险业在“引进来”过程中具有相似性，如引入外资股东、扩大外资金融机构的业务范围和允许外资在我国设立分支机构等，目的是积极引入外资，促进我国金融业的发展。但在“引进来”的过程中，即使降低准入门槛，外资也不一定愿意来我国进行投资，取决于一国的投资回报率。当国内宏观经济稳定，投资回报率比较高时，境外投资者愿意在我国进行投资，因为能获得更高的收益，在这个过程中可能产生“鲇鱼效应”，促进我国银行业、证券业和保险业的不断发展，因此可能有益于金融稳定。但是当国内宏观经济不稳定，投资回报率比较低时，即使银行业、证券业和保险业积极引入外资，由于境外投资者具有逐利性，在我国进行投资无法达到收益最大化，因此境外投资者可能不愿意在我国进行投资，反而外商投资会撤资回国，在这个过程中利空消息会进一步加剧金融市场的波动，金融风险上升。

银行业、证券业和保险业在“走出去”过程中会通过对外直接投资渠道影响金融风险。理由如下：银行业、证券业和保险业均可能通过对外直接投资的

① 本部分内容已形成学术论文，发表于《世界经济研究》2023年第3期。

方式走向国际，但是“走出去”的幅度和方向具有一定的主观性，因为它们也是以自身利益最大化为目标。于是，当国内投资回报率高时，金融机构进行境外投资可能更加谨慎，因为境外投资面临的不确定性和风险可能更高。但是当国外投资回报率高时，特别是国外投资的风险调整收益远远大于国内投资收益时，无论是银行业、证券业还是保险业都会有较强的“走出去”动机，既响应国家号召，也加快了我国金融业的全球战略布局，促进了金融业发展。另外，银行业、证券业和保险业的对外开放也具有自身的特性，如证券业会通过开放政策影响跨境证券资金的流动进而影响金融风险，保险业会通过开放政策影响保险服务贸易进而影响金融风险。因此，证券业和保险业开放不仅会通过对外直接投资渠道影响金融风险，还可能通过其他类型的资本流动渠道影响金融风险。

3.4　本章小结

本章首先总结相关的经济学理论，并应用该理论分析金融业开放可能对金融风险的影响途径和效果，在此基础上构建数理模型，推导金融业开放对金融风险影响的传导机理。结果发现，金融业开放实际上是通过资本流动渠道影响金融风险。具体来说，金融业“引进来”通过外商直接投资渠道影响金融风险，而金融业“走出去”则通过对外直接投资渠道影响金融风险，是否有利于降低金融风险取决于投资回报率。另外，由于实体经济的发展与金融稳定相互促进，金融稳则实体兴，实体兴也会进一步促进金融稳定，因此本书也从实体经济层面解析了金融业开放影响金融风险的传导机制。结果发现，金融业开放会通过企业成本渠道影响金融风险。具体来说，当国内投资回报率高时，金融业开放通过降低企业成本增加了企业产出；当国内投资回报率低时，金融业开放通过增加企业成本降低了企业产出。

基于以上结论，我们得到的启示是：

首先，防范金融业开放带来的跨境资本流动影响金融稳定。数理模型推导显示，当国内投资回报率低时，金融业“引进来”会通过外商直接投资渠道增加金融风险，金融业“走出去”会通过对外直接投资渠道增加金融风险。背后的原因是，金融业开放与其宏观经济基础、经济发展程度不匹配，过度的金融业开放导致资本大幅度流动，对宏观经济产生了较大的冲击，使风险调整的收益为负。因此，在金融业开放过程中，建议重点关注金融业开放后的中长期资本流动，积极发挥外商直接投资和对外直接投资的带动作用，防范开放后的无序资本流动给金融稳定带来的冲击。具体措施包括构建大数据金融监管平台，充分利用国际货币基金组织，推进跨境监管合作，做好资本流入和流出的监测等。

其次，大力发展实体经济，提高投资回报率，吸引外商来我国进行长期投资。数理模型推导显示，当国内投资回报率高时，金融业开放带来的资本流动有利于经济增长和维护金融稳定，主要是因为投资回报率高时，经济发展前景较好，能吸引外资来我国进行投资，为我国经济建设起到助推作用。因此，建议政府大力发展实体经济，提高实体经济与资本市场投资的回报率，同时制定合理政策吸引外资留住资金，让外资沉淀下来，为我国的长期经济建设服务。具体措施包括深化供给侧结构性改革，大力推进科技创新，增强自主创新能力；降低外资准入门槛，增加外资投资方式和扩大投资范围，提高对国际投资资金的吸引力。

最后，在维护金融稳定的过程中，应努力加强宏观经济基础的制度建设。数理模型推导显示，投资回报率高时，无论是从金融投资层面还是实体经济层面，金融业开放均有益于金融稳定，这暗示着宏观经济基础和制度建设的重要性。只有良好的宏观经济基础和完善的制度建设体系，金融体系稳健性才能强，投资回报率才能高。因此，建议政府加强宏观经济基础的制度建设，以提高金融市场抵御冲击的能力和维护金融稳定。具体措施包括推动金融市场化和结构化改革，健全和完善我国审慎监管的基本制度体系等。

本章构建了宏观经济学模型，从金融业“引进来”和金融业“走出去”两个方面推导了金融业开放影响金融风险的传导机理，并应用数理模型的推导结论分析了银行业、证券业和保险业开放对金融风险的影响机理，即银行业、证券业和保险业开放会通过资本流动渠道影响金融风险。但是由于不同金融业具有不同的特征，在“引进来”和“走出去”的程度上也存在较大的差别，因此不同金融业对金融风险的影响效果和影响幅度可能完全不同。基于此，后续章节将以第 3 章为理论基础，进一步详细分析我国银行业、证券业和保险业开放与金融风险之间的关系。

第 4 章　银行业开放对银行风险的影响研究

本章从商业银行的经营风险和信用风险两个方面，检验大型商业银行和中小型商业银行的外资参股和境外投资与银行风险之间的关系，以对不同类型商业银行的对外开放提出针对性的政策建议。

4.1　理论基础与研究假设

自 2001 年加入世贸组织后，为适应经济发展新形式，提高经济建设服务水平，我国银行业先后实施了一系列的对外开放举措。但在 2008 年国际金融危机爆发后，监管部门为防范跨境金融风险传递，维护我国金融市场稳定，加强了银行业风险防范，放缓了银行业的对外开放步伐。近年来，随着全球经济的逐步复苏，国际金融市场趋于再平衡，我国银行业的对外开放不断推进。2017 年以来，监管当局颁布了《关于规范银行业服务企业走出去与加强风险防控的指导意见》《关于外资银行开展部分业务有关事项的通知》等系列政策，我国银行业对外开放的速度和幅度不断提升。2018 年，银保监会发布《中国银行保险监督管理委员会关于废止和修改部分规章的决定》，取消中资银行和金融资产管理公司外资持股比例限制，实施内外资一致的股权投资比例规则，以期提高公司治理水平、拓宽资本补充渠道，改善金融供给的不平衡与不充分问题，中国银行业的对外开放开始进入快速发展的新阶段。

对外开放给中国银行业提供了融入全球金融市场与国际交流的机会，但同时也可能产生一定的风险。一方面，我国银行机构核心竞争力和综合竞争力整体较弱，目前尚不具备大规模境外扩张的能力，盲目海外扩张，可能传递与放大国际金融风险；另一方面，如果大量引入外资银行，外资银行在管理模式和综合性服务等方面具有一定优势，可能会对中资银行形成竞争压力，造成中资银行人才和客户的流失，增大银行业自身风险的同时，可能会弱化政府的金融调控能力，金融安全状况出现恶化。

从世界范围内看，对外开放到底会对银行风险产生什么样的影响，目前学术界与实务界的观点也并不统一。以新兴市场国家为例，有些国家的银行业借助对外开放的机会，提高了金融创新能力与国际竞争力，但也有些国家开放银行业后增加了银行业的经营发展成本，产生了一定的金融风险。一般认为，对外开放是否有益取决于行业的发展水平、金融系统的稳健度以及对外开放的程度。如果银行业自身比较稳健，发展水平较高，此时加大对外开放可以提高银行业盈利水平，促进国内银行业发展。但是，如果银行业自身基础比较薄弱，且本身就积累了很高风险，那么在加大银行业开放过程中，面对强劲的国外金融机构，银行业受到的冲击就非常大。由此可见，银行业对外开放的风险分析具有很强的异质性特征，照搬其他国家的发展经验对本国的银行业开放并没有太大意义，我们应当基于本国国情与银行业发展的状况来研究对外开放带来的风险并进行适当的制度设计。

在此背景下，本章检索了有记录以来的中国 392 家商业银行的所有季报、年报与公告材料，甄别对外开放的微观数据，从银行业的经营风险和信用风险两方面，统计检验中国银行业的对外开放与风险承担行为之间的相关性。相关研究的理论意义在于：构建对外开放与银行风险的研究框架，拓展开放经济条件下的银行对外开放与风险承担相关性的理论研究，探讨对外开放可能存在的“度”以及对银行风险的影响。相关研究的现实意义在于：在微观数据的基础上，分析对外开放对银行风险的影响，为我国银行业在对外开放过程中预防与控制风险提供经验支持与决策参考。

下面，本部分从境外投资和外资参股两个方面分别阐述对外开放对银行风险影响的传导机制，并提出对应的研究假说。

4.1.1 境外投资影响银行风险的传导机制

已有经济学理论从不同角度分析了“走出去”对商业银行风险的传导机理，但是相关结论差异性较大。有些理论认为，境外投资可能会降低商业银行风险。例如，根据马科维茨的资产组合投资理论，当商业银行的资产回报在不同国家的相关性较低时，那么境外投资可能可以降低银行风险并提高收益（Goetz 等，2016）；开放经济条件下的资本流动理论认为，有海外业务的商业银行可以比仅在国内经营的银行获得更多的资本流动性，因此银行进行境外投资可以有效降低银行风险（Alicia 等，2013）；而市场内部化理论则认为，外部市场具有不完全性，银行境外投资可以通过对外直接投资的方式将外部市场交易转化为内部市场交易，从而降低交易成本，减少贸易风险（Verbeke 等，2016）。

有些理论认为，境外投资可能会增加商业银行风险。例如，基于委托代理理论，现代商业银行的所有权和经营权已实现分离，在境外投资时，经营者为完成业绩，可能过度承担风险，导致不确定性上升（Goetz 等，2013）；信息不对称理论认为，商业银行境外投资更可能面对经营亏损的公司或者个人，从而促使不良贷款率上升，银行风险增大（Bandelj，2016）；跨国经营市场风险理论则指出，银行开展境外投资活动，可能会面临东道国的系列风险，从而导致本国银行业的风险上升（Zhu 等，2016）。

不过，也有理论认为，境外投资对商业银行风险的影响具有不确定性。因为境外投资是一个循序渐进的过程，在初始阶段，银行可能面临较多的投资壁垒，如信息不对称问题、东道国市场风险等，可能加大银行风险，降低银行边际收益；但是当银行境外投资水平较高时，银行跨国经营的经验较为丰富，处理和解决海外经营风险的能力得以提升，此时扩大的市场份额会给银行带来较高的收益，实现规模经济，有可能降低银行风险（Jouida 等，2017）。根据以上分析，本书提出待检验的假设 H1，包含三个子假设。

假设 H1a：境外投资与商业银行风险呈负相关关系，境外投资规模越高，商业银行风险越小。

假设 H1b：境外投资与商业银行风险呈正相关关系，境外投资规模越高，商业银行风险越大。

假设 H1c：境外投资可能存在“度”，在“度”的临界点两侧，境外投资规模对商业银行风险的影响具有差异性。

4.1.2　外资参股影响银行风险的传导机制

已有经济学理论从不同角度分析了“引进来”对商业银行风险的传导机理，但相关结论差异性较大。有理论支持外资参股可能会降低商业银行风险。例如，公司治理理论认为，当银行引入外资股东后，有利于形成股权相互制衡的局面，有效避免大股东的道德风险问题，并且外资股东对银行的管理者进行监督，可以有效避免委托代理问题，因此有利于降低商业银行风险（Cheng 等，2017）。战略联盟理论认为，参股能够帮助外资机构在较短的时间内以较低成本进入中国市场，中资银行则可以获得充实的银行资本金，引进国外先进的技术和管理经验，双方形成战略联盟，降低商业银行风险（傅利福，2014）。知识溢出效应理论则认为，引入外资股东有利于引进先进的管理模式、技术和规则，促进人才相互流动以及信息共享，所带来的知识溢出效应能够改善银行经营，有利于降低商业银行风险（邓光军等，2012）。

也有些理论认为，外资参股可能会增加商业银行风险。例如，金融脆弱性理论认为，金融具有不稳定性，当外资股东突然减持入股银行股份，可能会导致银行内部结构的改变，同时会向外界传递负面信号，所带来的投资减持效应可能增加商业银行风险（张博等，2018）。而且，由于中外地域文化等多方面存在差异性，外资股东与引资行在经营理念和决策机制等方面可能产生摩擦，在相互磨合和学习的过渡期会产生制度不兼容效应，增加引资行的经营成本与经营风险（Chiu 等，2013）。同时，外资股东的风险控制经验和管理技术可能参差不齐，入股中资银行可能更多的是投机目的，并不能使银行公司治理水平显著提高（吴成颂等，2017）。如果外资股东相比其他类型控股股东具有更高的风险偏好，可能会偏好风险高的投资活动，从而加大商业银行风险（Lassoued 等，2016）。

不过，也有理论认为，外资参股对商业银行风险的影响并不确定。例如，基于制度经济学理论，商业银行取消外资持股比例的限制是一个制度变迁的过程，目的是推行更加高效、科学、促进经济发展的股权结构，如果股权改革采用了不恰当的方式，可能并不利于经济的稳定发展（Lee 等，2014）。不少学者对比了不同国家的银行股权改革效果发现，有些国家如印度、巴西放开外资银行的准入和经营限制后，国家金融风险降低，金融安全状况得到改善，但是阿根廷和墨西哥银行业全面开放却导致了国内金融安全状况恶化，爆发了金融危机（刘家松，2013）。根据以上分析，本书提出待检验的假设 H2，包含三个子假设。

假设 H2a：外资持股与商业银行风险呈负相关关系，外资持股比例越高，银行风险越低。

假设 H2b：外资持股与商业银行风险呈正相关关系，外资持股比例越高，银行风险越高。

假设 H2c：外资持股可能存在“度”，在“度”的临界点两侧，外资持股比例对银行风险的影响具有差异性。

由以上分析可见，对外开放可以从“走出去”与“引进来”两个方面影响商业银行的经营风险。但是，由于经济发展状况与金融环境各不相同，直接照搬其他国家银行业的对外开放经验对于中国银行业的风险控制并没有太大意义。因此，我们应当基于本国银行业数据，在控制其他因素对银行风险影响的同时，研究对外开放在多大程度上影响着中国银行业的风险，提炼出本国银行业在对外开放进程中的风险特征，并有的放矢地提出相关政策建议。

4.2　变量选取、数据来源和模型设定

本部分主要介绍变量的选取和定义、数据的来源以及实证检验模型，同时对样本数据进行了描述性统计分析。

4.2.1　变量选取

1. 因变量：商业银行风险

本书使用两个指标来衡量银行风险。第一个是 Z 值，由于综合考虑了商业银行的经营稳定性、盈利能力和财务杠杆状况，同时又能甄别商业银行的破产风险，因此 Z 值在学术研究中被广泛采用，我们采用 Z 值表示商业银行经营风险。第二个是不良贷款率（NPL），由于简单易算，不良贷款率在实践过程中被广泛采用，我们采用不良贷款率表示商业银行信用风险。Z 值的计算如式（4-1）所示，其中，i 表示特定银行，t 表示时间，ROA_{it} 表示总资产收益率，EA_{it} 表示银行资本与资产的比，$\sigma(ROA_{it})$ 表示银行总资产收益率的标准差。为了尽可能体现银行总资产收益的波动特征，又防止过长期限对数据特征的非正常扰动，本书依照惯例对 $\sigma(ROA_{it})$ 采用3年期滚动窗口计算的技术方法。同时，为了防止 Z 值分布的有偏性，对 Z 值取自然对数。在式（4-1）中，Z 值越大，银行风险越低，反之银行风险越高。

$$Z_{it} = \frac{ROA_{it} + EA_{it}}{\sigma(ROA_{it})} \tag{4-1}$$

2. 自变量：商业银行的对外开放

对外开放包含“走出去”与“引进来”两个环节。“走出去”包括中资银行在外设立代表处、开设海外分行以及境外投资等，“引进来”包括外资参股中资银行、外资银行在中国境内设置分支机构，以及外资银行在中国境内分支机构的资产规模等。我们借鉴以往学者的研究成果，将境外投资（*Overseas*）作为“走出去”的替代指标，具体数值用海外资产占比表示，将外资参股（*Foreign*）作为“引进来”的替代指标，采用外资持股比例表示。

3. 控制变量：商业银行的个体特征、宏观经济指标和银行监管政策

在商业银行风险的影响因素中，除了对外开放之外，还涉及若干控制变量，主要分为商业银行的个体特征、宏观经济发展状况，以及银行监管政策三大类。

第一类控制变量为商业银行的个体特征，包括流动性、盈利能力、股权结

构与银行规模等。

商业银行的流动性指标主要包括流动性比率（*Liq*）和存贷比（*Ldr*）。流动性比率反映了银行的变现能力，数值越大，银行变现能力越强，银行流动性风险越低。存贷比也与商业银行的流动性风险密切相关，存贷比与流动性比率两者之间存在反比例关系。我们借鉴 Lassoued 等（2016）和 Chen 等（2017）的研究，将流动性比率和存贷比作为银行流动性风险的替代指标。

盈利能力与商业银行的风险具有相关性。按照资本资产定价模型，预期收益率与投资风险体现同升同降的趋势，更高的预期利润意味着更高的风险承担。我们借鉴 Shaban 和 James（2018）的研究，引入净利差（*Netp*）体现银行盈利能力与风险的相关性。

公司金融理论指出，较高的股权集中度可能会带来道德风险和委托代理问题，有可能导致更高的银行风险。因此，我们借鉴吴成颂等（2017）的研究，引入第一大股东持股比例（*Ctr*）作为控制变量。

银行规模对商业银行的风险也可能产生影响。由于存在政府的隐性政策保护，规模较大的银行存在冒险动机，有可能过度追逐风险较大的商业项目，但规模较大的银行有可能吸引更多人才并实施更好的风险管理技术，从而更好地吸收和化解风险。因此，我们借鉴 Yildirim 和 Efthyvoulou（2018）的研究，引入银行规模（*Size*）来做控制变量。

第二类控制变量为宏观经济变量。

经济发展程度与金融环境变化都会对银行的风险承担行为产生影响，如人均收入增加、宽松的货币政策以及通货膨胀程度等都有可能增加商业银行的风险承担意愿。我们借鉴 Alicia 和 Francisco（2013）与 Han 等（2016）的研究，将人均 GDP 增长率（*Pgdpr*）、M2 增长率（*M2*）和消费物价水平（*CPI*）作为银行风险的控制变量。

第三类控制变量为银行监管政策。

资本充足率（*Car*）是巴塞尔协议提出的监控银行风险的重要指标，资本充足率的高低对银行风险具有重要作用。资本充足率越高的银行，抗击风险的能力就越强。我们借鉴熊启跃等（2016）的研究，引入资本充足率作为商业银行监管政策的控制变量。此外，银行风险在不同年度可能表现出较大的异质性，因此依据统计检验的技术惯例，在控制变量中进一步考虑了年份效应。

4.2.2　数据的来源与描述性统计

本书的研究样本包括了 5 家国有大型商业银行、12 家股份制商业银行以及 375 家城商行和农商行，共计 392 家商业银行。依照研究惯例，将 5 家国有大型商业银行称为大型商业银行，其他银行称为中小型商业银行。我们检索了从 2007 年至 2020 年，有记录的商业银行的所有季报、年报与公告材料，甄别对外开放的微观数据，若季报、年报与公告材料中没有披露，就通过电话咨询该银行的董事会或者办公室核实与确认相关信息，宏观经济的相关数据则来源于国家统计局网站。相关变量的描述性统计结果见表 4-1。

表 4-1　描述性统计分析

变量	均值	中位数	标准差	最大值	最小值
Z	3. 766	3. 817	1. 275	10. 818	-0. 716
NPL	0. 019	0. 016	0. 032	1. 150	0. 000
Foreign	0. 015	0. 000	0. 047	0. 252	0. 000
Overseas	0. 002	0. 000	0. 019	0. 354	0. 000
Size	10. 730	10. 426	1. 740	17. 322	0. 000
Car	0. 138	0. 132	0. 083	4. 460	-0. 233
Liq	0. 548	0. 517	0. 247	3. 202	0. 000
Ldr	0. 913	0. 703	0. 565	14. 777	0. 000
Netp	0. 025	0. 024	0. 012	0. 087	-0. 148
Ctr	0. 146	0. 100	0. 124	0. 820	0. 000
Pgdpr	0. 078	0. 073	0. 038	0. 175	0. 002
M2	0. 104	0. 107	0. 048	0. 293	0. 057
CPI	0. 026	0. 025	0. 014	0. 059	-0. 007

表 4-1 的数据显示，样本银行 *Z* 值的均值和中位数分别为 3. 766 和 3. 817，基本稳定在 3. 80 以上，*Z* 值最低为-0. 716，最高为 10. 818，标准差 1. 275 说明不同银行 *Z* 值个体差异较大。不良贷款率 *NPL* 的均值和中位数均保持在 0. 02 左右，整体水平较低但少数银行的不良贷款率较高。外资持股比例的均值为 1. 5%，最大值为 25. 2%。中资银行海外资产占比均值为 0. 2%，最大值为 35. 4%，中位数为 0. 00，说明中资银行普遍没有进行境外投资活动。从银行个

体特征变量来看，中国银行业的对外开放和发展水平的个体差异较大。图 4-1 的数据显示近年来银行风险的变化趋势，左侧图银行风险 *Z* 值在 2014 年之前呈上升趋势，但是近年来呈波动下降趋势，说明银行经营风险有所上升；右侧图银行不良率 *NPL* 在 2011 年前呈下降趋势，但是 2013 年后迅速上升，2015 年后开始下降，说明银行的不良率近年来呈下降趋势。

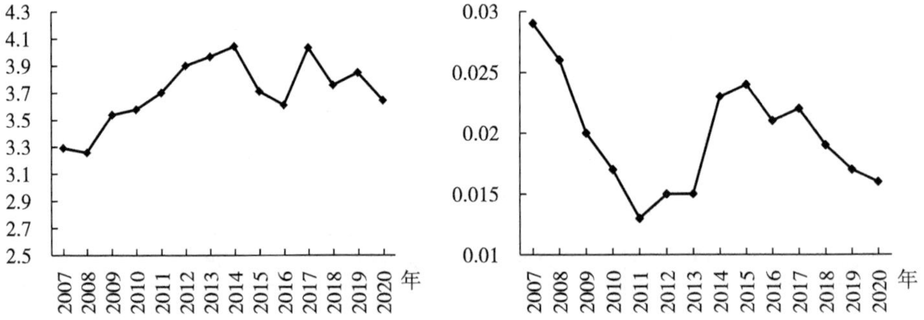

图 4-1　商业银行风险散点图（左侧为 *Z* 值，右侧为 *NPL*）

4.2.3　模型设定

为了检验 H1 和 H2 的六个子假设，本书尝试建立计量模型来考察对外开放与银行风险之间的关系。我们首先借鉴 Gulamhussen 等（2014）的研究成果，结合中国银行业的发展特点，构建基准的向量模型考察对外开放与银行风险之间的线性关系，模型如式（4-2）所示。

$$Risk_{it} = \alpha + \beta Open_{it} + \gamma X_{it} + \varepsilon_{it} \tag{4-2}$$

由于对外开放与银行风险之间可能存在“U”形的非线性关系，我们借鉴 Meslier 等（2016）的研究成果，结合中国银行业的发展特点，在基准向量模型的基础上引入对外开放指标的二次项，考察对外开放与银行风险的非线性关系，模型如式（4-3）所示。

$$Risk_{it} = \alpha + \beta Open_{it} + \varphi Open_{it}^2 + \gamma X_{it} + \varepsilon_{it} \tag{4-3}$$

为了佐证对外开放与银行风险之间“U”形曲线关系成立，并检验对外开放与银行风险之间是否存在三次曲线关系，本书在模型（4-3）基础上引入对外开放指标的三次项，进一步考察对外开放与银行风险的非线性关系，模型如式（4-4）所示。

$$Risk_{it} = \alpha + \beta Open_{it} + \varphi_1 Open_{it}^2 + \varphi_2 Open_{it}^3 + \gamma X_{it} + \varepsilon_{it} \tag{4-4}$$

在以上方程式中，i 表示第 i 家银行，t 为年份，其他变量均为向量。$Risk_{it}$ =

[Z_{it}，NPL_{it}] 为被解释变量，即银行风险的向量集，其中 Z_{it} 为 Z 值，NPL_{it} 为银行的不良贷款率。$Open_{it}$ = [$Overseas_{it}$，$Foreign_{it}$] 为解释变量，即对外开放的向量集，其中 $Overseas_{it}$ 表示海外资产占比，$Foreign_{it}$ 表示外资持股比例。$Open_{it}^2$ = [$Overseas_{it}^2$，$Foreign_{it}^2$] 为对外开放指标的二次项向量集，$Overseas_{it}^2$ 表示海外资产占比的二次项，$Foreign_{it}^2$ 表示外资持股比例的二次项。$Open_{it}^3$ = [$Overseas_{it}^3$，$Foreign_{it}^3$] 为对外开放指标的三次项向量集，其中 $Overseas_{it}^3$ 表示海外资产占比的三次项，$Foreign_{it}^3$ 表示外资持股比例的三次项。X_{it} = [$Size_{it}$，Car_{it}，Liq_{it}，Ldr_{it}，$Netp_{it}$，$Ctr1_{it}$，$Pgdpr_{it}$，$M2_{it}$，CPI_{it}，$Yeareffect$] 为控制变量的向量集。α、β、φ、γ 表示模型待估的参数向量集，ε_{it} 为随机扰动向量。为了控制异方差和序列相关性对模型参数检验造成的影响，本书主要基于异方差稳健标准误进行估计。

4.3　实证检验结果

本部分首先检验了外资参股和境外投资与大型商业银行和中小型商业银行信用风险和经营风险之间的关系，然后对对外开放临界点两侧进行了量化分析。为了说明所得结论的稳健性，最后进行了系列的稳健性检验。

4.3.1　对外开放对商业银行风险的影响

在检验对外开放对商业银行风险影响之前，我们首先采用相关性分析初步检验两变量之间的关系，结果如表 4-2 所示。

表 4-2 显示，外资持股比例变量 *Foreign*、海外资产占比 *Overseas* 与银行风险 Z 值呈正相关关系，说明对外开放可能降低银行风险。外资持股比例变量 *Foreign* 与银行不良率 *NPL* 呈负相关关系，说明外资参股可能有助于降低银行不良率。控制变量与 *Z* 值和 *NPL* 普遍具有相关性，说明控制变量选择有效。自变量之间的相关性普遍较低，说明自变量之间不存在严重的多重共线性问题。

表 4-2　相关性分析

变量	Z	NPL	Foreign	Overseas	Size	Car	Liq	Ldr	Netp	Ctr	Pgdpr	M2	CPI
Z	1												
NPL	-0. 024	1											
Foreign	0. 101***	-0. 054***	1										
Overseas	0. 069***	-0. 017	0. 066***	1									
Size	0. 304***	-0. 105***	0. 326***	0. 350***	1								
Car	0. 144***	-0. 097***	-0. 021	-0. 005	-0. 081***	1							
Liq	0. 093***	0. 001	-0. 049***	-0. 009	-0. 047***	0. 031*	1						
Ldr	0. 022	0. 024	-0. 050***	0. 011	0. 129***	-0. 01	0. 050***	1					
Netp	-0. 026	0. 042**	-0. 102***	-0. 059***	-0. 360***	0. 051***	-0. 030*	-0. 219***	1				
Ctr	0. 099***	-0. 052***	0. 175***	0. 318***	0. 431***	-0. 024	0. 006	-0. 031*	-0. 202***	1			
Pgdpr	-0. 047***	0. 016	0. 058***	-0. 01	-0. 173***	0. 003	0. 01	-0. 216***	0. 191***	0. 096***	1		
M2	-0. 057***	0. 003	0. 065***	-0. 017	-0. 146***	-0. 01	0. 011	-0. 368***	0. 169***	0. 076***	0. 365***	1	
CPI	-0. 056***	-0. 02	0. 028*	0. 002	-0. 101***	0. 032**	0. 023	-0. 109***	0. 168***	0. 062***	0. 465***	-0. 285***	1

注：*、**、***分别表示在 10%、5%和 1%显著性水平上显著。

表 4-3 检验了对外开放对中小型商业银行风险 Z 值的影响。在外资参股环节，*Foreign* 的二次项系数为-21.977 并在 1%水平下显著，说明外资持股比例与银行风险 Z 值呈开口向下的倒“U”形曲线关系，即外资持股比例与银行风险呈开口向上的正“U”形曲线关系。通过对外资持股比例变量 *Foreign* 进行一阶求导，得到临界点为 10%左右，意味着当外资持股比例低于 10%时，外资适当参股可以降低银行经营风险；但是当外资股东持股比例超过 10%时，外资参股反而会增加银行经营风险。可见，中小型商业银行引入外资存在一个“度”，当没有超过临界点时，引入外资可以降低银行经营风险，但是一旦超过临界点，引入外资反而会加大中小型商业银行的经营风险，因此中小型商业银行引入外资不能过度。在境外投资环节，*Overseas* 的二次项系数为 27.314 并在 5%水平下显著，说明海外资产占比与银行风险 Z 值呈开口向上的正“U”形曲线关系，即海外资产占比与银行风险呈开口向下的倒“U”形曲线关系。通过求导得到临界点在 2%左右，说明当海外资产占比高于 2%时，境外投资可以降低中小型商业银行经营风险，因此中小型商业银行可以考虑适当地增加境外投资规模。①

表 4-3　对外开放对中小型商业银行风险 Z 值的影响效应检验

变量	Dependent = Z					
	外资参股			境外投资		
Foreign	0.421 (1.22)	4.511*** (2.93)	3.369* (1.82)			
$Foreign^2$		-21.977*** (-2.81)	-5.016 (-0.30)			
$Foreign^3$			-56.859 (-1.14)			
Overseas				-1.764* (-1.80)	-10.035** (-2.13)	-14.256** (-2.19)
$Overseas^2$					27.314** (2.00)	125.313 (1.09)
$Overseas^3$						-249.942 (-0.86)

① 本书在外资参股环节和境外投资环节分别引入 *Foreign* 和 *Overseas* 的三次项进行了统计检验，但是回归系数并不显著，说明外资持股比例与境外投资和银行风险 Z 值之间，主要体现出二次曲线特征，三次曲线特征不明显。

续表

变量	Dependent = Z					
	外资参股			境外投资		
Size	0.282*** (16.32)	0.279*** (16.10)	0.279*** (16.11)	0.291*** (17.44)	0.300*** (16.74)	0.302*** (16.69)
Car	7.416*** (7.32)	7.396*** (7.27)	7.376*** (7.24)	7.424*** (7.34)	7.454*** (7.37)	7.453*** (7.37)
Liq	0.531*** (4.73)	0.531*** (4.73)	0.532*** (4.73)	0.531*** (4.72)	0.526*** (4.67)	0.526*** (4.67)
Ldr	-0.091 (-1.16)	-0.090 (-1.15)	-0.091 (-1.15)	-0.092 (-1.17)	-0.095 (-1.21)	-0.095 (-1.21)
Netp	6.532** (2.49)	6.573** (2.50)	6.572** (2.50)	6.555** (2.49)	6.968*** (2.62)	7.018*** (2.64)
Ctr	-0.035 (-0.18)	-0.015 (-0.08)	-0.018 (-0.09)	-0.025 (-0.13)	0.024 (0.13)	0.021 (0.11)
Pgdpr	0.008 (0.54)	0.007 (0.53)	0.007 (0.53)	0.008 (0.57)	0.008 (0.58)	0.008 (0.56)
M2	-0.123** (-2.57)	-0.126*** (-2.62)	-0.126*** (-2.62)	-0.122** (-2.54)	-0.122** (-2.55)	-0.123** (-2.56)
CPI	0.050 (0.37)	0.049 (0.36)	0.049 (0.37)	0.050 (0.38)	0.049 (0.37)	0.052 (0.39)
Year	控制	控制	控制	控制	控制	控制
_cons	0.036 (0.09)	0.087 (0.21)	0.087 (0.20)	-0.065 (-0.16)	-0.173 (-0.41)	-0.195 (-0.46)
F	29.15***	28.07***	26.89***	29.04***	28.22***	26.68***
R^2	0.172	0.174	0.174	0.172	0.173	0.173
N	2628	2628	2628	2628	2628	2628

注：*、**、***分别表示在10%、5%和1%显著性水平上显著，括号内为t值。

表4-4检验了对外开放对中小型商业银行不良贷款率 *NPL* 的影响。在外资参股环节，*Foreign* 的一次项、二次项和三次项系数均不显著，说明外资持股比例与中小型商业银行的不良贷款率之间不存在明显的相关性。但在境外投资环节，*Overseas* 的二次项系数为-0.809且在1%水平下显著，*Overseas* 的一次项系数为0.263，同时 *Overseas* 的三次项系数不显著，表明海外资产占比与中小型商业银行不良贷款率之间主要体现出开口向下的倒“U”形曲线关系。求导计算

得到临界点在 1.6%左右，说明当海外资产占比高于 1.6%时，境外投资可以降低银行的不良贷款率，这个结论和表 4-3 中的银行风险 Z 值的分析结论趋于一致。可见，中小型商业银行的境外投资规模可能存在一个临界点，当境外投资达到一定的规模时，有可能实现规模经济，从而降低银行风险。[1]

表 4-4　对外开放对中小型商业银行不良贷款率 *NPL* 的影响效应检验

变量	Dependent = *NPL*					
	外资参股			境外投资		
Foreign	-0.003 (-0.57)	-0.021 (-1.08)	-0.012 (-0.48)			
$Foreign^2$		0.095 (0.95)	-0.037 (-0.16)			
$Foreign^3$			0.439 (0.71)			
Overseas				0.018 (0.83)	0.263*** (3.27)	0.293*** (4.51)
$Overseas^2$					-0.809*** (-3.51)	-1.506* (-1.88)
$Overseas^3$						1.776 (0.77)
Size	-0.002*** (-6.62)	-0.002*** (-6.54)	-0.002*** (-6.55)	-0.002*** (-7.28)	-0.002*** (-7.65)	-0.002*** (-7.69)
Car	-0.065** (-2.54)	-0.065** (-2.54)	-0.065** (-2.53)	-0.066** (-2.55)	-0.066** (-2.56)	-0.066** (-2.56)
Liq	0.001 (0.67)	0.001 (0.67)	0.001 (0.67)	0.001 (0.66)	0.001 (0.77)	0.001 (0.77)
Ldr	0.002 (1.01)	0.002 (1.01)	0.002 (1.01)	0.002 (1.01)	0.003 (1.04)	0.003 (1.04)
Netp	0.142 (1.28)	0.142 (1.28)	0.141 (1.28)	0.141 (1.28)	0.128 (1.16)	0.128 (1.16)

① 本书依据“一行三会”和国家统计局于 2015 年 9 月发布的《金融业企业划型标准规定》（银发〔2015〕309 号）对中小型商业银行进行了规模细分，将资产总额在 5000 亿元至 40000 亿元的银行归类为中型商业银行，低于 5000 亿元规模的归类为小型商业银行，然后分类别检验了对外开放对商业银行风险的影响，结果和本书结论趋同。由于篇幅限制，规模细分后的检验结果未呈现在正文中，留存备索。

续表

变量	Dependent = *NPL*					
	外资参股			境外投资		
Ctr	−0.000 (−0.09)	−0.000 (−0.12)	−0.000 (−0.11)	−0.000 (−0.12)	−0.002 (−0.66)	−0.002 (−0.65)
Pgdpr	0.000** (2.26)	0.000** (2.26)	0.000** (2.26)	0.000** (2.25)	0.000** (2.22)	0.000** (2.23)
M2	0.001 (1.10)	0.001 (1.12)	0.001 (1.12)	0.001 (1.09)	0.001 (1.11)	0.001 (1.11)
CPI	−0.002 (−1.50)	−0.002 (−1.49)	−0.002 (−1.49)	−0.002 (−1.50)	−0.002 (−1.48)	−0.002 (−1.49)
Year	控制	控制	控制	控制	控制	控制
_cons	0.038*** (4.40)	0.038*** (4.38)	0.038*** (4.38)	0.039*** (4.59)	0.042*** (4.90)	0.042*** (4.92)
F	14.15***	13.72***	13.10***	14.25***	14.77***	15.02***
R^2	0.042	0.042	0.042	0.042	0.043	0.043
N	2726	2726	2726	2726	2726	2726

注：*、**、***分别表示在10%、5%和1%显著性水平上显著，括号内为t值。

表4-3和表4-4中的其他控制变量也体现出与现实非常吻合的经济特征。例如，银行规模变量*Size*和资本充足率变量*Car*对银行风险*Z*值具有显著的正向影响，而对银行不良贷款率具有显著负向影响，说明规模越大、资本充足率越高的中小型商业银行，银行经营风险和信用风险均越小。净利差变量*Netp*对银行风险*Z*值具有显著的正向影响，说明较高的净利差意味着银行盈利能力状况较好，能降低银行经营风险。流动性变量*Liq*对银行不良贷款率具有显著的负向影响，说明流动性越高的商业银行的不良贷款率越低即贷款质量越高，信用风险越小。人均GDP增长率变量*Pgdpr*对银行不良贷款率具有显著的正向影响，说明较高的经济发展水平则可能增加银行经营风险。货币增长率变量*M2*对银行风险*Z*值具有显著的负向影响，说明宽松的货币环境可能会刺激银行风险承担行为，但是不会明显降低银行贷款质量。

表4-5和表4-6检验了对外开放对大型商业银行风险*Z*值和不良贷款率*NPL*的影响。在外资参股的环节，我们发现检验结果不显著，意味着对于大型商业银行而言，外资参股并未显著影响大型商业银行的风险。可能的原因是大型商业银行股本结构太大，虽然引入外资，但外资在整体股权结构中占的比例并不高，加之大型商业银行国家控股的性质，外资股东在大型商业银行的经营

决策中不具有充分的发言权，因此外资参股对大型商业银行经营的影响较小。在大型商业银行境外投资的银行风险 Z 值环节，我们发现二次曲线关系不显著，但是 *Overseas* 的三次项系数为 1079.493 并在 1%水平下显著，说明海外资产占比与大型商业银行风险 Z 值呈“N”形曲线关系。通过求一阶偏导，得到的临界点分别为 5.2%和 20%左右，意味着海外资产占比小于 5.2%或者大于 20%时，境外投资可以降低银行经营风险，海外资产占比介于 5.2%和 20%时，境外投资可能增加大型商业银行经营风险。因此，大型商业银行的境外投资规模可能存在一个阈值区间，在阈值区间内，境外投资可能增加银行经营风险（增加了 Z 值），只有跨过阈值区间，大型商业银行的境外投资才能降低银行经营风险。

表 4-5　对外开放对大型商业银行风险 Z 值的影响效应检验

变量	Dependent=Z					
	外资参股			境外投资		
Foreign	1.943 (0.43)	-0.488 (-0.08)	1.237 (0.17)			
$Foreign^2$		12.270 (0.51)	9.176 (0.37)			
$Foreign^3$			-64.503 (-0.32)			
Overseas				-0.320 (-0.13)	-14.440 (-1.43)	33.465* (1.76)
$Overseas^2$					51.051 (1.55)	-406.334** (-2.36)
$Overseas^3$						1079.493** (2.67)
Size	0.337 (0.67)	0.329 (0.68)	0.131 (0.14)	0.135 (0.34)	-0.027 (-0.07)	0.492 (1.12)
Car	6.840 (0.44)	8.725 (0.57)	8.470 (0.55)	12.452 (1.29)	13.259 (1.36)	10.546 (1.20)
Liq	-0.808 (-0.27)	-0.433 (-0.14)	-0.602 (-0.20)	0.050 (0.03)	0.037 (0.02)	-0.073 (-0.04)
Ldr	-2.249 (-1.39)	-2.374 (-1.41)	-2.383 (-1.41)	-2.212 (-1.37)	-1.867 (-1.15)	-2.071 (-1.49)

续表

变量	Dependent = Z					
	外资参股			境外投资		
Netp	73.800 (1.46)	75.864 (1.47)	75.566 (1.44)	66.716 (1.34)	63.125 (1.30)	-27.597 (-0.65)
Ctr	-0.260 (-0.21)	-0.339 (-0.26)	-0.409 (-0.30)	-0.508 (-0.53)	-1.013 (-0.94)	-0.903 (-0.76)
Pgdpr	-0.097 (-1.08)	-0.094 (-1.03)	-0.106 (-1.09)	-0.082 (-1.08)	-0.086 (-1.18)	-0.036 (-0.41)
M2	-0.816** (-2.34)	-0.839** (-2.25)	-0.865** (-2.30)	-0.761** (-2.51)	-0.774** (-2.58)	-0.515** (-2.03)
CPI	0.543 (1.02)	0.612 (1.02)	0.590 (0.98)	0.475 (0.98)	0.466 (1.04)	0.065 (0.13)
Year	控制	控制	控制	控制	控制	控制
_cons	5.076 (0.57)	4.859 (0.56)	8.689 (0.52)	7.159 (0.75)	10.471 (1.09)	2.174 (0.22)
F	7.46***	6.96***	6.50***	7.95***	7.53***	14.60***
R^2	0.639	0.640	0.641	0.637	0.665	0.730
N	70	70	70	70	70	70

注：*、**、***分别表示在10%、5%和1%显著性水平上显著，括号内为t值。

表 4-6 对外开放对大型商业银行不良贷款率 *NPL* 的影响效应检验

变量	Dependent = Z					
	外资参股			境外投资		
Foreign	-0.008 (-0.51)	-0.003 (-0.11)	0.021 (0.83)			
Foreign^2		-0.028 (-0.34)	-0.072 (-0.81)			
Foreign^3			-0.904 (-1.30)			
Overseas				-0.008 (-0.68)	-0.034 (-0.88)	-0.060 (-0.74)
Overseas^2					0.094 (0.82)	0.348 (0.56)

续表

变量	Dependent = Z					
	外资参股			境外投资		
$Overseas^3$						-0.600 (-0.45)
Size	0.003 (1.31)	0.003 (1.30)	0.000 (0.11)	0.003 (1.49)	0.003 (1.33)	0.003 (1.10)
Car	-0.026 (-0.30)	-0.030 (-0.33)	-0.034 (-0.37)	-0.058 (-0.56)	-0.056 (-0.56)	-0.055 (-0.54)
Liq	0.021 (1.36)	0.020 (1.29)	0.017 (1.16)	0.015 (1.35)	0.015 (1.32)	0.015 (1.32)
Ldr	0.011 (0.74)	0.011 (0.73)	0.011 (0.72)	0.012 (0.78)	0.013 (0.81)	0.013 (0.81)
Netp	0.000 (0.00)	-0.004 (-0.03)	-0.009 (-0.07)	0.001 (0.01)	-0.006 (-0.04)	0.045 (0.30)
Ctr	-0.010 (-1.28)	-0.010 (-1.24)	-0.011 (-1.29)	-0.004 (-0.68)	-0.005 (-0.86)	-0.005 (-0.86)
Pgdpr	0.001 (1.56)	0.001 (1.54)	0.000 (1.16)	0.001 (1.29)	0.001 (1.26)	0.000 (1.18)
M2	0.003* (1.91)	0.003* (1.85)	0.003 (1.63)	0.003* (1.87)	0.003* (1.83)	0.003* (1.69)
CPI	0.001 (0.39)	0.001 (0.32)	0.000 (0.19)	0.001 (0.53)	0.001 (0.52)	0.001 (0.61)
Year	控制	控制	控制	控制	控制	控制
_cons	-0.081 (-1.13)	-0.080 (-1.12)	-0.027 (-0.35)	-0.074 (-1.10)	-0.068 (-1.01)	-0.063 (-0.91)
F	8.18***	7.85***	7.61***	8.78***	7.69***	6.94***
R^2	0.570	0.571	0.578	0.574	0.579	0.580
N	70	70	70	70	70	70

注：*、**、*** 分别表示在 10%、5%和 1%显著性水平上显著，括号内为 t 值。

检验结果显示，中小型商业银行与大型商业银行的对外开放和银行风险之间的关系体现出差异化特征：对中小型商业银行而言，对外开放存在明显的临界效应。在不超过临界点的前提下，适当的外资参股可以降低银行风险，但是外资参股不能过度，一旦超过临界点，反而会增加银行风险；只有超过临界点，境外投资才能降低银行风险，境外投资规模较小时不利于银行风险的降低。大型商业银行的情况有所不同：首先，外资参股对银行风险的影响不显著，可能的原因是大型商业银行股本结构太大，外资股东在大型商业银行的经营决策中不具有充分的发言权，因此外资参股对大型商业银行经营的影响较小。其次，大型商业银行的境外投资规模存在着阈值区间，只有跨过阈值区间，大型商业银行的境外投资才能降低银行风险。可能的原因是大型商业银行存在“隐性担保”的优势，当境外投资规模较小时，国家的“隐性担保”优势可以帮助大型商业银行分散境外经营的风险，但是当境外投资规模较大时，国家的“隐性担保”可能会失去作用，加大的境外投资规模反而会促使大型商业银行风险的上升，只有当境外投资规模达到一定程度时，丰富的境外投资经验和资源才能帮助银行分散经营风险。①

4.3.2 对外开放临界点两侧的量化分析

表 4-3 至表 4-6 的检验结果认为，商业银行的对外开放应有“度”，但没有提供在“度”的两侧的详细量化分析，因此无法定量地确定对外开放对银行风险影响的程度，下面我们尝试检验在临界点两侧，对外开放与银行风险的量化关系。

表 4-7 给出了在外资参股的临界点两侧，中小型商业银行风险 Z 值的变化。在 $Foreign<10\%$ 的样本组中，$Foreign$ 的回归系数为 2. 591 并显著，说明在临界点的左侧，外资持股比例每增加一个单位，银行经营风险 Z 值平均下降 2. 591 个单位；在 $Foreign\geq10\%$ 的样本组中，$Foreign$ 回归系数为-5. 160 且显著，说明在临界点的右侧，外资持股比例每增加一个单位，银行经营风险 Z 值平均上升 5. 160 个单位。数据显示，当外资参股过“度”时，外资参股产生的风险较外资参股不过“度”时更大。因此，应当警惕在“引进来”的过程中，外资持股比例过高对中小型商业银行风险的扩大效应，中小型商业银行引入外资应有“度”。②

---

① 我们尝试根据开放水平将样本空间划分为不同时间段进行检验。例如，2014 年金砖国家开发银行落户上海，亚洲基础设施投资银行和丝路基金发起设立，中国银行业对外开放加速推进，所以我们将 2014 年作为断点进行了统计检验。核心变量技术指标的趋势没有发生变化，说明原文的实证结果非常稳健，相关结论与经济学解释真实有效。

② 为了避免样本非对称性导致回归结果有偏，我们也对 $0<Foreign<10\%$ 的样本组进行了回归检验，数据显示 $Foreign$ 的回归系数显著为正，说明在此区间内，外资持股比例与中小型商业银行的风险 Z 值呈正向变动关系。加入了二次项后，$Foreign^2$ 的回归系数显著，但是 $Foreign$ 的系数不显著，说明外资持股比例 $Foreign$ 与银行风险 Z 值的关系是经过原点开口向上的二次曲线。由于 $Foreign$ 必须要大于 0，所以该曲线的右半段真实有效，与临界点右侧的样本回归结果组合起来，最终形成了倒“U”形曲线趋势。

表 4-7　外资参股在临界点两侧对中小型商业银行风险 Z 值的影响效应检验

变量	Dependent=*Z*					
	Foreign<10%		0<*Foreign*<10%		*Foreign*≥10%	
Foreign	2.591* (1.87)	−1.900 (−0.67)	5.607** (2.32)	−7.371 (−1.60)	−5.160*** (−3.71)	2.890 (0.77)
$Foreign^2$		45.217 (1.62)		97.380*** (2.75)		−25.452* (−1.87)
Size	0.280*** (15.30)	0.281*** (15.33)	0.113** (2.53)	0.071 (1.62)	0.168*** (3.41)	0.167*** (3.40)
Car	7.765*** (7.21)	7.787*** (7.19)	1.346 (0.36)	1.427 (0.40)	1.650 (0.68)	1.441 (0.59)
Liq	0.521*** (4.51)	0.521*** (4.51)	−0.216 (−0.47)	−0.217 (−0.49)	−0.238 (−0.75)	−0.184 (−0.59)
Ldr	−0.087 (−1.10)	−0.087 (−1.10)	0.556 (1.06)	0.367 (0.75)	0.503* (1.68)	0.447 (1.48)
Netp	6.098** (2.26)	6.082** (2.26)	−2.630 (−0.21)	−2.989 (−0.26)	2.108 (0.17)	2.100 (0.17)
Ctr	−0.041 (−0.21)	−0.055 (−0.28)	0.478 (0.91)	0.263 (0.52)	0.315 (0.42)	0.244 (0.33)
Pgdpr	0.010 (0.70)	0.011 (0.72)	0.049 (0.49)	0.092 (0.95)	−0.036 (−1.36)	−0.031 (−1.21)
M2	−0.118** (−2.33)	−0.117** (−2.32)	0.044 (0.43)	0.011 (0.12)	−0.187* (−1.67)	−0.199* (−1.76)
CPI	0.053 (0.38)	0.054 (0.39)	−0.349 (−0.96)	−0.508 (−1.44)	0.220 (0.71)	0.207 (0.69)
Year	控制	控制	控制	控制	控制	控制
_cons	−0.056 (−0.13)	−0.080 (−0.18)	1.628 (1.04)	2.937* (1.86)	3.589*** (2.79)	3.185*** (2.60)
F	22.88***	21.92***	4.89***	5.93***	10.72***	10.70***
R^2	0.160	0.160	0.378	0.420	0.394	0.399
N	2387	2387	142	142	241	241

注：*、**、*** 分别表示在 10%、5%和 1%显著性水平上显著，括号内为 t 值。

表 4-8 的第二列给出了在境外投资的临界点左侧时，中小型商业银行风险 *Z* 值的变化，当 *Overseas*<2%时，*Overseas* 回归系数为−41.104 且显著，说明在临界点的左侧，海外资产占比每增加一个单位，银行经营风险 *Z* 值平均上升

41.104 个单位。表 4-8 的第四列给出了在境外投资的临界点左侧时，中小型商业银行不良贷款率 *NPL* 的变化，当 *Overseas*<1.6%时，*Overseas* 的回归系数为 1.166 且显著，说明在临界点的左侧，海外资产占比每增加一个单位，银行不良贷款率平均增加 1.166 个单位。由于数据显示在临界点左侧，商业银行经营风险与不良贷款率都呈现增长趋势，因此中小型商业银行境外投资的力度不能太小，应当适当加大境外投资的力度。

表 4-8　境外投资在临界点左侧对中小型商业银行风险的影响效应检验

变量	Dependent=*Z*		Dependent=*NPL*	
	Overseas<2%		*Overseas*<1.6%	
Overseas	-41.104***	-35.720	1.166***	0.197
	(-3.35)	(-0.67)	(4.00)	(0.17)
Overseas^2		-413.359		151.810
		(-0.12)		(0.77)
Size	0.313***	0.313***	-0.002***	-0.002***
	(16.87)	(16.79)	(-7.60)	(-7.55)
Car	7.442***	7.443***	-0.066**	-0.066**
	(7.37)	(7.37)	(-2.54)	(-2.54)
Liq	0.515***	0.515***	0.001	0.001
	(4.57)	(4.57)	(0.77)	(0.76)
Ldr	-0.090	-0.090	0.003	0.003
	(-1.15)	(-1.15)	(1.04)	(1.04)
Netp	7.220***	7.217***	0.128	0.128
	(2.71)	(2.71)	(1.16)	(1.16)
Ctr	-0.050	-0.051	-0.002	-0.002
	(-0.25)	(-0.25)	(-0.72)	(-0.72)
Pgdpr	0.008	0.008	0.000**	0.000**
	(0.57)	(0.57)	(2.25)	(2.25)
M2	-0.117**	-0.117**	0.001	0.001
	(-2.40)	(-2.40)	(1.09)	(1.09)
CPI	0.054	0.054	-0.002	-0.002
	(0.39)	(0.39)	(-1.50)	(-1.49)
Year	控制	控制	控制	控制
_cons	-0.360	-0.359	0.042***	0.042***
	(-0.84)	(-0.84)	(4.87)	(4.85)

续表

变量	Dependent = *Z*		Dependent = *NPL*	
	Overseas<2%		*Overseas*<1.6%	
F	26.46***	25.20***	15.23***	14.51***
R^2	0.168	0.168	0.042	0.042
N	2583	2583	2659	2659

注：*、**、***分别表示在 10%、5%和 1%显著性水平上显著，括号内为 t 值。

由于样本量较少，我们暂时无法提供中小型商业银行境外投资在临界点右侧，以及大型商业银行境外投资在临界点两侧时，对外开放与商业银行风险的量化关系，不过我们仍然在已掌握数据的基础上给出了散点图分析。图 4-2 的第一幅子图表示中小型商业银行境外投资在临界点右侧的 *Z* 值变化趋势，与表 4-8 第二列的中小型商业银行境外投资在临界点左侧的 *Z* 值变化趋势配合起来，形成开口向上的正“U”形曲线趋势，印证了表 4-3 的结果。图 4-2 第二幅子图表示中小型商业银行境外投资在临界点右侧的 *NPL* 变化趋势，与表 4-8 第四列的中小型商业银行境外投资在临界点左侧的 *NPL* 变化趋势配合起来，形成开口向下的倒“U”形曲线趋势，印证了表 4-4 的结果。图 4-3 则是大型商业银行境外投资的风险散点图，呈现正“N”形曲线特征，与表 4-5 的结果一致。

以上结果检验了 H1c 与 H2c 两个假设的正确性，说明我国银行业的对外开放与风险承担行为之间确实存在独特的传导机理与传导效果。商业银行的对外开放存在“度”，在“度”的临界点两侧，对外开放对商业银行风险存在差异化的影响。但检验结果是否受内生性影响，是否稳健，我们还需要进一步探索。

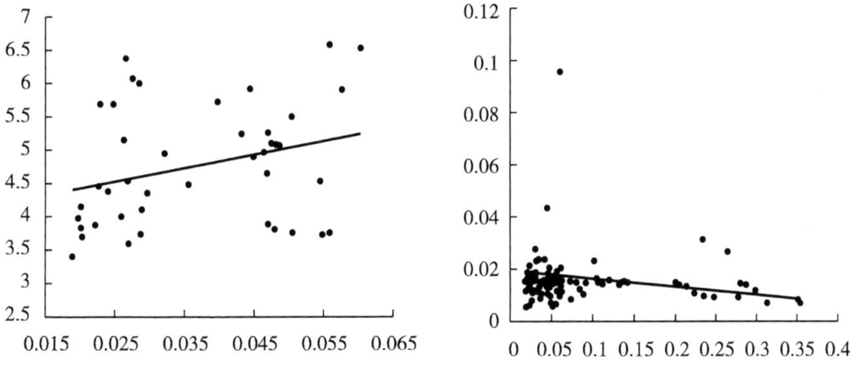

图 4-2　中小型商业银行境外投资在临界点右侧的风险散点图

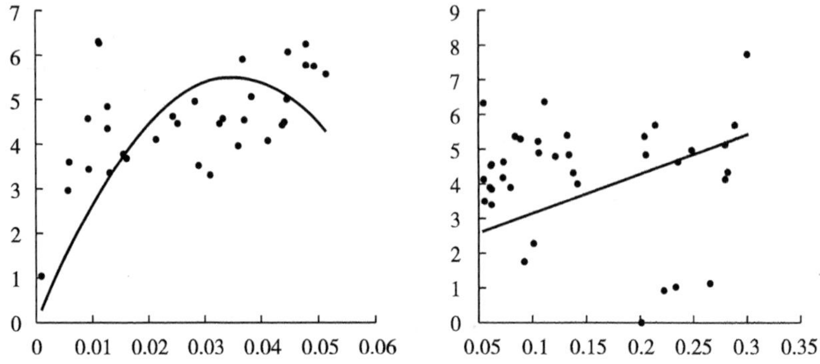

图 4-3 大型商业银行境外投资的风险散点图

4.3.3 内生性说明与稳健性检验

计量模型的内生性问题主要是因为双向因果关系或者遗漏重要变量等，所以我们主要从这两个方面来对内生性问题进行说明并进行稳健性检验。

1. 双向因果关系

有学者指出，银行风险可能会反过来影响银行业对外开放（如 Berger 等，2016；Chen 等，2017）。我们通过选取合适的工具变量来防范对外开放指标和银行风险存在双向因果关系导致的内生性问题，并采用 IV 法进行估计。本书选取了四个工具变量：第一个工具变量是政策变量，考虑到我国“一带一路”倡议的实施和相应的银行业体制改革，设定政策变量在扩大对外开放的 2013 年以后取值 1，其他年份取值 0。第二个工具变量是类型细分的银行性质，因为银行性质和对外开放的联系往往很紧密。例如，大型商业银行和股份制商业银行更加倾向境外投资，而外资参股可能更加倾向于城市商业银行，而非农村商业银行。第三个工具变量是外商直接投资和对外直接投资，因为外商直接投资与对外直接投资，往往和银行业的外资参股和境外投资体现出同步变化性。第四个工具变量是滞后期的外资参股和境外投资，因为选择滞后期变量可以有效防止解释变量和被解释变量之间可能存在的双向因果关系。

我们将以上变量作为外资参股和境外投资的工具变量，采用 IV 法进行再次检验①。通过将检验结果与前文的检验结果相对比，可以发现两套统计检验的趋势基本相同，而且 F 检验与 HansenJ 检验的结果也符合判断标准，说明工具变量选择合理有效。由此说明本书的检验结果非常稳健，可以基于此进行经济

① 为了突出主题也防止正文的篇幅过长，我们未将稳健性检验的结果呈现在正文中，留存备案。

学解释。

2. 遗漏重要变量

模型中可能存在遗漏变量问题，尤其是遗漏银行风险指标 $Risk_{it-1}$，因为前期的银行风险可能对当期银行风险产生持续的影响，但当解释变量添加银行风险 $Risk_{it-1}$ 后，会造成动态面板模型存在内生性问题，因此我们考虑采用系统 GMM 方法来解决模型存在的内生性问题。理由是：当模型中存在多个内生性变量时，IV 法不太适用；系统 GMM 适合解决动态面板模型的内生性问题，并且该方法非常适用大 N 和小 T 的样本数据。

此外，为了避免双向因果关系造成的内生性，并考虑到对外开放对银行风险的影响可能具有滞后性，我们将对外开放指标取滞后一期，进一步检验模型结果的稳健性。将滞后一期的检验结果与前文的检验结果相对比，可以发现两者基本相同，而且 AR 检验与 Sargan 检验的结果也符合判断标准。进一步说明本书的检验结果非常稳健，可以基于此进行经济学解释。

4.4　本章小结

本章基于中国银行业的 392 家商业银行的微观数据，实证检验了银行业对外开放（外资参股与境外投资）与大型商业银行和中小型商业银行风险之间的相关性，并进行了严格的稳健性检验，得到的结论如下：对中小型商业银行而言，外资持股比例对银行风险的影响存在临界点，超过临界点后，外资参股可能会增加银行风险；海外资产占比对银行风险的影响存在临界点，超过临界点之后，境外投资可能降低银行风险。对于大型商业银行而言，外资持股比例对大型商业银行的风险没有显著影响，但是海外资产占比对大型商业银行风险的影响存在一个阈值区间，在阈值区间内境外投资可能导致大型商业银行风险上升。

基于以上结论，我们得到的启示是：

首先，外资参股中小型商业银行的比例不宜过高。实证检验的结果显示，对中小型商业银行而言，外资持股比例对银行风险的影响存在临界点，超过临界点后，继续加大外资持股比例可能会增加银行风险，所以中小型商业银行应当保持适当的外资持股比例，不宜盲目引入过多外资。目前，我国已取消对中资银行的外资持股比例的限制，由于降低了进入壁垒，外资进入中国银行业的步伐可能会加快，我们应当制定和完善外资参股中资银行的政策法规，对金融市场进行改革和完善，警惕外资的过度过快进入对我国的金融安全造成较大冲击。

其次，应当鼓励中小型商业银行加大境外投资的力度。实证检验的结果显示，对中小型商业银行而言，境外投资对银行风险的影响存在临界点，超过临界点之后，加大境外投资规模可能可以降低银行风险，所以更大规模的境外投资对中小型商业银行利大于弊。目前，我国中小型商业银行境外投资的力度普遍较小，加大境外投资力度能加快中小型商业银行的国际化进程，提高全球服务能力。中小型商业银行可以尝试通过自身的经营和学习，克服东道国市场经营的不利因素，充分利用多市场资源，扩大银行市场份额和客户群，提高中小型商业银行抗击风险的能力。

再次，大型商业银行可以根据特定时期的追求目标来选择对外开放的力度。实证检验的结果显示，对大型商业银行而言，可能是国有股权持股比例非常高，使外资股东话语权较低，因此目前外资参股对大型商业银行的风险没有显著影响。但数据显示，境外投资规模对大型商业银行风险的影响存在一个阈值区间，在阈值区间内境外投资可能导致大型商业银行风险上升，建议大型商业银行基于特定时期的追求目标来调整对外开放的策略，达到降低银行风险的目的。

最后，应当强化风险预警与控制手段，在银行业的对外开放过程中实施宏观审慎的原则。实证检验的结果显示，无论是中小型商业银行还是大型商业银行，在对外开放的临界点两侧，商业银行风险都体现出不同的趋势特征。由于我国的商业银行的差异性非常大，不同类型不同规模的商业银行的最佳对外开放度也各不相同，因此建立特定商业银行的风险预警机制显得非常重要。建议商业银行根据自身的发展特色，测算并确定外资参股与境外投资的最佳程度，审慎评估对外开放对本银行风险的影响，在对外开放的过程中谋求自身收益的最大化，同时做好压力测试，预估对外开放可能带来的极限风险，制定防范风险的措施。一旦出现风险敞口的暴露，能做到稳妥有序的处置，避免产生“多米诺骨牌效应”，维护我国金融体系的整体稳定。

第5章　银行业开放对宏观金融风险的影响研究

上一章我们采用商业银行的微观数据探讨了银行业开放对商业银行经营风险和信用风险的影响，本章在上一章的基础上从宏观层面进一步探讨银行业开放对宏观金融风险的影响。

5.1　理论基础与研究假设

扩大银行业对外开放是我国金融业双向开放的重要缩影。一方面，银行业加快“引进来”步伐，可以丰富我国金融产品种类，提高资源配置效率，助力经济高质量发展，同时也会倒逼国内银行业在经济管理上更加注重自我提升，产生的“鲇鱼效应”有助于促进行业获利；另一方面，银行业加快“走出去”是经济全球化的必然要求，对银行业自身而言，可以获得海外的客户和市场，拓展市场空间的同时，也加快了与全球市场接轨，促进了自身竞争能力的提升，对我国金融业而言，银行业通过全球业务布局，可以分散不同市场风险，熨平周期波动，提高金融系统抵御经济周期的能力，同时提高我国金融业在全球金融市场的话语权和国际地位。

然而，银行业扩大对外开放也可能威胁到金融体系的稳定，导致金融风险上升。对“引进来”而言，外资银行是跨境资金流动的重要渠道，长久大量的跨境资金通过外资银行可能流入某些金融市场，一方面推动资产价格上涨形成泡沫，另一方面影响了基础货币供给，导致通货膨胀风险和汇率风险等，直接威胁到金融体系的稳定。同时，外资银行可能通过干扰货币政策工具的实施降低货币政策的调控效果，当政策工具和政策目标的正常关系变得难以预测时，金融风险也会随之上升；对“走出去”而言，在全球金融监管日趋严格的大环境下，国内银行境外业务的快速扩张与其全球经营管理能力和风险控制能力不足有可能使境外经营风险进一步增加，同时国内银行在国际扩张的过程中，由于脱离了母行所在国和自身日常经营的地理范围，信用风险和非信用风险均可能会被放大，既有可能通过海外分支机构将相关风险传至母行，威胁到自身稳定的同时，也可能导致整个系统的金融风险上升。

银行业对外开放是否会影响到金融体系的稳定，目前国内学术界与实务界的观点并不统一。在此背景下，本书收集了银行业对外开放和金融风险等宏观数据，构建了系统性金融风险压力指数和不同金融市场风险压力指数，从“引进来”和“走出去”两个方面，统计检验中国银行业的对外开放与宏观金融风险之间的相关性。相关研究的理论意义在于：构建银行业对外开放与宏观金融风险的研究框架，拓展开放经济条件下的对外开放与金融风险的理论研究，探讨银行业对外开放可能存在的“度”以及对宏观金融风险的影响。相关研究的现实意义在于：在宏观数据的基础上，分析对外开放对宏观金融风险的影响，为我国银行业在对外开放过程中守住不发生系统性金融风险的底线提供经验支持与决策参考。

下面，本部分从外资银行进入和中资银行境外投资两个方面分析银行业开放对宏观金融风险影响的传导机制，并提出对应的研究假设。

5.1.1 外资银行进入影响金融风险的传导机制

外资银行进入可能增加金融风险的传导机制如下：首先，加剧了东道国银行业竞争，使中资银行过度承担风险，可能导致银行系统脆弱性增加。此外，外资银行进入导致信贷规模扩张，银行信贷泡沫也会影响到银行业的稳定，从而影响金融稳定。其次，外资银行是跨境投机资本流动的重要渠道，可以规避我国的资本监管，跨境投机资本易导致国内投资狂热，并通过多种渠道流入股票市场、债券市场、货币市场、外汇市场和房地产市场等，一方面，导致资产价格扭曲，金融市场泡沫积累；另一方面，当中国经济形势发生逆转时，外资银行又作为资本外逃的重要渠道，抽逃资金可能加剧这些金融市场的脆弱性，引起经济恐慌，甚至会引发系统性金融风险，威胁到金融稳定。最后，外资银行主要受母国监管政策的影响，对东道国的政策调控不敏感，可能使货币政策目标由于外资银行的存在而难以实现，东道国货币政策的调控效果下降，金融风险上升。此外，由于我国监管当局对外资银行母行的风险难以检查和控制，外资银行可能跨境传播金融风险，将母国金融风险转嫁到东道国，东道国金融风险上升。

外资银行进入可能降低金融风险的传导机制如下：首先，外资银行通过内部资本市场提供稳定的信贷，缓解了东道国企业的资金约束，改善了金融供给的不平衡不充分问题，提高了金融供给质量，因此有利于东道国金融市场的稳定和发展；其次，外资银行相对中资银行具有更加成熟的管理经验和技术，进入东道国可以产生一定的知识溢出效应，提高了中资银行的风险控制技术，有利于中资银行发展的同时也有利于维系金融系统的稳定；最后，在东道国面临国内金融风险冲击时，外资银行相对中资银行受国内政策环境影响较小，可以对冲东道国的异质性冲击，一定程度上有助于稳定东道国金融市场。

根据以上分析发现，外资银行进入对东道国金融风险的影响具有不确定性。基于此，我们提出以下研究假设。

假设 H1a：外资银行进入与金融风险呈正相关关系，即外资银行资产占比越高，越可能增加金融风险。

假设 H1b：外资银行进入与金融风险呈负相关关系，即外资银行资产占比越高，越可能降低金融风险。

假设 H1c：外资银行进入存在“度”，在“度”的临界点两侧，外资银行资产占比对金融风险的影响具有异质性。

5.1.2　中资银行境外投资影响金融风险的传导机制

中资银行境外投资可能增加金融风险的传导机制如下：首先，全球不同国家货币政策出现不同走向，相互效应叠加，加剧了全球金融市场的波动和震荡，不仅会加大银行业境外投资的经营风险，同时可能将风险由海外分支机构传递到母国，威胁到母国的金融稳定；其次，新常态下国内外经济深度融合，并且国际化经营风险的复杂性、传染性和隐蔽性，可能造成风险跨区域、跨行业快速传导，将风险传递到国内金融市场，造成股市暴跌、汇率贬值等，加大整个金融市场的风险，如 1995 年的巴林银行倒闭事件；最后，境外投资的中资银行更大程度上受国外监管政策的影响，对本国货币政策的调控敏感度下降，而货币政策工具需要通过商业银行为中介进行传导，因此可能造成货币政策调控失效，导致本国金融风险上升。

中资银行境外投资可能降低金融风险的传导机制如下：首先，境外投资拓展了中资银行投资渠道，投资渠道的多元化有助于分散不同市场的经营风险，熨平周期性波动，提高抵御经济周期的能力，从而也有利于金融稳定；其次，中国经济正处于“三期叠加”、风险释放的关键时期，银行业国际化发展可以获取全球市场更丰富的金融服务资源，尤其是资金和管理经验，并反哺境内企业，带来的溢出效应有利于维护金融稳定和服务中国经济发展；最后，银行业境外投资可以带动证券、保险等金融机构“走出去”，有助于我国金融业全球战略布局，推进人民币国际化，助力“一带一路”倡议的推进和落实，不仅加快了我国金融市场的发展，也有利于促进我国金融稳定。

据此，我们发现中资银行境外投资对金融风险的影响也具有不确定性，因此我们提出如下研究假设。

假设 H2a：中资银行境外投资与金融风险呈正相关关系，即海外资产占比越高，越可能增加金融风险。

假设 H2b：中资银行境外投资与金融风险呈负相关关系，即海外资产占比越高，越可能降低金融风险。

假设 H2c：中资银行境外投资存在“度”，在“度”的临界点两侧，海外资产占比对金融风险的影响具有异质性。

5.2 变量选取、数据来源和模型设定

本部分主要对选取的变量和数据进行相关说明，包括系统性金融风险指标池的构建、银行业对外开放指标的测算等，同时对采取的技术方法和模型进行了介绍。

5.2.1 变量选取和数据说明

1. 变量选取和测算

(1) 系统性金融风险的测算

自 2005 年起，中国人民银行开始每年公布《中国金融稳定报告》，该报告对银行业的压力进行了测试，并构建了金融压力指数对金融市场的稳健性进行了评估，包括货币市场、债券市场、股票市场和外汇市场。杨子晖等（2019）指出，房地产市场已成为中国金融风险的主要来源，会通过多种方式影响金融体系。因此，本书将宏观金融风险压力的主要来源界定为银行部门、股票市场、债券市场、货币市场、外汇市场和房地产市场。本书参照 IMF 的金融稳健指标体系（FSIs），并结合《中国金融稳定报告》和国内相关学者的研究，基于数据指标的可得性，从宏观金融风险压力的 6 个主要来源构建系统性金融风险的指标池，指标的具体含义、选取依据和指标性质见表 5-1。

表 5-1　系统性金融风险压力指数指标体系

二级指标	三级指标	指标性质	计算方法	理论依据
银行部门风险	不良贷款率	+	不良贷款/贷款总额	《中国金融稳定报告》，IMF 核心指标
	存贷比	+	贷款总额/存款总额	《中国金融稳定报告》，IMF 鼓励指标
	资本充足率	−	资本总额/风险加权资产	《中国金融稳定报告》，IMF 核心指标
	贷款增速/GDP 增速	+	贷款增长率/GDP 增长率	许涤龙等（2015），陶玲等（2016）
股票市场风险	指数收益率	−	上证综指季度涨跌幅	《中国金融稳定报告》，张勇等（2017）
	股票指数波动率	+	上证指数的 GARCH（1，1）波动率	徐国祥等（2017），张勇等（2017）
	市盈率	−	A 股静态平均市盈率	《中国金融稳定报告》，夏越（2019）
	股票市值增速	−	上市公司总市值同比增速	夏越（2019），许涤龙等（2015）
债券市场风险	期限利差	+	10 年期国债与 1 年期国债到期收益率之差	《中国金融稳定报告》，方芳等（2017）
	中债企业债利差	+	1 年期 AAA 级企业债与国债到期收益率之差	方芳等（2017），徐国祥等（2017）
	债券指数波动率	+	上证国债指数 GARCH（1，1）波动率	刘瑞兴（2015）
	中期票据利差	+	1 年期 AA 级中期票据与国债到期收益率之差	《中国金融稳定报告》
外汇市场风险	外汇储备增长率	−	外汇储备增加额/上期外汇储备	许涤龙等（2015），郭娜等（2018）
	汇率波动率	+	美元兑人民币汇率的 GARCH（1，1）波动率	《中国金融稳定报告》，张勇等（2017）
	实际有效汇率	−	人民币实际有效汇率指数	陶玲等（2016），方芳等（2017）
	进出口额同比增速	−	进出口增加额/上期进出口额	陶玲等（2016），郭娜等（2018）

续表

二级指标	三级指标	指标性质	计算方法	理论依据
货币市场风险	银行间同业拆借利率	+	银行间同业拆借 7 天加权平均利率	《中国金融稳定报告》，方芳等（2017）
	Shibor 期限利差	+	一周与一年期的 Shibor 期限利差	陶玲等（2016）、夏越（2019）
	Shibor 与 Libor 利差	-	Shibor 与 Libor 一周利率之差	陶玲等（2016）、唐升等（2018）
	货币流动性	-	M2 增长率	郭娜等（2018）、唐升等（2018）
房地产市场风险	房地产贷款比率	+	房地产贷款/贷款总额	《中国金融稳定报告》，IMF 鼓励指标
	商品房销售单价增长率	+	商品房销售单价同比增长率	《中国金融稳定报告》，陶玲等（2016）
	房地产投资增长率	-	当期房地产投资增加额/上期房地产投资	许涤龙等（2015），郭娜等（2018）
	商品房销售额增长率	-	当期房地产销售增加额/上期房地产销售额	《中国金融稳定报告》，夏越（2019）
	房地产景气指数	-	国房景气指数	刘瑞兴（2015），张勇等（2017）

本书通过构建压力指数测算宏观金融风险，主要原因有以下几点：①国际货币基金组织在《世界经济展望》中指出，金融压力指数适合测度发展中国家的系统性金融风险；②综合指数法简洁且灵活，可以和其他复杂的模型结合使用；③《中国金融稳定报告》中采用金融压力指数评估金融市场的稳健性。综上所述，采用压力指数测度我国宏观金融风险比较适合本书的研究，并且可以和 TVAR 模型很好地结合，分析银行业开放对宏观金融风险影响的门槛效应。

对于银行市场、股票市场和货币市场等 6 个市场风险压力指数，本书借鉴许涤龙和陈双莲（2015）的 CRITIC 赋权法进行测算，这种赋权法的优点在于不仅考虑了指标的变异性，还考虑了指标之间的冲突性，避免了风险信息的重复计量。计算公式如下：

$$W_i = \frac{C_j}{\sum_{j=1}^{n} C_j} j = 1, 2, 3, \cdots, n \tag{5-1}$$

在式（5-1）中，$C_j = \sigma_j \sum_{i=1}^{n}(1 - r_{ij})$，$\sum_{i=1}^{n}(1 - r_{ij})$ 解决了指标之间的冲突性。

测度出各个市场风险压力情况后，需要进一步测量整个系统的金融风险状况。由于不同金融市场可能存在风险溢出效应和传染效应（严伟祥等，2017），本书借鉴 Holló 等（2012）和张勇等（2017）的 CISS 法构建系统性金融风险压力指数。首先，在纵向维度上建立金融子系统的 BVAR 模型，计算金融子系统风险压力指数对产出冲击的累计脉冲响应，并对累计脉冲响应进行加权得到金融子系统风险对实体经济的溢出效应，从而得到金融子系统的真实冲击权重 s；其次，在横向维度上采用 DCC-MGARCH 模型计算金融子系统风险压力指数的时变相关系数 $\rho_{ij,t}$，可以得到时变相关系数矩阵 C_t，进而通过式（5-2）可以得到系统性金融风险压力指数，公式如下：

$$Risk_t = (x_t \circ s) C_t (x_t \circ s)' \tag{5-2}$$

在式（5-2）中，x_t 为金融子系统压力指数向量，s 是真实权重，$\circ$ 表示的是 Hadamard 乘积，C_t 为时变相关系数矩阵。为了后文分析的简便性，系统性金融风险压力指数、银行部门风险压力指数、股票市场风险压力指数、债券市场风险压力指数、外汇市场风险压力指数、货币市场风险压力指数和房地产市场风险压力指数分别记为 $Risk$、Risk_1、Risk_2、Risk_3、Risk_4、Risk_5 和 Risk_6，计算得到的 6 个金融市场风险压力指数和系统性金融风险压力指数变化情况见图 5-1。

由图 5-1 可以发现，系统性金融风险压力指数与国内外一些重大事件基本吻合，能够反映我国宏观金融风险的变化情况。具体来说，系统性金融风险压力指数在 2008 年第三季度呈现迅速上升趋势，并在 2018 年第四季度达到一个峰值，主要是因为美国 2007 年的次贷危机引发了全球金融海啸，我国金融稳定也受到了影响，导致系统性金融风险压力指数不断攀升。从造成宏观金融风险上升的来源来看，股票市场风险压力指数较高，是造成宏观金融风险上升的主要原因。之后，中国实施了四万亿元经济刺激计划，使系统性金融风险压力指数呈下降趋势，但是受 2010 年欧盟债务危机的影响，我国经济外部环境的不确定性增加，系统性金融风险压力指数呈“U”形反弹。在 2015 年下半年，我国股市暴跌，股票市场风险增大，导致我国系统性金融风险压力指数也迅速攀升，并于 2015 年第三季度达到峰值。而在 2017 年后，受中美贸易摩擦的影响，我国系统性风险压力指数呈小幅度上升趋势，宏观金融风险有所增大，并且在 2020 年第一季度达到峰值。总体来看，我国系统性金融风险压力指数和不同金融市场风险压力指数每次异常变化与国内外金融风险事件密切相关，因此系统性金融风险压力指数能够很好地反映我国宏观金融风险变化情况。

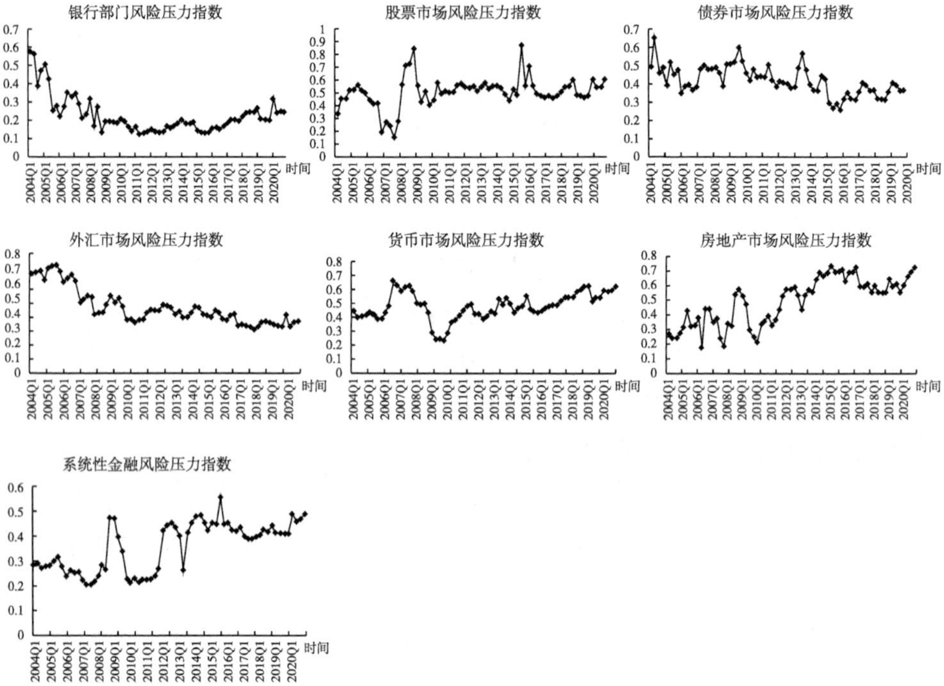

图 5-1　不同金融市场风险压力指数和系统性金融风险压力指数变化趋势

（2）银行业对外开放的测算

中国银行业对外开放体现在“引进来”和“走出去”两个层面：①“引进来”是对外资金融机构的开放，如外资参股中资银行、外资银行在中国境内设置分支机构，以及外资银行在中国境内分支机构的资产规模等，通常采用的是外资银行资产规模占比、外资持股比例、外资银行分支机构数等指标测度银行业“引进来”水平；②“走出去”则是中国银行业的国际化发展，包括中资银行在外设立代表处、开设海外分行以及境外投资等，通常采用海外资产规模占比、海外分支机构数、境外贷款规模和海外员工人数等衡量银行业“走出去”水平。我们结合本书的研究目的，并借鉴以往学者的研究，采用外资银行资产占银行业总资产的比值测度外资银行进入水平，衡量中国银行业“引进来”的程度；采用中资银行海外资产①占银行业总资产的比值测度中资银行境外投资水平，衡量中国银行业“走出去”的程度。

① 海外资产这里指的是以人民币计值的对非居民的债权，主要包括库存外币现金、存放境外同业、拆放境外同业、境外有价证券投资和境外贷款等。

（3）货币政策和宏观经济变量

货币政策的实施工具很多，包括数量型货币政策工具和价格型货币政策工具。考虑到目前我国货币政策更多采用的是数量型货币政策工具，本书借鉴 Anwar 和 Nguyen（2018）的研究，对广义货币供应量 M2 进行了价格调整，计算实际 M2 同比增长率（M2）作为货币政策的替代指标，分析银行业开放是否会弱化货币政策的调控效果。

除了银行业对外开放指标、货币政策指标和各种金融风险指标，本书借鉴 Lee 和 Bowdler（2019）与 Reinhardt 和 Riddiough（2015）的研究，加入了实际增长率（GDP）和物价增长率（CPI）作为控制变量。一方面，由于经济增长和物价可能会对宏观金融风险产生一定的影响；另一方面，为了分析货币政策对宏观经济的调控作用。

2. 数据说明

由于银行业对外开放数据最早可以追溯到 2004 年第一季度，因此本书研究期间为 2004 年第一季度至 2020 年第四季度。相关数据来源于原银监会网站、中国人民银行网站、国家统计局网站、中国债券信息网、国际清算银行网站、海关总署官网、中国外汇交易中心网站、伦敦同业拆借市场网站和 Wind 金融资讯终端数据库。

为了避免通货膨胀的影响，以上变量以 2003 年为基期，剔除了价格变化，同时进行了季节调整。此外，量纲差异会导致宏观金融风险测算值存在异常，故本书对宏观金融风险测算的相关指标进行了逆向化和极值化处理，将指标取值界定在 0~1。对于个别缺失数据，本书采用的是三次样条法进行插值填补。

5.2.2　技术方法和模型设定

1. 技术方法

由理论分析可知，银行业开放对宏观金融风险既可能存在线性影响，也可能存在非线性影响，因此本书进行实证检验前需要确定两者之间的关系，即银行业开放对宏观金融风险的影响是否存在门槛效应。第一步计算门限值，计算步骤如下：根据门限变量数值从小到大排序，然后去掉极端值，搜索残差平方和最小的点作为门限值。通常，为了保证每个区制状态下有足够的样本估计 TVAR 模型，门槛值的搜索范围设定在门限变量 10%~90%分位数之间；第二步检验门槛效应是否显著，本书采用的是 Lo 和 Zivot（2001）提出的 LR 检验，LR 检验统计量计算见式（5-3）：

$$LR = T[\ln(\det \hat{\sum}_0) - \ln(\det \hat{\sum}_i)] \tag{5-3}$$

在式（5-3）中，$\hat{\sum}_0$ 表示的是线性 VAR 模型估计得到的协方差矩阵，$\hat{\sum}_i$ 表示 TVAR 模型估计得到的协方差矩阵。

当门槛效应显著时，本书采用两区制的门限向量自回归模型（TVAR）进行研究。下面对该模型进行简单介绍，首先假设 Y_t 是 $k \times 1$ 维的内生变量组成的列向量，$Y_t = (Y_{1t},\ Y_{2t},\ \cdots,\ Y_{kt})$，两区制的 TVAR 模型表达见式（5-4）：

$$Y_t = \begin{cases} \alpha_1 + A_1(L)Y_t + \varepsilon_{1t}\ if \quad \gamma_t \leqslant \gamma \\ \alpha_2 + A_2(L)Y_t + \varepsilon_{2t}\ if \quad \gamma_t > \gamma \end{cases} \tag{5-4}$$

在式（5-4）中，α_i 是 $k \times 1$ 阶的常系数矩阵，$A_i(L)$ 是滞后算子 P 阶多项式矩阵，ε_{it} 是 $k \times 1$ 阶残差向量，$i = 1,\ 2$。

考虑到 TVAR 模型存在区制转换，模型的协方差矩阵不再是固定不变，无法进行全局分解，导致 Cholesky 分解法不再适应 TVAR 模型，而广义脉冲函数（GIRF）对变量间的排序不敏感，是对 Cholesky 分解法的改进。故本书采用广义脉冲函数（GIRF）分析变量之间的动态脉冲响应，进而研究银行业开放风险效应的非对称性。广义脉冲公式如下：

$$GIRF_Y(n,\ W_{t-1}^s,\ \varepsilon_t) = E[Y_{t+n} \mid \varepsilon_t,\ W_{t-1}^s] - E[Y_{t+n} \mid W_{t-1}^s] \qquad n = 0,\ 1,\ 2,\ \cdots, \tag{5-5}$$

在式（5-5）中，n 是脉冲响应的持续时间，ε_t 表示产生冲击的变量，W_{t-1} 为冲击发生前可用的信息集，s 表示的是区制。根据区制 s 可以将 W_{t-1} 分为两个部分，分别计算广义脉冲响应函数，进一步根据不同区制的脉冲响应结果来分析银行业开放风险效应的非对称性。

2. 模型设定

银行业对外开放超过一定临界点，对宏观金融风险的影响可能呈现非线性变化，同时外资银行进入和中资银行境外投资对宏观金融风险的影响可能具有异质性。基于此，本书将银行业对外开放分为“引进来”和“走出去”两个层面，分别分析外资银行资产占比和中资银行海外资产占比在临界点两侧时，银行业开放对宏观金融风险的影响。另外，考虑到银行业开放可能会弱化货币政策的调控效果，进而导致金融风险上升。为了对这一风险传导机制进行检验，本书以银行业开放指标作为门槛变量，分析外资银行资产占比和中资银行海外资产占比在临界值两侧时，货币政策如何影响宏观金融风险、经济增长和物价稳定，进而反映银行业开放水平过高是否会降低货币政策的调控效果。本书研究的逻辑思路如图 5-2 所示。

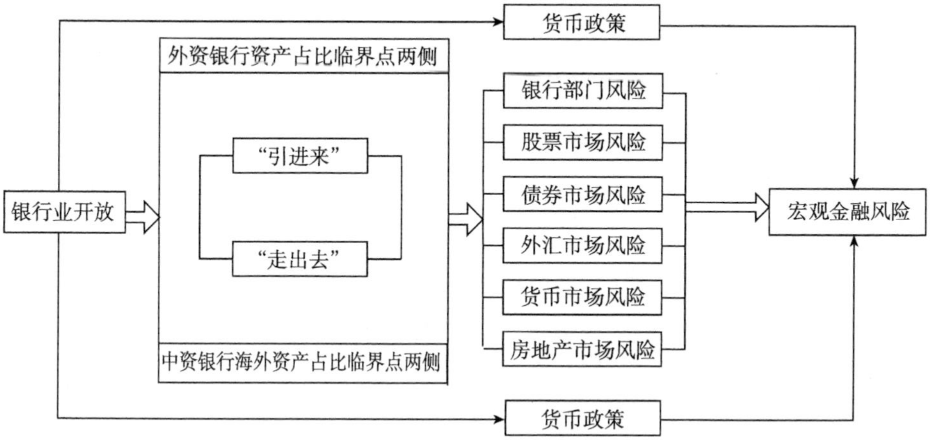

图 5-2　逻辑思路

基于此，本书构建如表 5-2 所示的变量集，并对以下问题进行研究：(1) 外资银行资产占比在临界点两侧时，"引进来"对宏观金融风险和不同金融市场风险的冲击；(2) 外资银行资产占比在临界点两侧时，比较货币政策调控的效果；(3) 中资银行海外资产占比在临界点两侧时，"走出去"对宏观金融风险和不同金融市场风险的冲击；(4) 中资银行海外资产占比在临界点两侧时，比较货币政策调控的效果。

表 5-2　研究变量集

门槛变量	研究对象	Y_t 变量集
外资银行资产占比	"引进来" 冲击风险	$Y_t=$ ($Foreign_t$, $M2_t$, GDP_t, CPI_t, $Risk_t$, $/Risk1_t/Risk2_t/Risk3_t/Risk4_t/Risk5_t/Risk6_t$)
	货币政策有效性	$Y_t=$ ($Foreign_t$, $M2_t$, GDP_t, CPI_t, $Risk_t$)
中资银行海外资产占比	"走出去" 冲击风险	$Y_t=$ ($Overseas_t$, $M2_t$, GDP_t, CPI_t, $Risk_t$, $/Risk1_t/Risk2_t/Risk3_t/Risk4_t/Risk5_t/Risk6_t$)
	货币政策有效性	$Y_t=$ ($Overseas_t$, $M2_t$, GDP_t, CPI_t, $Risk_t$)

5.3　实证检验结果

本部分主要采用 TVAR 模型检验银行业开放对宏观金融风险和不同金融市场风险的影响，并从货币政策视角分析了银行业开放是否会通过降低货币政策的调控效果，进而影响金融系统的稳定。

5.3.1 相关检验

为了避免伪回归问题，本书在建立 TVAR 模型之前首先对序列的平稳性进行检验，检验结果如表 5-3 所示。结果显示，ADF 统计量均小于 5%显著性水平的临界值，拒绝存在单位根的原假设，认为原序列均是平稳序列；KPSS 检验统计量均小于 5%显著性水平的临界值，接受序列是平稳序列的原假设，故本书研究的变量序列均是平稳的，可以直接进行建模分析。

表 5-3 平稳性检验

序列	ADF 检验		KPSS 检验	
	统计量	5%临界值	统计量	5%临界值
Foreign	-2.777	-1.951	0.235	0.463
Overseas	-3.332	-2.920	0.342	0.463
M2	-3.251	-2.913	0.312	0.463
GDP	-4.363	-2.912	0.404	0.463
CPI	-3.582	-2.960	0.428	0.463
Risk	-3.513	-3.490	0.404	0.463
*Risk*1	-4.047	-2.913	0.425	0.463
*Risk*2	-3.795	-2.912	0.315	0.463
*Risk*3	-3.511	-2.912	0.440	0.463
*Risk*4	-3.609	-3.536	0.130	0.146
*Risk*5	-3.016	-2.917	0.211	0.463
*Risk*6	-3.691	-3.492	0.086	0.146

建立 TVAR 模型前，首先需要对模型的滞后阶数进行确定。对滞后阶数的选择，不易过大也不易过小，过小可能无法反映模型的整体动态特征，过大导致模型需要估计的参数过多，模型自由度降低。基于此，本书基于最大滞后期为 2 进行最优滞后阶数检验，并依据 SC 准则，建立 TVAR（1）模型。

下面，我们分别以“引进来”和“走出去”对宏观金融风险冲击的 TVAR（1）模型为例，将外资银行资产占比和中资银行海外资产占比作为门限变量，对门槛值进行求解。求解思路如下：将外资银行资产占比和中资银行海外资产占比从小到大进行排序，去掉前 10%的最小值和后 10%的最大值，对中间剩余 80%的门限变量逐步回归，求残差平方和最小时所对应的门限变量值即为门槛值。一阶门限回归如图 5-3 所示。

在图 5-3 中，Threshold Variable Used 图展示的是门限变量在不同时间的波动趋势，Ordered Threshold Variable 图展示的是去除最小和最大的 10%样本后确定的门槛值，Results of the Grid Search 图展示的是格点搜索结果，横坐标表示的是格点搜索出的门槛值，纵坐标表示的是残差平方和，残差平方和最小时对应的数值即为门槛值。同样地，对于对银行业开放冲击金融市场风险的门槛值求解过程相同。

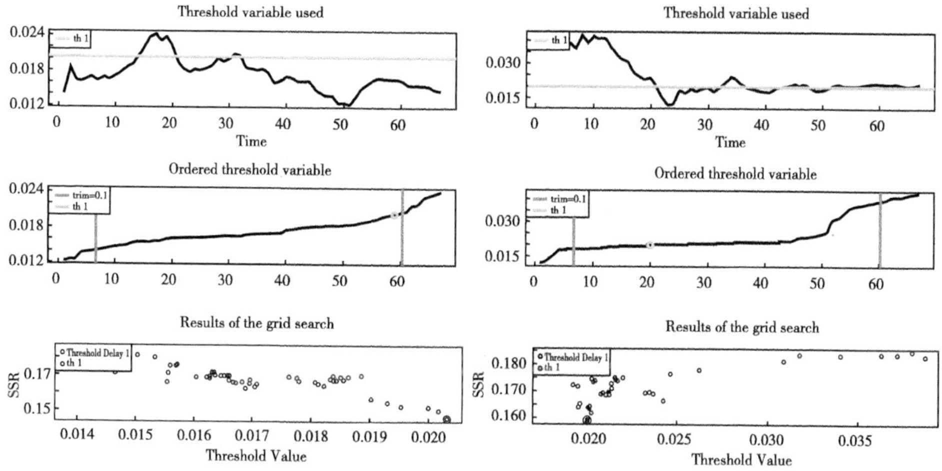

图 5-3 一阶门限回归图（左侧为“引进来”门限值求解，右侧为“走出去”门限值求解）

下面我们对求解的门槛值进行 1000 次 Boostrap 的门槛效应检验，表 5-4 显示了门槛效应的 LR 检验结果。结果表明，无论是“引进来”冲击各种风险，还是“走出去”冲击各种风险，外资银行资产占比和中资银行海外资产占比作为门限变量的 LR 统计量均在 1%水平下显著，说明拒绝模型不存在门槛效应的原假设，即银行业开放存在高低两个区制，在不同区制时，银行业开放的风险冲击效应可能存在异质性。

表 5-4 门槛值的显著性检验

研究对象	门槛变量	门槛值	LR 统计量	P 值
$(Foreign_t, M2_t, GDP_t, CPI_t, Risk_t)$	*Foreign*	0.020	65.653***	0.000
$(Foreign_t, M2_t, GDP_t, CPI_t, Risk1_t)$	*Foreign*	0.017	72.762***	0.000
$(Foreign_t, M2_t, GDP_t, CPI_t, Risk2_t)$	*Foreign*	0.015	83.018***	0.000
$(Foreign_t, M2_t, GDP_t, CPI_t, Risk3_t)$	*Foreign*	0.014	57.443***	0.000
$(Foreign_t, M2_t, GDP_t, CPI_t, Risk4_t)$	*Foreign*	0.020	64.947***	0.000
$(Foreign_t, M2_t, GDP_t, CPI_t, Risk5_t)$	*Foreign*	0.017	69.090***	0.000

续表

研究对象	门槛变量	门槛值	LR 统计量	P 值
$(Foreign_t,\ M2_t,\ GDP_t,\ CPI_t,\ Risk6_t)$	*Foreign*	0.020	52.099***	0.000
$(Overseas_t,\ M2_t,\ GDP_t,\ CPI_t,\ Risk_t)$	*Overseas*	0.020	45.240***	0.000
$(Overseas_t,\ M2_t,\ GDP_t,\ CPI_t,\ Risk1_t)$	*Overseas*	0.039	38.304***	0.000
$(Overseas_t,\ M2_t,\ GDP_t,\ CPI_t,\ Risk2_t)$	*Overseas*	0.031	79.800***	0.000
$(Overseas_t,\ M2_t,\ GDP_t,\ CPI_t,\ Risk3_t)$	*Overseas*	0.038	36.194***	0.000
$(Overseas_t,\ M2_t,\ GDP_t,\ CPI_t,\ Risk4_t)$	*Overseas*	0.024	95.534***	0.000
$(Overseas_t,\ M2_t,\ GDP_t,\ CPI_t,\ Risk5_t)$	*Overseas*	0.039	48.829***	0.000
$(Overseas_t,\ M2_t,\ GDP_t,\ CPI_t,\ Risk6_t)$	*Overseas*	0.037	40.000***	0.000

注：*、**、***分别表示在10%、5%和1%显著性水平上显著。

5.3.2 对外开放对宏观金融风险的影响

1. “引进来”的门槛效应分析

首先，本书以外资银行资产占比作为门槛变量，分析外资银行资产占比在临界点两侧时，外资银行进入对宏观金融风险、经济增长和物价的影响，结果如图5-4所示。结果表明，当外资银行资产占比在临界点右侧时，外资银行进入对宏观金融风险形成较大的正向冲击，并于第2期达到最大，之后呈波动下降趋势；相对地，外资银行资产占比在临界点左侧时，外资银行进入对宏观金融风险的冲击较小，几乎趋于0。可见银行业过度地“引进来”很可能引发系统性金融风险，导致宏观金融风险上升，不利于金融稳定。

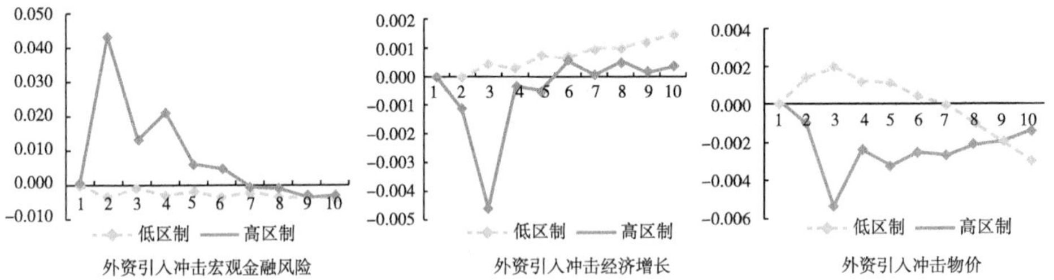

图5-4 “引进来”在临界点两侧对宏观金融风险、经济增长和物价稳定的冲击

进一步地，我们分析外资银行资产占比在临界点两侧时，外资银行进入对经济增长和物价稳定的影响。结果显示，外资银行资产占比在临界点左侧时，外资银行进入对经济增长和物价均具有一定的正向冲击作用，但是在临界点右侧时，外资银行进入对经济增长和物价的负向冲击效应较大，并均于第3期负向冲击效应达到最大，说明银行业过度地“引进来”可能也不利于促进经济增长和维持物价稳定。

上文分析了外资银行进入对整个金融系统的影响，下面我们从宏观金融风险来源角度，探讨金融风险上升的原因，并分析外资银行资产占比在临界点两侧时对不同金融市场风险影响的异质性，结果如图 5-5 所示。

图 5-5 结果显示：（1）对于银行部门风险，外资银行资产占比在临界点左侧时，外资银行进入对银行部门风险的负向冲击效应更大，并于第 2 期达到最大，之后逐渐减小，但是在临界点右侧时，外资银行进入对银行部门风险的负向冲击效应大大降低，结果说明银行业过度地“引进来”可能不利于银行部门分散风险，可能是外资银行进入加剧了银行业竞争，使中资银行过度承担风险。（2）对于股票市场风险，外资银行资产占比在临界点左侧时，外资银行进入对股票市场风险的正向冲击相对较小，但是在临界点右侧时，外资银行进入对股票市场风险形成较大的正向冲击效应，并于第 2 期达到最大，之后逐渐下降，说明银行业过度地“引进来”会加大股市风险。背后的原因可能是外资银行进入伴随跨境资本流入增加，较大程度上缓解了企业融资约束，跨境资金通过间接渠道流入股市，造成了股市的较大波动，威胁到股票市场的稳定。（3）对于债券市场风险，外资银行资产占比在临界点左侧时，短期来看外资银行进入对债券市场风险形成较大的正向冲击，但是长期来看，有利于降低债券市场风险。而在临界点右侧时，对债券市场风险的冲击较小，说明债券市场可能是外资银行投机的一个重要领域，尤其是在银行业开放水平较高时，可能拓宽了外资银行接触银行间债券市场的途径。（4）对于外汇市场风险，长期来看，外资银行资产占比在临界点左侧时，外资银行进入对外汇市场风险的负向冲击较大，到第 2 期负向冲击达到最大。银行业适度地“引进来”时，更有助于降低外汇市场风险，背后的原因可能是外资银行跨境资金流入流出，会加剧人民币汇率波动。（5）对于货币市场风险，外资银行资产占比在临界点右侧时，外资银行进入对货币市场风险的负向冲击更大，脉冲响应曲线呈“U”形变化趋势，可能是因为外资银行进入的同时，伴随更多的跨境资金流入，缓解了货币市场的流动性风险，从而降低了货币市场风险，但是在临界点左侧时，外资银行进入对货币市场风险的冲击具有不确定性。（6）对于房地产市场风险，外资银行资产占比在临界点右侧时，外资银行进入对房地产市场风险形成较大的正向冲击作用，但是在临界点左侧时，对房地产市场风险的影响作用较小，说明银行业过度地“引进来”会明显放大房地产市场风险，可能是跨境资金流入房地产领域，造成房地产价格上涨，助长了房地产行业泡沫积累，加剧了行业结构的不

合理性。

综上所述，银行业过度地“引进来”导致宏观金融风险上升可能通过以下几个渠道：一是外资银行进入加剧了银行业竞争，使中资银行过度承担风险；二是跨境资金通过间接渠道流入股市，影响了股票市场的稳定；三是拓宽了外资银行接触银行间债券市场的途径，促使债券市场风险上升；四是外资银行的跨境资金流通到外汇市场，造成外汇市场异常波动；五是跨境资金流入房地产市场，导致了房地产市场泡沫的积累。此外，银行业“引进来”伴随跨境资金流入，降低了货币市场的流动性风险，可能有利于货币市场的稳定。

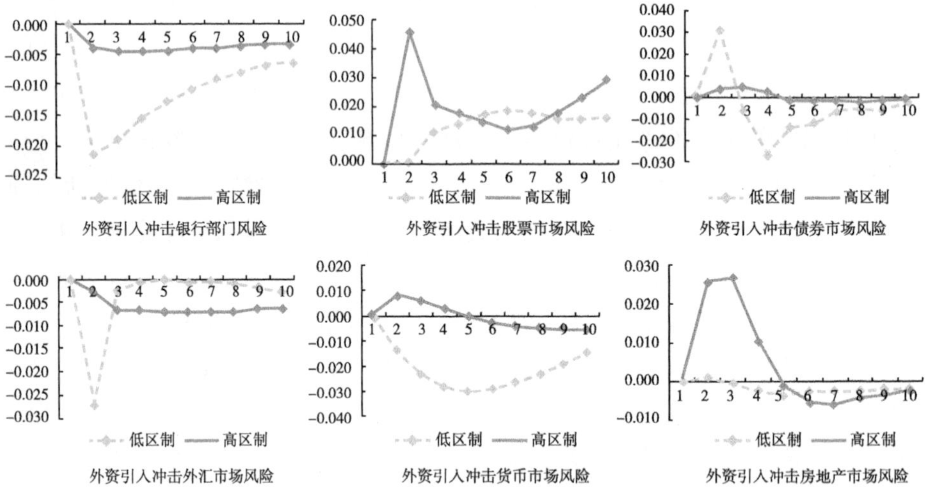

图 5-5　“引进来”在临界点两侧对不同金融市场风险的影响

2. “走出去”的门槛效应分析

类似地，以中资银行境外资产占比作为门槛变量，分析境外资产占比在临界点两侧时，中资银行境外投资对宏观金融风险、经济增长和物价稳定的影响，结果如图 5-6 所示。结果显示，海外资产占比在临界点两侧时，境外投资对宏观金融风险的影响具有较大的异质性，在临界点左侧时，境外投资对宏观金融风险形成一定的正向冲击，但是在临界点右侧时，对宏观金融风险形成较大的负向冲击。也就是说，境外资产占比超过临界点后能明显抑制宏观金融风险上升。背后的原因可能是银行业境外投资规模较大时，较为丰富的境外投资经验有利于银行业稳定的同时，形成的规模经济效益也对金融系统的稳定产生了正向溢出效应，因此鼓励中资银行“走出去”可能有利于促进金融稳定。此外，我们发现境外资产占比在临界点右侧时，对经济增长具有较大的正向冲击作用，即能够更大程度上促进经济增长，但是在临界点左侧时对经济增长的影响较小。

对于物价稳定，境外资产占比在临界点右侧时可能更有利于稳定物价，而在临界点左侧时反而对物价的冲击作用较小。

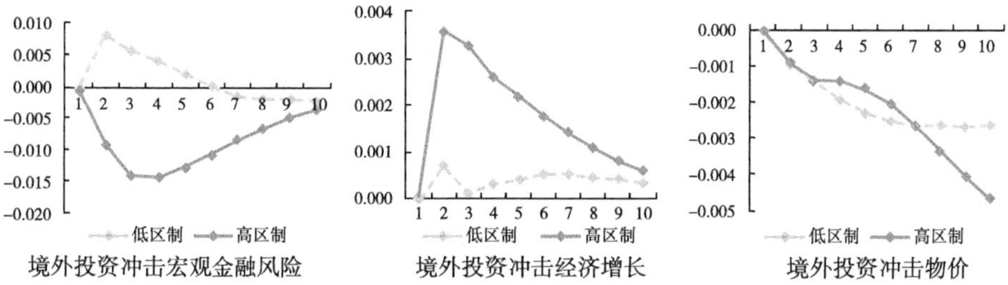

图 5-6　“走出去”在临界点两侧对宏观金融风险、经济增长和物价稳定的冲击

下面我们分析中资银行境外资产占比在临界点两侧时，境外投资对不同金融市场风险的影响，结果如图 5-7 所示。结果发现：（1）对于银行部门风险，境外资产占比在临界点左侧时，境外投资对银行部门风险具有一定的放大效应，但是超过临界点后，对银行部门风险的负向冲击效应较大，并于第 2 期达到最大，即境外资产占比超过临界点后有利于分散银行部门风险。（2）对于股票市场风险，境外资产占比在临界点右侧时，境外投资对股票市场风险具有较大的负向冲击作用，故银行业加快“走出去”也有利于促进股票市场的稳定。可能是由于银行业“走出去”伴随大量资金的流出，银行业与股票市场风险的溢出效应降低。（3）对于债券市场风险，境外资产占比在临界点左侧时，境外投资对债券市场风险的影响具有不确定性，在短期具有一定的负向冲击效应，而在长期具有一定的正向冲击效应，同时在临界点右侧时，境外投资对债券市场风险形成一定的负向冲击效应。可能是由于银行对债券市场的风险溢出效应，降低了债券市场风险。（4）对于外汇市场风险，境外资产占比在临界点右侧时，境外投资对外汇市场风险形成更大的负向冲击，有利于外汇市场的稳定，可能是由于银行业加快“走出去”提高了我国金融业在国际上的话语权，有助于推进人民币国际化进程，从而促进了外汇市场的稳定。（5）对于货币市场风险，境外资产占比在临界点左侧时，境外投资对货币市场风险的影响较小，但是在临界点右侧时，境外投资对货币市场风险形成较大的负向冲击。可能是银行业大规模的境外投资造成国内流动性资金短缺，有利于货币市场的稳定。（6）对于房地产市场风险，境外资产占比在临界点两侧时，境外投资对房地产市场风险均具有负向的冲击作用，但是比较来看，在临界点右侧时，境外投资对房地产市场风险的负向冲击更大。也就是说，银行业加快“走出去”可能更加有利于促进房地产市场的稳定。

综上所述，境外资产占比超过临界点后对宏观金融风险的抑制作用主要是通过以下几个渠道：一是形成了规模经济，有助于降低银行业自身风险；二是银行业跨境资金的流出减少了股市的投机行为，有助于促进股票市场稳定；三是银行业“走出去”的同时，银行间债券市场也对外开放，有助于银行业稳定的同时对债券市场也产生了正向的溢出效应；四是银行业境外投资有助于我国金融业的全球战略布局，推进人民币国际化，稳定外汇市场；五是银行业加大境外投资可能会降低对房地产行业的信贷，房地产行业降温的同时，促进了房地产行业的稳定发展。此外，银行业“走出去”伴随资金流出，可能造成国内货币流动性降低，不利于稳定货币市场。

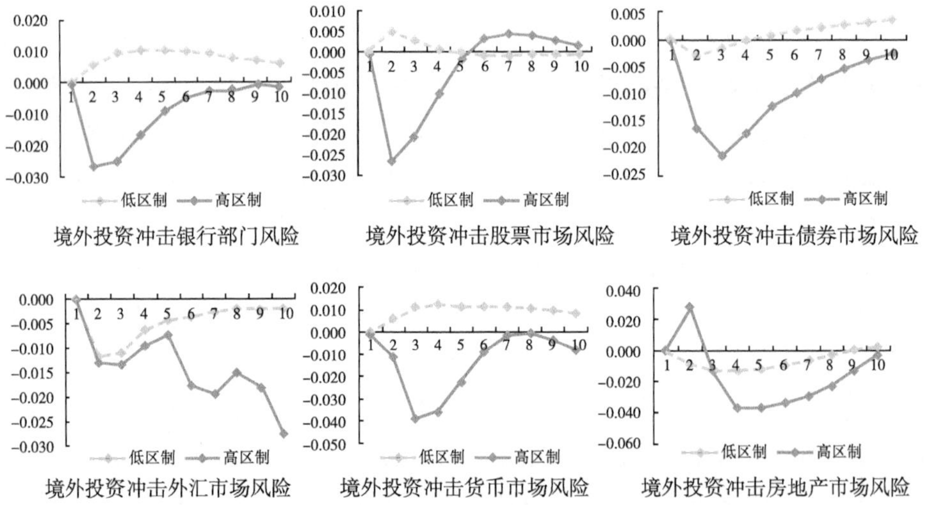

图 5-7　“走出去”在临界点两侧对不同金融市场风险的影响

5.3.3　货币政策的有效性

上文分析了银行业开放导致宏观金融风险变化的市场来源途径，下面我们从货币政策视角分析银行业开放是否会降低货币政策的调控效果，进而影响宏观金融稳定。

图 5-8 从宏观金融风险、经济增长和物价稳定三个方面说明了外资银行进入是否会降低货币政策的调控效果：(1) 对于宏观金融风险，外资银行资产占比在临界点右侧时，货币政策对宏观金融风险形成一定的正向冲击，但是在临界点左侧时，货币政策对宏观金融风险产生负向冲击效应，即外资引入过度时，货币政策不能很好地调控宏观金融风险，降低了货币政策对金融风险的调控效果；(2) 对于经济增长，外资银行资产占比在临界点左侧时，货币政策对经济

增长的正向冲击效应较为稳定，但是在临界点右侧时，货币政策对经济增长的冲击具有不确定性，在前 2 期产生一定的正向冲击效应，之后负向冲击效应更大，即外资银行资产占比超过临界点后，可能会降低货币政策对经济增长的调控效果；（3）对于物价稳定，外资银行资产占比在临界点右侧时，货币政策对物价的正向冲击更大，即外资引入过度时，货币政策不利于稳定物价。综上所述，外资银行资产占比超过临界点后，从宏观金融风险、经济增长和物价稳定三个方面，均说明了货币政策的调控效果有所下降。

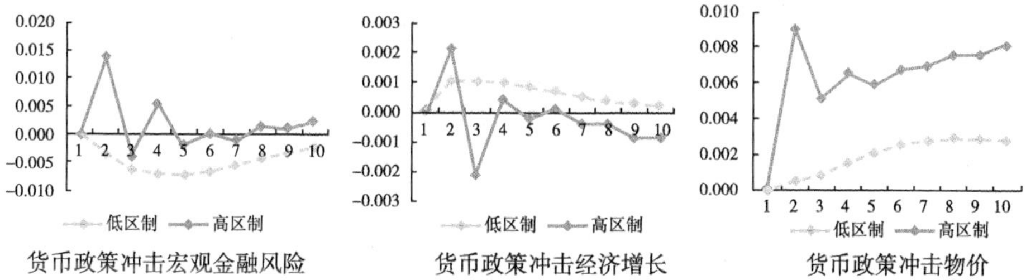

图 5-8　“引进来”在临界点两侧对宏观经济的调控作用

图 5-9 从宏观金融风险、经济增长和物价稳定三个方面说明了中资银行境外投资是否会降低货币政策的调控效果：（1）对于宏观金融风险，海外资产占比在临界点右侧时，货币政策对宏观金融风险产生更大的负向冲击，说明海外资产占比超过临界点后，不会降低货币政策对金融风险的调控效果；（2）对于经济增长，长期来看，海外资产占比在临界点右侧时，货币政策对经济增长的长期促进作用更大，因此境外投资也不会明显降低货币政策对经济增长的调控效果；（3）对于物价稳定，海外资产占比在临界点右侧时，货币政策对物价的正向冲击效应更大，即境外投资过度时，可能会降低货币政策对物价稳定的调控效果。综上所述，境外资产占比超过临界点后，不会降低货币政策对宏观金融风险和经济增长的调控效果，但是不利于稳定物价。

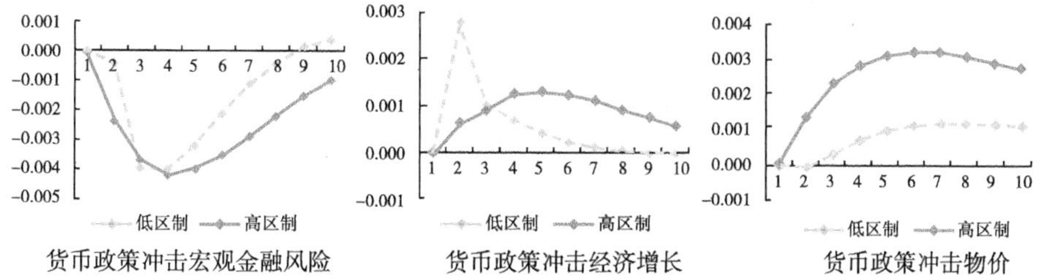

图 5-9　“走出去”在临界点两侧对宏观经济的调控作用

5.4 本章小结

本章基于2004年第一季度至2020年第四季度的银行业对外开放数据以及相关的宏观金融风险数据，构建系统性金融风险压力指数检验了银行业对外开放与宏观金融风险之间的相关性，得到的结论是：外资银行资产占比超过临界点后，外资银行进入会导致宏观金融风险上升，同时也不利于促进经济增长和维持物价稳定，并降低了货币政策对宏观金融风险的调控效果；中资银行境外资产占比超过临界点后，对宏观金融风险形成较大的负向冲击，同时对经济增长的促进作用较大，说明银行业境外投资水平较高时可以实现规模经济，不仅有助于稳定金融市场，同时也会促进经济增长。

基于以上结论，我们得到的启示如下：

首先，外资银行资产占比可能不宜过高。实证检验结果显示，外资银行资产占比超过临界点后，外资银行进入会明显导致系统性金融风险上升，同时也不利于促进经济增长和维持物价稳定。因此，过度引入外资可能会放大系统性金融风险，引发外部金融风险传染，威胁我国的金融稳定。相反的是，合理的外资引入水平能够帮助提升金融服务效率和激发创新活力，推动本国金融市场成长。故在外资引入的过程中要注重"引进来"的质量，同时强化"引进来"的监管水平。具体来说：一方面要加强外资银行从事复杂业务的监管，完善外资银行在华混业经营的监管制度建设；另一方面要加强外资银行跨境资金运作的监管，防止跨境资金频繁运作带来的金融风险。此外，还要关注外资银行对金融市场稳健运营的潜在影响。

其次，鼓励中资银行境外投资，加快全球网络布局，同时提高自身的风险管理能力，避免风险的跨境传递。实证检验结果显示，中资银行境外资产占比在临界点右侧时，对系统性金融风险具有较大的负向冲击，同时对经济增长的促进作用较大，说明银行业境外投资水平较高时可以实现规模经济，不仅有助于降低系统性金融风险，稳定金融市场，同时也会促进经济增长。但是，银行业境外投资也伴随很多风险，如在成熟的市场，需要面对激烈的竞争和严格的监管；在新兴市场，需要面对可能并不完善的法制制度和波动更大的经济环境。因此，银行业在境外投资的过程中必须以审慎、稳健为前提，不进入高风险市场，也不从事高风险业务，同时要提高自身的风险管理能力，建立有效的风险隔离措施，避免风险的境外传递，威胁我国金融市场稳定。

最后，防止外资银行通过间接渠道导致我国金融市场风险上升。实证检验结果显示，过度引入外资时容易导致我国系统性金融风险上升，主要通过降低银行部门的风险抑制作用、威胁股票市场稳定、增大债券市场风险、造成外汇市场波动和房地产市场泡沫积累等渠道。因此，在加快银行业外资引入的同时，应建立相关机制，降低外资银行与股票、债券、外汇和房地产等金融市场的关联度，避免外资银行与金融市场关联度增加，导致跨境风险传播难以监管，增加系统性金融风险发生的概率。具体来说，要加强对外资银行的监管，特别是加强外资银行资本流通的监管，以减少宏观经济中潜藏的危机根源。

第 6 章　金融科技对银行业开放风险的影响研究

本章构建了商业银行金融科技指数，采用分组回归的方法检验了金融科技和银行业开放风险之间的关系，并从运营成本和运营效率两个方面分析了金融科技对银行业开放风险的影响机制。

6.1　理论基础与研究假设

2011 年，“金融科技”一词正式进入人们的视野，经过数年的发展，金融科技已渗透到支付清算、融资模式和投资管理等多个金融领域。从推进金融业变革的技术角度，金融科技的发展经历了三个阶段：第一阶段为金融科技 1.0 阶段（2011—2013 年），即金融 IT 阶段，以传统的 IT 软硬件在金融业的应用为特征，目的是实现办公业务的电子化和自动化，提高业务效率；第二阶段为金融科技 2.0 阶段（2013—2016 年），即互联网金融阶段，以互联网金融科技平台的快速发展为特征，通过互联网和移动终端来收集用户信息，对传统金融业务产生了巨大的冲击；第三阶段为金融科技 3.0 阶段（2016 年至今），该阶段金融科技平台带来的压力迫使商业银行顺应时代发展趋势，不断加大金融科技研发的资金投入，通过大数据、云计算、区块链、人工智能等技术手段改变了传统的信息采集、风险定价以及投资决策的方式，推动了传统金融机构向数字化、智能化和网络化方向转型。

在金融科技快速发展的同时，我国银行业也进入了全面开放的新阶段。截至目前，我国银行业外资股权比例限制已经全部取消，外资准入数量门槛也大幅降低，业务范围持续扩大。从数据上来看，截至 2022 年 5 月末，外资银行在华共设立了 41 家外资法人银行，116 家外国银行分行和 134 家代表处，营业性机构总数 919 家，在华外资银行业金融机构资产总额已超过 3 万亿元，占银行业金融机构总资产的 1%左右。特别是近十年，平均每年增长率接近 10%。截至 2021 年底，工行、农行、中行、建行、交行五家大型商业银行的海外机构数量从 2012 年底的 1085 家增长至 1286 家，覆盖范围从 2012 年的 42 个国家和地区增至 62 个，其中包括 41 个“一带一路”沿线国家，基本形成了遍布全球主要国家和地区的服务网络。

目前，我国金融系统仍以银行为主导，对外开放给中国银行业提供了融入全球金融市场与国际交流的机会，但同时也可能产生一定的风险。一方面，我国银行机构核心竞争力和综合竞争力整体较弱，目前尚不具备大规模境外扩张的能力，盲目海外扩张，可能传递与放大国际金融风险；另一方面，如果大量引入外资银行，外资银行在管理模式和综合性服务等方面具有一定优势，可能会对中资银行形成竞争压力，造成中资银行人才和客户的流失，增大银行业自身风险的同时，可能会弱化政府的金融调控能力，金融安全状况出现恶化。

对外开放和金融科技是银行业构建以国内大循环为主体、国内国际双循环相互促进的新发展格局的重要实践，商业银行发展金融科技可能有助于降低对外开放过程中的银行风险。一方面，以大数据、区块链、云计算等为底层技术的金融科技与金融业务场景深度融合，有效化解了传统金融中无抵押物无担保人群的信用信息收集的难题，降低了信息不对称和交易成本，增加了对小微企业的信贷供给，在改变信贷结构的同时也有效地提升了金融服务质量、效率和可得性（孟娜娜和粟勤，2020）；另一方面，科技驱动的金融创新尽管给金融体系带来了诸如数据安全、平台垄断、金融欺诈和监管套利等新型风险，但是金融科技相关技术也可以通过客户画像、反欺诈技术以及风险监管预警系统等提高商业银行风险的甄别能力，改善银行与贷款人之间的信息壁垒，有助于提高银行风险管理效率和经营效率，带来的技术溢出效应降低了商业银行风险（李泉等，2020）。

金融科技能否给商业银行“赋能”，降低对外开放过程中的银行风险，至今仍然是一个尚未打开的“黑箱子”。为了进一步深化以往学者的研究，本书从银行微观个体角度，采用 Python 网络爬虫技术，获取金融科技关键词新闻的出现频次来构建金融科技指数，同时检索了有记录以来的中国商业银行的年报、季报以及公开资料，收集了银行业的相关数据，分组检验了金融科技对银行业开放风险的“赋能”效果，并探讨了金融科技降低银行开放风险的机制。相关研究的理论意义在于：构建金融科技与银行开放风险的研究框架，拓展了商业银行金融科技发展与银行开放风险相关性的理论研究，解析了商业银行金融科技发展通过改变银行运营效率影响银行风险的机理。相关研究的现实意义在于：在微观大数据的基础上，检验商业银行金融科技的应用对银行开放风险的影响，可以为商业银行在对外开放过程中，大力发展金融科技、提升金融服务实体经济质效和维护我国金融稳定提供经验支持和决策参考。

在互联网金融的冲击下，商业银行开始将大数据、云计算、区块链等技术应用在信贷领域，金融科技“赋能”商业银行并产生了技术溢出效应，提高了商业银行风险管理效率和经营效率，因此有助于降低银行对外开放的风险。第一，从微观角度来看，金融科技发展水平越高的银行，越有利于吸引外资参股中资或促进中资银行境外投资。银行业开放一定程度有助于形成规模经济，提高银行的盈利能力，降低银行风险。第二，金融科技的应用可以拓展商业银行风控数据库，风险管理数据的丰富有助于提高银行风控模型的准确度和授信能力，改善银行风险管理体系，降低银行对外开放的风险。第三，金融科技的发展可以促进商业银行经营理念的完善和进步，提高银行的经营效率和竞争力，有利于缓释银行对外开放过程中的不确定性。因此，本书认为，从微观角度来看，银行金融科技发展水平越高，可以为对外开放保驾护航，降低银行风险。基于以上分析，本书提出以下研究假设。

假设 H1：金融科技“赋能”商业银行，可以降低商业银行对外开放的风险。

6.2 研究设计

6.2.1 变量说明和定义

1. 被解释变量

银行作为传统金融机构的主体，银行系统的稳定对整个金融稳定至关重要。而信贷业务又是银行业务的主体，因此商业银行风险主要表现为信贷风险，直接表现是不良贷款规模和不良贷款率攀升。已有文献在对商业银行信贷风险的度量时常采用不良贷款率进行衡量，本书也借鉴该做法，采用不良贷款率（*NPL*）衡量商业银行的信贷风险，不良贷款率越高，借款人违约的概率越大，商业银行面临的信贷风险越大。实际上，不良贷款率衡量的是银行事后的信贷风险度量，银行在选择资产时并不知道这些资产会不会违约，为了验证金融科技对商业银行事前的信贷风险的影响，本书也选取贷款损失准备金率（*LLSR*）作为被解释变量，反映商业银行风险抵补能力以及风险承担的意愿，数值越大，一方面说明商业银行风险抵补能力越强，另一方面说明商业银行预计可能产生更多的不良贷款，需要计提更多的贷款损失准备金，风险防范的信心较弱，具体采用贷款损失准备金额占贷款总额的百分比表示。

2. 解释变量

（1）对外开放

对外开放包含“走出去”与“引进来”两个环节。“走出去”包括中资银行在外设立代表处、开设海外分行以及境外投资等，“引进来”包括外资参股中资银行、外资银行在中国境内设置分支机构，以及外资银行在中国境内分支机构的资产规模等。为了更加全面地体现银行业对外开放，我们从“引进来”和“走出去”两个方面选取代表性指标，将境外投资（*Overseas*）作为“走出去”的替代指标，具体数值用海外资产占比表示，将外资参股（*Foreign*）作为“引进来”的替代指标，采用外资持股比例表示。

（2）金融科技

目前在金融科技的相关研究中，对金融科技发展的测度主要有三种思路：①运用蚂蚁金服的交易账户底层数据编制的中国数字普惠金融指数，从互联网金融的覆盖广度、使用深度和数字支持服务等多个维度来刻画地区金融科技发展水平（邱晗等，2018；盛天翔和范从来，2020）；②基于“金融科技”关键词的百度指数或当地金融科技企业数量，自行构建地区金融科技发展指数（姚婷和宋良荣，2020；宋敏等，2021）；③基于文本挖掘和网络爬虫得到的金融科技关键词新闻数目，构建银行微观个体的金融科技发展指数（李春涛等，2020；金洪飞等，2020）。商业银行作为传统金融机构的主体，为顺应金融科技的发展趋势，纷纷开启了战略转型，主动投入金融科技的研发和运用中。在这一背景下，前两种测度口径衡量的金融科技水平量化的是地区的金融科技发展水平，无法反映不同银行微观个体的差异，因此采用前两种测度指标研究金融科技对我国商业银行信贷风险的影响可能存在一定的偏误。

本书运用百度新闻关键词检索结果度量金融科技发展水平，逻辑在于：商业银行在发展金融科技的过程中往往会被媒体关注，而百度新闻作为世界上最大的中文搜索引擎，商业银行发展金融科技的新闻也会被百度新闻检索到。具体可以通过百度新闻检索“银行+关键词”的方式来获取银行相应关键词在不同年份的页面数，这不仅可以反映出不同银行之间的差异，也可以反映金融科技发展的过程。根据百度新闻搜索结果，利用因子分析法构建商业银行的金融科技指数，具体步骤如下：

第一步，根据金融科技不同技术手段对银行信贷的影响，确定关键词库。由于云计算、人工智能、大数据、区块链和物联网这五项技术应用最为广泛，对商业银行信贷过程中的信息传递、风险管理等方面影响较为明显，因而选取这五项技术作为核心关键词。其中，大数据技术主要对海量数据进行捕捉和处理，并对企业进行全方位的检测；云计算可以敏捷地处理数据，构建质量较高的数据生产要素。人工智能可以自动监控借贷企业的经营管理行为，可将风险识别关口前移，及时发现资金用途违规和潜在的违约风险；区块链技术有助于实现交易的透明化，对交易信息流转过程中的真实性、可溯源性予以保障；物联网可以整合相关产业链资源，实现金融的数字化与智能化。

第二步，采用百度新闻搜索引擎分银行计算关键词的年度新闻数目，如“中国银行+大数据”，这样既可以搜索到包含中国银行，又包含大数据的新闻页面数量。

第三步，采用因子分析构建不同银行在特定年份的金融科技指数。首先，判断变量是否适合进行因子分析，变量的 KMO 值为 0.8753，Bartlett 统计量显著性为 0，因此这些关键词具有共性，适合做因子分析。其次，提取公因子，根据主成分分析法提取特征值大于 1 的公因子，提取的一个公因子方差贡献率为 72.83%，公因子解释能力较高。最后，计算因子得分，采用最大化方差的原则对载荷矩阵进行正交旋转，并通过回归分析法估算因子得分系数矩阵。由于特征值大于 1 的仅一个公因子，因此本书以该公因子得分作为金融科技指数（*FinTech*）。

在后文的分析中，本书以金融科技指数的中位数，将样本银行分为金融科技水平高的银行和金融科技水平低的银行，分组检验对外开放对银行风险的影响，以探讨金融科技的发展对银行业开放风险是否具有缓释作用。

3. 控制变量

对于控制变量，参考已有学者的研究选取控制变量。（1）在风险抵御能力方面，借鉴熊健等（2021）的研究，加入了资本充足率（*Car*）作为控制变量，资本充足率可以反映银行抵御风险的能力，资本充足率越高，商业银行抵御风险能力越强。（2）在银行流动性水平方面，借鉴 Wang 等（2021）的研究，加入存贷比（*Ldr*）和流动性比率（*Liq*）作为控制变量，存贷比和流动性比率可以反映银行的流动性水平，数值越大，说明商业银行流动性越充足，但是高流动性比率也表明银行的资本利用不足。（3）在银行盈利能力方面，借鉴姚婷和宋良荣（2020）的研究，加入净资产收益率（*Roe*）作为控制变量。一方面，银行盈利能力越高，银行越具有信贷扩张的动机，风险承担意愿越强；另一方面，银行盈利能力越高，分散风险和风险承受的能力也越强。（4）在银行规模方面，借鉴 Yao 和 Song（2021）加入规模扩张（*R_size*）作为控制变量，一方面，银行资产规模扩大，多元化投资可以使风险多样化，提高风险管理和盈利能力。另一方面，商业银行也可能倾向投资高风险领域，破产的可能性也增加了。（5）在股权结构方面，借鉴马理（2020）的研究，高的股权集中度可能会带来道德风险和委托代理问题，有可能导致更高的银行风险。因此，我们引入第一大股东持股比例（*Ctr*）作为控制变量。（6）在宏观经济方面，借鉴刘莉亚和李涛（2023）的研究，加入了反映宏观经济水平的名义 GDP 增长率（*Gdp*）

和代表货币政策松紧的广义货币供应量增速（*M*2）作为控制变量，同时控制年份和省份效应，以控制省份层面和政策层面等因素的变化。

6.2.2　样本选取和数据来源

本书研究金融科技 3.0 阶段以来商业银行对金融科技的应用，因此以 2015 年为起始点，选择 2015—2020 年的商业银行为样本，包括全国性银行（5 家国有商业银行和 12 家全国股份制银行）、地方性银行（116 家城市商业银行、253 家农村商业银行）。相关数据来源于各大银行的季报、半年报、年报和相关公开资料，宏观数据来源于国家统计局网站。为了避免异常值的影响，对相关连续变量采用 1%和 99%分位数的缩尾处理。变量描述性统计见表 6-1。

表 6-1　主要变量的基本统计特征

变量	Mean	SD	Min	Median	Max
NPL	2. 1234	1. 2122	0. 5500	1. 8600	8. 4800
LLSR	4. 3369	1. 7888	1. 6153	4. 0048	10. 4916
Fintech	−0. 0220	0. 8350	−0. 3590	−0. 3221	4. 9039
Foreign	1. 0201	3. 8395	0. 0000	0. 0000	23. 6860
Oversea	0. 2758	2. 1324	0. 0000	0. 0000	35. 3943
Car	13. 8484	2. 1359	8. 8200	13. 5450	21. 4400
Ldr	1. 5550	0. 2832	0. 9963	1. 5080	2. 5063
Liq	58. 6055	18. 7991	30. 1800	56. 7800	130. 990
Roe	0. 8046	0. 3762	0. 0241	0. 7884	1. 9746
R_size	1. 1438	0. 1323	0. 8741	1. 1237	1. 7342
*Ctr*1	13. 1650	10. 6120	2. 1900	9. 9000	77. 1000
Gdp	5. 9333	1. 7010	2. 2000	6. 7500	7. 0000
*M*2	9. 9333	1. 8922	8. 1000	9. 4000	13. 3000

6.2.3　模型设定

为了验证研究假设是否成立，本书建立计量模型进行相关检验。首先借鉴 Banna 等（2022）的研究，并结合中国银行业发展的特点，构建基准模型检验金融科技对商业银行的“赋能”效果，判断金融科技是否降低了商业银行对外开放风险，模型如式（6-1）所示：

$$Risk_{it} = \alpha_0 + \alpha_1 Foreign_{it} + \alpha_2 Oversea_{it} + \alpha_3 Car_{it} + \alpha_4 Ldr_{it} + \alpha_5 Liq_{it} + \alpha_6 Roe_{it}$$

$$+\alpha_7 R\_size_{it}+\alpha_8 Ctr1_{it}+\alpha_9 Gdp_t+\alpha_{10} M2+Yearffect+\varepsilon_{it} \quad (6-1)$$

在式（6-1）中，$Risk_{it}$ 为银行风险向量，$Risk_{it}=[NPL_{it}, LLSR_{it}]$，$NPL_{it}$ 为不良贷款率，$LLSR_{it}$ 为贷款损失准备金率，$Foreign_{it}$ 为外资参股水平，$Oversea_{it}$ 为境外投资水平。当 α_1 回归系数显著为负时，说明金融科技的应用降低了商业银行的信贷风险，金融科技在商业银行信贷风险防范上具有“赋能”效果。Car_{it} 为资本充足率变量、Ldr_{it} 为存贷比变量，Liq_{it} 为流动性比率变量，Roe_{it} 为净资产收益率变量，R_size_{it} 为规模扩张变量，$Ctr1_{it}$ 为第一大股东持股比例变量，Gdp_t 为经济增长，$M2$ 为货币政策变量。$Yearffect$ 为年份效应。本书以金融科技指数的中位数，将样本银行分为金融科技水平高的银行和金融科技水平低的银行，利用模型（6-1）分组检验对外开放对银行风险的影响，以探讨金融科技的发展对银行业开放风险是否具有缓释作用。为了避免异方差的影响，本书采用的是银行个体层面的聚类稳健标准误进行估计。

6.3 实证检验结果

6.3.1 基准回归结果

表 6-2 显示的是金融科技对商业银行开放风险影响的检验结果。其中，第一列和第二列的被解释变量是不良贷款率（*NPL*），第三列和第四列的被解释变量是贷款损失准备金率（*LLSR*），分别反映商业银行金融科技发展水平不同时，对外开放对银行风险的异质性影响。

当不良贷款率（*NPL*）作为被解释变量时，在金融科技发展水平低组，外资参股（*Foreign*）和境外投资（*Oversea*）的回归系数均不显著，说明当商业银行金融科技发展水平较低时，对外开放不能有效降低银行风险。但是，在金融科技发展水平高组，外资参股（*Foreign*）回归系数为-0.0231，且在1%水平下显著，境外投资（*Oversea*）的回归系数为-0.0223，且在10%水平下显著，说明当商业银行金融科技发展水平较高时，对外开放可以有效降低银行风险，且外资参股的风险抑制效应更加明显。当贷款损失准备金率（*LLSR*）作为被解释变量时，同样地，在金融科技发展水平低组，外资参股（*Foreign*）和境外投资（*Oversea*）的回归系数均不显著。但是，在金融科技发展水平高组，外资参股（*Foreign*）和境外投资（*Oversea*）回归系数分别为-0.0312和-0.0559，且在1%水平下显著，同样说明当商业银行金融科技发展水平较高时，对外开放可以有效降低银行风险。综上所述，商业银行应用金融科技会产生技术溢出效应，有助于降低银行业开放的风险，假设 H1 得到了验证。

控制变量的回归结果的经济学含义也基本符合预期：资本充足率（*Car*）对不良贷款率具有显著的负向影响，说明提高资本充足率有助于增强银行的风险抵御能力，降低商业银行的不良贷款率，但是在一定程度上也可能提高金融科技发展水平高的商业银行的贷款损失准备率；流动性比率（*Liq*）对不良贷款率和贷款损失准备金率均具有显著的负向影响，说明商业银行提高流动性比率有助于降低其不良贷款率和贷款损失准备金率，降低商业银行的信贷风险。净资产收益率（*Roe*）对不良贷款率的影响显著为负，说明商业银行盈利能力越好，其不良率越小，即随着盈利能力的提高，商业银行将风险转嫁给存款人动机减弱，从而信贷风险降低。资产规模扩张（*R_size*）对不良贷款率和贷款损失准备金率的影响均显著为负，说明资产规模扩张越快的商业银行，可能进行了多元化投资，使风险多样化了，信贷风险变小。第一大股东持股比例（*Ctr*1）回归系数均显著为负，说明商业银行股东持股比例越集中，越有助于降低商业银行的风险。在宏观经济控制变量中，经济增长（*Gdp*）在商业银行金融科技发展水平低时回归系数显著为正，货币增速（*M*2）回归系数显著为负，说明经济上行走势会推动低金融科技发展水平的商业银行的乐观情绪，乐于放贷以获取更高的收益，导致商业银行的不良率增加，但是积极的货币政策有助于降低商业银行的贷款损失准备金率。

表 6-2　金融科技对银行业开放风险的检验结果

变量	Dependent = *NPL*		Dependent = *LLSR*	
	金融科技水平低组	金融科技水平高组	金融科技水平低组	金融科技水平高组
Foreign	-0.0234 (0.0214)	-0.0231*** (0.0055)	-0.0181 (0.0326)	-0.0312*** (0.0074)
Oversea	-0.0100 (0.0175)	-0.0223* (0.0126)	-0.0248 (0.0296)	-0.0559*** (0.0124)
Car	-0.0692*** (0.0241)	-0.0468* (0.0284)	-0.0060 (0.0329)	0.0746** (0.0356)
Ldr	-0.1762 (0.1890)	0.0096 (0.1713)	0.3794 (0.2932)	0.3630 (0.2230)
Liq	-0.0083*** (0.0026)	-0.0065*** (0.0022)	-0.0156*** (0.0038)	-0.0075*** (0.0027)
Roe	-1.3658*** (0.1390)	-1.1522*** (0.1458)	-0.0408 (0.2517)	-0.0289 (0.2367)

续表

变量	Dependent = *NPL*		Dependent = *LLSR*	
	金融科技水平低组	金融科技水平高组	金融科技水平低组	金融科技水平高组
R_size	-1.2761***	-1.2922***	-0.9111**	-0.8194**
	(0.2300)	(0.2914)	(0.3934)	(0.3621)
*Ctr*1	-0.0219***	-0.0058*	-0.0700***	-0.0211***
	(0.0062)	(0.0031)	(0.0113)	(0.0049)
Gdp	0.0744***	0.0085	-0.0590	-0.0391
	(0.0258)	(0.0218)	(0.0382)	(0.0244)
M2	0.0240	-0.0007	-0.2690***	-0.0316
	(0.0279)	(0.0229)	(0.0474)	(0.0415)
年份效应	Yes	Yes	Yes	Yes
_cons	6.2087***	5.3621***	5.3621***	10.1911***
	(0.6288)	(0.6288)	(0.7606)	(0.7606)
N	1080	1115	1080	1115
R^2	0.2767	0.2011	0.1447	0.1214

注：*、**、***分别表示在10%、5%和1%水平上显著，括号内为标准误。

6.3.2 内生性说明和稳健性检验

1. 内生性问题

在上述回归模型中，对外开放与银行风险可能存在双向因果关系，商业银行为缓解风险加大对外开放力度。为了缓解模型中双向因果关系导致的内生性问题，本书将自变量均取滞后期再次进行估计，模型估计结果见表6-3，与表6-2的结果对比发现，所得结论基本趋于一致。因此，在考虑双向因果关系的内生性问题后，本书结论仍旧稳健。另外，本书也采取了工具变量法来缓解模型的内生性问题。在工具变量的选择上，采用的是滞后两期的外资持股比例和海外资产占比作为工具变量，模型估计结果见表6-4。工具变量的F检验和Sargan检验说明工具变量是有效的，不存在弱工具变量问题。将检验结果与表6-2的结果对比发现，所得结论基本趋于一致。因此，在考虑对外开放指标的内生性问题后，本书结论仍旧稳健。

表 6-3　金融科技对银行业开放风险影响的检验结果（取滞后期）

变量	Dependent = *NPL*		Dependent = *LLSR*	
	金融科技水平低组	金融科技水平高组	金融科技水平低组	金融科技水平高组
L. Foreign	-0. 0048 (0. 0259)	-0. 0275 *** (0. 0062)	-0. 0644 (0. 0416)	-0. 0320 *** (0. 0079)
L. Oversea		-0. 0223 (0. 0140)		-0. 0519 *** (0. 0163)
控制变量	Yes	Yes	Yes	Yes
年份效应	Yes	Yes	Yes	Yes
N	809	1024	809	1024
R^2	0. 2213	0. 1828	0. 1266	0. 1218

注：*、**、*** 分别表示在 10%、5%和 1%水平上显著，括号内为标准误。

表 6-4　金融科技对银行业开放风险影响的检验结果（工具变量回归）

变量	Dependent = *NPL*		Dependent = *LLSR*	
	金融科技水平低组	金融科技水平高组	金融科技水平低组	金融科技水平高组
Foreign	-0. 0081 (0. 0414)	-0. 0252 *** (0. 0067)	-0. 1552 *** (0. 0547)	-0. 0308 *** (0. 0099)
Oversea		-0. 0220 * (0. 0117)		-0. 0541 *** (0. 0110)
控制变量	Yes	Yes	Yes	Yes
年份效应	Yes	Yes	Yes	Yes
F 值	5706. 68	670. 22/1743. 80	5706. 68	670. 22/1743. 80
Sargan-p 值	0. 7750	0. 2535	0. 8986	0. 5934
N	618	859	618	859
R^2	0. 2922	0. 2085	0. 1165	0. 1023

注：*、**、*** 分别表示在 10%、5%和 1%水平上显著，括号内为标准误。

2. 稳健性检验

（1）子样本。习近平主席在 2018 年的博鳌亚洲论坛上宣布要加大金融业开放，自此银行业进入一个全面开放的新阶段。为了检验银行业进入全面开放后，金融科技发展是否有助于防范银行业开放风险，我们采用 2018—2020 年的样本进行检验，模型估计结果见表 6-5。将检验结果与表 6-2 的结果对比发现，所得结论基本趋于一致。（2）替换解释变量。首先替换金融科技指标，上文研究中通过因子分析法计算金融科技指标，下面通过大数据、云计算、人工智能、区块链和物联网新闻数目的加权平均数表示金融科技水平，并按中位数进行分组，再次进行稳健性检验，模型估计结果见表 6-6。将结果与表 6-2 的结果对比发现，所得结论基本趋于一致。（3）改变技术方法。当模型中存在异方差时，GLS 参数估计相对更加有效，因此本书采用面板 GLS 方法进行稳健性检验，并控制了面板异方差性，模型估计结果见表 6-7。将检验结果与表 6-2 的结果对比发现所得结论基本趋于一致。

表 6-5 金融科技对银行业开放风险影响的检验结果（子样本）

变量	Dependent = *NPL*		Dependent = *LLSR*	
	金融科技水平低组	金融科技水平高组	金融科技水平低组	金融科技水平高组
Foreign	−0.0262	−0.0229***	−0.1929***	−0.0260***
	(0.0375)	(0.0059)	(0.0585)	(0.0090)
Oversea		−0.0265**		−0.0540***
		(0.0103)		(0.0095)
控制变量	Yes	Yes	Yes	Yes
年份效应	Yes	Yes	Yes	Yes
N	440	662	440	662
R^2	0.2926	0.2435	0.1041	0.0966

注：*、**、*** 分别表示在 10%、5%和 1%水平上显著，括号内为标准误。

表 6-6 金融科技对银行业开放风险影响的检验结果（替换金融科技指标）

变量	Dependent = *NPL*		Dependent = *LLSR*	
	金融科技水平低组	金融科技水平高组	金融科技水平低组	金融科技水平高组
Foreign	−0.0086	−0.0246***	−0.0190	−0.0328***
	(0.0305)	(0.0054)	(0.0348)	(0.0074)
Oversea	−0.0084	−0.0228*	−0.0123	−0.0556***
	(0.0183)	(0.0129)	(0.0299)	(0.0128)
控制变量	Yes	Yes	Yes	Yes
年份效应	Yes	Yes	Yes	Yes
N	986	1209	986	1209
R^2	0.2763	0.2100	0.1457	0.1268

注：*、**、*** 分别表示在 10%、5%和 1%水平上显著，括号内为标准误。

表 6-7　金融科技对商业银行风险影响的稳健性检验结果（更改技术方法）

变量	Dependent = *NPL*		Dependent = *LLSR*	
	金融科技水平低组	金融科技水平高组	金融科技水平低组	金融科技水平高组
Foreign	-0.0377***	-0.0224***	-0.0321***	-0.0310***
	(0.0087)	(0.0018)	(0.0063)	(0.0024)
Oversea		-0.0121***		-0.0567***
		(0.0046)		(0.0054)
控制变量	Yes	Yes	Yes	Yes
年份效应	Yes	Yes	Yes	Yes
N	1080	1115	1080	1115

注：*、**、*** 分别表示在 10%、5%和 1%水平上显著，括号内为标准误。

6.3.3　影响机制分析

上文检验发现，在金融科技发展水平较高的商业银行，无论是从外资参股角度，还是从境外投资角度，对外开放都不会导致银行风险上升，反而有助于抑制银行开放风险，但是这种效应在金融科技发展水平较低的商业银行中并未发现。下面，本书将以金融科技发展水平较高的银行为样本，检验对外开放降低银行风险的影响机制。理论分析表明，商业银行金融科技发展可以降低银行的运营成本，提高银行的运营效率，进而可能有助于降低银行业在开放过程中的业务波动，缓释银行开放的风险。因此，本书以运营成本和运营效率作为中介变量，进一步检验金融科技缓释银行业开放风险的作用机制。运营成本采用营业支出与总资产的比值表示，变量符号记为 *Cost*，数值越大，说明运营成本越高；运营效率采用营业支出与营业收入的比值表示，变量符号记为 *Efficiency*，数值越大，说明运营效率越低。

根据温忠麟（2004）的中介效应检验程序，设定运营成本的中介效应检验模型如下：

$$Cost_{it} = \beta_0 + \beta_1 Foreign_{it} + \beta_2 Oversea_{it} + \beta_3 Car_{it} + \beta_4 Ldr_{it} + \beta_5 Liq_{it} + \beta_6 Roe_{it} + \beta_7 R\_size_{it} + \beta_8 Ctr1_{it} + \beta_9 Gdp_t + \beta_{10} M2_t + Yearffect + \varepsilon_{it} \tag{6-2}$$

$$Risk_{it} = \beta_0 + \beta_1 Foreign_{it} + \beta_2 Oversea_{it} + \beta_3 Cost_{it} + \beta_4 Car_{it} + \beta_5 Ldr_{it} + \beta_6 Liq_{it} + \beta_7 Roe_{it} + \beta_8 R\_size_{it} + \beta_9 Ctr1_{it} + \beta_{10} Gdp_t + \beta_{11} M2_t + Yearffect + \varepsilon_{it} \tag{6-3}$$

设定运营效率的中介效应检验模型如下：

$$Efficinecy_{it} = \beta_0 + \beta_1 Foreign_{it} + \beta_2 Oversea_{it} + \beta_3 Car_{it} + \beta_4 Ldr_{it} + \beta_5 Liq_{it}$$

$$+\beta_6 Roe_{it} + \beta_7 R\_size_{it} + \beta_8 Ctr1_{it} + \beta_9 Gdp_t + \beta_{10} M2_t + Yearffect + \varepsilon_{it} \quad (6-4)$$

$$Risk_{it} = \beta_0 + \beta_1 Foreign_{it} + \beta_2 Oversea_{it} + \beta_3 Efficinecy_{it} + \beta_4 Car_{it} + \beta_5 Ldr_{it} + \beta_6 Liq_{it} + \beta_7 Roe_{it} + \beta_8 R\_size_{it} + \beta_9 Ctr1_{it} + \beta_{10} Gdp_t + \beta_{11} M2_t + Yearffect + \varepsilon_{it} \quad (6-5)$$

表 6-2 的检验结果说明，当金融科技发展水平低时，对外开放对银行风险的影响不显著，但是当金融科技发展水平高时，对外开放可以显著抑制银行风险。因此，我们剔除金融科技发展水平低的样本组，检验金融科技发展水平高组的运营成本和运营效率的中介效应。结果如表 6-8 和表 6-9 所示。

表 6-8 显示的是运营成本的中介效应检验结果。结果显示，外资参股（*Foreign*）和境外投资（*Oversea*）对运营成本均具有显著的负向影响，回归系数在 1%水平下显著，说明当金融科技发展水平较高时，对外开放有助于降低银行的运营成本，同时运营成本（*Cost*）会显著导致银行的不良贷款率和贷款损失准备金率增加，增大银行风险。结合表 6-8 第（2）列和第（3）列中的外资参股（*Foreign*）和境外投资（*Oversea*）的回归系数，可以发现运营成本在对外开放与银行风险之间具有中介作用，即当银行金融科技发展水平较高时，对外开放有助于降低银行的运营成本进而降低银行风险。

表 6-8　运营成本的中介效应检验结果

变量	(1)	(2)	(3)
	Dependent = *Cost*	Dependent = *NPL*	Dependent = *LLSR*
Foreign	-0.0216***	-0.0135**	-0.0146**
	(0.0045)	(0.0053)	(0.0074)
Oversea	-0.0179***	-0.0144	-0.0421***
	(0.0068)	(0.0104)	(0.0111)
Cost		0.4416***	0.7693***
		(0.0687)	(0.1132)
N	1115	1115	1115
R^2	0.1181	0.2679	0.2416

注：*、**、*** 分别表示在 10%、5%和 1%水平上显著，括号内为标准误。

表 6-9 显示的是运营效率的中介效应检验结果。结果显示，在第（1）列中外资参股（*Foreign*）对运营效率具有显著的负向影响，回归系数在 1%水平下显著，说明当金融科技发展水平较高时，外资参股有助于提高银行的运营效率，同时在第（2）列和第（3）列中运营效率（*Efficiency*）会显著导致银行的不良贷款

率和贷款损失准备率增加，降低银行风险。可见，运营效率在外资参股与银行风险之间具有中介作用。境外投资（*Oversea*）对运营效率的影响不显著，但是对不良贷款率和贷款损失准备率的影响显著为正，说明运营效率也有助于显著降低银行风险。

综上所述，从外资参股或者境外投资的角度来看，对外开放可以通过降低银行运营成本或提高运营效率的渠道来降低银行风险。可能的原因是，商业银行金融科技发展有助于降低银行运营成本或提高运营效率，进而缓释了银行开放过程中的风险。

表 6-9　运营效率的中介效应检验结果

变量	(1) Dependent = *Efficiency*	(2) Dependent = *NPL*	(3) Dependent = *LLSR*
Foreign	-0.0030 ** (0.0012)	-0.0167 *** (0.0054)	-0.0219 *** (0.0072)
Oversea	-0.0027 (0.0018)	-0.0166 * (0.0096)	-0.0476 *** (0.0117)
Efficiency		2.1301 *** (0.3711)	3.1172 *** (0.5051)
N	1115	1115	1115
R^2	0.4297	0.2512	0.1850

注：*、**、*** 分别表示在 10%、5%和 1%水平上显著，括号内为标准误。

6.3.4　金融科技对银行开放风险影响的异质性检验

1. 全国性银行 VS 地方性银行

表 6-10 显示了金融科技对全国性和地方商业银行开放风险影响的检验结果。结果显示，无论是不良贷款率（*NPL*）还是贷款损失准备金率（*LLSR*）作为被解释变量，外资参股（*Foreign*）和境外投资（*Oversea*）对全国性商业银行（大型国有商业银行和股份制商业银行）风险的影响不显著，说明金融科技发展对全国性银行对外开放风险的缓释作用不明显。但是外资参股（*Foreign*）和境外投资（*Oversea*）对地方性商业银行的不良贷款率和贷款损失准备金率具有显著的负向影响，说明金融科技发展对地方性银行对外开放风险的缓释作用显著，地方性商业银行大力发展金融科技可以显著降低对外开放过程中的信贷风险，提振地方性商业银行在对外开放过程中信贷风险防范的信心。因此，金融科技给地方性商业银行带来更显著的技术溢出效应，故应鼓励和支持地方性银行结合自身特点大力发展金融科技。

表 6-10　金融科技对不同类型银行开放风险影响的异质性检验

变量	Dependent = *NPL*		Dependent = *LLSR*	
	全国性银行	地方性银行	全国性银行	地方性银行
Foreign	0.0029 (0.0092)	−0.0279*** (0.0058)	−0.0012 (0.0077)	−0.0359*** (0.0082)
Oversea	−0.0075 (0.0063)	−0.0437*** (0.0024)	−0.0457* (0.0234)	−0.0577*** (0.0030)
控制变量	Yes	Yes	Yes	Yes
年份效应	Yes	Yes	Yes	Yes
N	101	1014	101	1014
R^2	0.2907	0.2121	0.4345	0.0864

注：*、**、***分别表示在 10%、5%和 1%水平上显著，括号内为标准误。

2. 上市银行 VS 非上市银行

表 6-11 显示了金融科技对上市和非上市银行开放风险影响的检验结果。结果显示，当不良贷款率（*NPL*）和贷款损失准备金率（*LLSR*）作为被解释变量，外资参股（*Foreign*）和境外投资（*Oversea*）对上市商业银行风险的影响不显著，说明金融科技发展对上市商业银行对外开放风险的缓释作用不明显。但是外资参股（*Foreign*）和境外投资（*Oversea*）对非上市商业银行的不良贷款率和贷款损失准备金率具有显著的负向影响，说明金融科技发展对非上市银行对外开放风险的缓释作用显著，建议非上市商业银行可以大力发展金融科技，有助于在引进外资或境外投资过程中降低风险。

表 6-11　金融科技对不同类型银行开放风险影响的异质性检验

变量	Dependent = *NPL*		Dependent = *LLSR*	
	上市银行	非上市银行	上市银行	非上市银行
Foreign	−0.0023 (0.0061)	−0.0268*** (0.0071)	0.0028 (0.0078)	−0.0374*** (0.0103)
Oversea	−0.0017 (0.0075)	−0.0446*** (0.0025)	−0.0411** (0.0170)	−0.0594*** (0.0031)
控制变量	Yes	Yes	Yes	Yes
年份效应	Yes	Yes	Yes	Yes
N	201	914	201	914
R^2	0.1277	0.2124	0.2585	0.0865

注：*、**、***分别表示在 10%、5%和 1%水平上显著，括号内为标准误。

6.4 本章小结

本书基于 2015—2020 年中国 386 家商业银行的非平衡面板数据，检验了金融科技对商业银行开放风险的影响及机制，并分析了金融科技对不同类型银行开放风险的防范效果。得到的主要结论如下：第一，商业银行应用金融科技具有“赋能”效果，降低了商业银行开放风险，同时提振了商业银行开放风险防范的信心；第二，商业银行金融科技的应用通过降低运营成本提高运营效率降低银行开放风险；第三，金融科技对不同类型商业银行“赋能”效果具有差异性，更有助于降低地方性银行和非上市银行的开放风险。基于研究结论，本书提出的政策建议如下。

商业银行应积极融入金融科技发展的浪潮，充分利用金融科技的有利面。实证检验结果显示，商业银行应用金融科技具有“赋能”效果，降低了银行运营成本，提高了银行运营效率，因此降低了商业银行开放风险，说明商业银行应用金融科技会产生技术溢出效应，在改变了商业银行的传统业务模式和行业布局的同时，推动了商业银行数字化转型。因此，商业银行应加快金融科技建设，制定金融科技融合发展的战略并融入金融科技发展浪潮，助力金融业和实体经济的高质量发展。

不同类型的商业银行应结合自身优势和不足，不断提高金融科技的研发力度。尽管全国性商业银行和上市商业银行在资金和人才等方面具有优势，但是吸收金融科技的技术溢出效果并不明显，可能的原因在于全国性商业银行或上市商业银行的内部体制问题。因此，对于大型商业银行应规避其内部体制问题，努力利用自身的资金和人才优势，大力发展自身的金融科技平台。对于非上市银行，特别是地方性商业银行，尽管在客户资源上具有很大优势，面对的主要是中小微企业客户，但是在资金和人才等方面具有劣势，因此地方性商业银行可以考虑与金融科技公司进行合作，提高自身的金融科技水平，既有利于拓展客户来源，又可以有效降低信贷风险。

最后，监管层应同步提高监管水平，防范金融科技可能产生的风险。从本质上来看，金融科技是技术驱动的金融创新，其衍生出的风险具有金融风险与科技风险的双重属性，因此在风险传播的边界上更加广泛和模糊，一旦爆发风险将会在更宽领域以更快的速度进行传播，导致传统的金融风险防范的难度加大。因此，监管层应探索新形势下的监管方式，提高自身的风险监管水平，将金融和科技融合的风险消灭在萌芽之中。但是，不可否认的是，尽管金融科技的迅速发展可能导致发生系统性风险的可能性增大，但是金融科技是商业银行未来发展的大趋势，相较于被动接受和适应，商业银行主动探索并积极规避相关风险将更有利于商业银行高质量可持续发展。

第 7 章　证券业开放对金融风险的影响研究

本章以证券业开放为研究对象，从机构和市场两个维度全面考察证券业开放对证券机构风险和宏观金融风险的影响，以拓展开放经济条件下金融业开放与金融风险的相关性研究。

7.1　理论基础与研究假设

证券业对外开放是我国金融业双向开放的重要组成部分，主要形式包括外资参股证券公司、境内外交易所互联互通和合格境外机构投资者等。从好的方面来讲，证券公司引入外资股东有助于学习海外先进的管理经验和商业模式，同时境外优质资本进入可能产生“鲇鱼效应”，激发我国证券行业进行改革和创新；境内外交易所互联互通有利于改变国内投资者的投资理念，同时对接国际市场有助于我国资本市场成长为更具有现金投资理念、更加符合国际规则的交易场所；而合格投资者制度的实施不但有助于降低资金成本、优化资源配置，在刺激本国投资的同时也有利于提高资本市场效率，实现经济运行机制的高效运转，而且也可能有助于我国金融体系快速融入金融全球一体化进程，加速推进人民币国际化。

但是证券业对外开放在带来正面效应的同时，也可能带来金融风险，伤害开放国的金融体系。对于证券行业来说，外资证券机构积极进入中国市场，会对中资证券机构形成竞争压力，可能导致证券机构过度承担风险，影响证券行业的稳定。同时，证券机构进行海外扩张，投资国的系列风险可能加大证券机构的经营风险；对于金融市场来说，证券业双向开放程度的不断加深，可能刺激套利资金大规模流入，导致潜在的资本外流风险不断积累，影响汇率的稳定，同时外汇、货币和房地产等金融市场可能通过信心和资金流动等渠道相互联系并传递风险，有可能引发系统性金融风险。此外，证券业扩大对外开放还可能增加国内流动性宏观调控的难度，降低货币政策的独立性，从而不利于宏观经济的稳定。

一般而言，证券业的对外开放是否有益于金融稳定，通常与一国的经济制度环境以及实施的开放政策等有关。符合国情的证券业对外开放有助于提高证券业盈利水平，促进证券行业发展，但是如果证券行业开放得过快过猛，就有可能累积较大的金融风险，甚至威胁金融市场的稳定。在此背景下，本书收集了证券业对外开放的相关数据，基于机构和市场两个维度测算了金融风险，从“引进来”和“走出去”两个方向，统计检验了证券业的对外开放与金融风险之间的相关性。相关研究的理论意义在于：构建证券业对外开放与金融风险的研究框架，拓展开放经济条件下的金融业开放与金融风险的理论研究。相关研究的现实意义在于：从机构和市场两个维度，全面分析证券业开放对金融风险的影响，为我国证券业在对外开放过程中防范金融风险提供经验支持与决策参考。

下面，本部分从证券业“引进来”和“走出去”两个方面分析证券业开放对金融风险影响的传导机制，并提出对应的研究假设。

7.1.1 证券业“引进来”影响金融风险的传导机制

证券业“引进来”可能增加金融风险的传导机制如下：首先，对于证券机构而言，外资股东可能是财务投机者，追求的是短期收益而不是证券机构的长期发展获益，因此可能具有更高的风险偏好，追求风险高的投资活动，并且外资股东参与证券机构日常的经营管理，由于文化差异等问题，可能在经营理念和决策机制等方面产生摩擦，不利于证券机构的发展；其次，对于证券市场而言，证券业“引进来”过程中往往伴随着国际“热钱”的短期炒作和投机性资本的增加，会加剧股票市场的波动，同时国外因素也会对本国证券市场产生较大的冲击，如国际事件加剧国外市场动荡的同时，波动溢出效应也可能导致国内股票市场暴跌；最后，对于金融市场而言，短期内大量跨境证券资金的流入可能造成投资狂热，刺激投机需求，造成资产价格螺旋式上升，资产价格泡沫积累，并且投机资本通过多种渠道流入房地产市场、股票市场等，可能导致这些市场剧烈波动，而我国金融监管机制又缺乏对金融市场及时有效的监管，因此会导致金融的不稳定。

证券业“引进来”可能降低金融风险的传导机制如下：首先，对于证券机构而言，外资股东可以提供额外的融资方式，有助于降低与冲减内部融资原有的风险，同时外资股东带来的知识溢出效应不仅有利于证券机构改善经营管理，效率和技术的提高也有利于证券机构优化资金配置，提高资金配置效率，因此有利于证券机构发展的同时也有利于降低证券机构经营风险；其次，对于证券市场而言，跨境证券资金的大量流入相当于增加了基础货币的投入，因此可能通过乘数效应扩大市场的流动性，助长市场的博弈气氛，进而推动了股票、房地产等资产价格上涨，同时也促进了证券市场的发展；最后，对于金融市场而言，面对跨境证券资金的大量流入，政府和金融监管机构必然会改进市场交易制度，大力加强对金融市场的监管和调控。因此，可能有助于完善金融体系，推动金融市场稳健地向前发展。

据此我们发现，证券业的“引进来”过程对金融风险的影响具有不确定性。基于以上分析，提出以下研究假设。

假设 H1a：证券业的“引进来”与金融风险呈正相关关系，即证券业的“引进来”程度越高，金融风险越大。

假设 H1b：证券业的“引进来”与金融风险呈负相关关系，即证券业的“引进来”程度越高，金融风险越小。

假设 H1c：证券业的“引进来”存在“度”，在临界点两侧，证券业的“引进来”对金融风险的影响具有异质性。

7.1.2　证券业“走出去”影响金融风险的传导机制

证券业“走出去”可能增加金融风险的传导机制如下：首先，对于证券机构而言，相比国内投资环境，海外投资环境相对来说更加复杂，证券机构海外布局可能面临投资国系列风险，如法律风险和市场风险等，可能导致证券机构的经营风险增大；其次，以证券投资形式流入东道国的短期资本对宏观经济环境具有高度的敏感性，而跨境证券资金的流出又为资本外逃提供了渠道，当国内市场不稳定时，跨境证券资金大规模外逃，可能导致股市出现“过山车”现象，不利于证券市场的稳定；最后，对于金融市场而言，跨境证券资金的流出伴随投机者期望收益率的下滑，恐慌情绪在投资者之间蔓延，于是资产被大量抛售，资产价格泡沫破灭，金融市场出现流动性紧缺，可能导致银行不良贷款率上升，汇率和货币等金融市场遭受巨大的冲击，从而可能引发系统性金融风险。

证券业“走出去”可能降低金融风险的传导机制如下：首先，对于证券机构而言，证券机构境外投资的多元化，有助于降低资产之间的相关性，从而可能分散投资风险。同时，境外投资有助于证券机构获取全球资本市场丰富的服务资源，促进证券机构发展的同时可能也有利于降低证券机构风险。其次，对于证券市场而言，一方面，证券机构获取的先进技术和经验可以反哺境内证券业，推动证券行业的发展和稳定；另一方面，国内投资者参与国外证券市场，有利于学习和培养价值投资理念，而正确的投资理念会促进国内证券市场的稳定。最后，对于金融市场而言，国内投资者参与境外投资有利于提高我国金融市场在国际上的影响力，推动我国金融市场发展的同时，促进了我国金融市场的稳定。

据此，我们发现证券业“走出去”过程对金融风险的影响也具有不确定性，因此我们提出如下研究假设。

假设 H2a：证券业的“走出去”与金融风险呈正相关关系，即证券业的“走出去”程度越高，金融风险越大。

假设 H2b：证券业的“走出去”与金融风险呈负相关关系，即证券业的“走出去”程度越高，金融风险越小。

假设 H2c：证券业的“走出去”存在“度”，在临界点两侧，证券业的“走出去”对金融风险的影响具有异质性。

7.2 变量选取、数据来源和模型设定

本部分主要从机构和市场两个方面，分别介绍本章的研究思路和实证检验模型，以及相关变量的测算和确定。

7.2.1 研究思路与实证模型

本书从两个维度检验证券业的对外开放对金融风险的影响效应：首先，从机构维度定义了证券业的对外开放包括外资参股（“引进来”）和境外投资（“走出去”）两个过程，并测算了证券机构风险。由于数据是非平衡的面板数据，建立面板计量模型可以控制证券机构的个体异质性，相对多元线性回归模型可以提高模型估计的有效性，故我们采用面板回归模型分析机构维度的证券业开放对证券机构风险的影响。其次，从市场维度定义了证券业的对外开放包括证券业的资金流入（“引进来”）和证券业的资金流出（“走出去”）两个过程，并采用综合指数法从 6 个方面测算了宏观金融风险。由于数据采用的是季度频率的时间序列数据，针对时间序列数据建模，一般的 VAR 模型无法检验证券业开放与宏观金融风险之间的非线性关系。为了探索市场维度的证券业对外开放是否存在门槛效应，我们采用了两区制的 TVAR 模型进行分析。基于此，本书的研究思路见图 7-1。

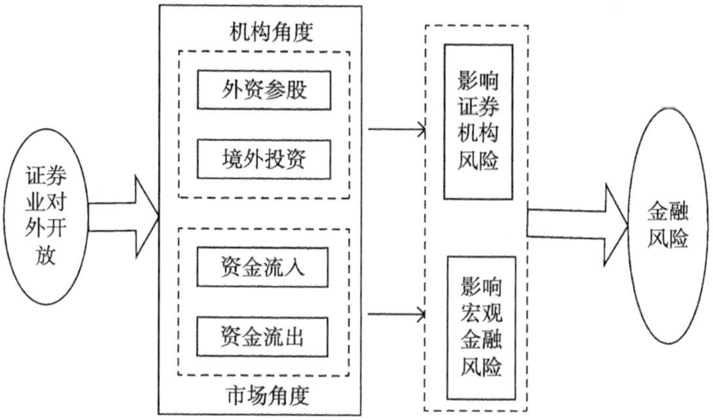

图 7-1 研究思路

1. 证券业对外开放对证券机构风险的影响

从机构维度分析证券业的对外开放对证券机构风险的影响时，考虑到数据采用的是频率较高的季度和半年度的面板数据，这样可能导致证券业对外开放对证券机构风险的影响存在滞后性。对此，本书对外资持股比例和海外资产占比指标均取滞后一期，一方面可以避免模型中双向因果关系导致的内生性，另一方面有助于捕捉到证券业对外开放与证券机构风险之间的非同步关系。

首先，检验证券业的对外开放与证券机构风险之间是否存在线性关系，我们借鉴 Leeand Chou（2018）的研究，设定面板模型一进行分析：

$$\Delta CoVaR_i^i(q) = \partial_0 + \beta_1 Foreign_{it-1}/Overses_{it-1} + \sum_j \gamma_j Control_{ijt-1} + \delta_i + \varepsilon_{it} \tag{7-1}$$

夏越（2019）在面板模型中引入金融杠杆的二次项检验了两个变量之间"U"形曲线关系，我们考虑到证券业对外开放也可能存在"度"，借鉴夏越（2019）的研究，加入证券业对外开放指标的二次项，分析对外开放与证券机构风险之间是否存在"U"形曲线关系，面板模型二设定如下：

$$\Delta CoVaR_i^i(q) = \partial_0 + \beta_1 Foreign_{it-1}/Overses_{it-1} + \beta_2 Foreign_{it-1}^2/Overses_{it-1}^2 + \sum_j \gamma_j Control_{ijt-1} + \delta_i + \varepsilon_{it} \tag{7-2}$$

其中，i 表示个体，t 表示时间，$Control$ 为控制变量向量集，即 $Control = [Size, Lev, Roe, VaR, \beta, GDP, Finance]$，对应的 j 分别取值 1，2，3，…，5，6，7，∂_0 为截距项，β_i 为核心的待估参数，δ_i 为个体效应，ε_{it} 为随机扰动项。考虑到异方差可能导致参数检验失效，因此本书采用聚类稳健性标准误进行估计。

2. 证券业对外开放对宏观金融风险的影响

在研究证券业的对外开放对宏观金融风险的影响时，采用的是季度频率的时间序列数据。时间序列数据普遍存在样本量小、变量之间表现出高度的同步性等特征，使回归分析技术在对时间序列变量建模时往往受到严重的多重共线性影响，导致参数检验失效，并且回归分析技术也无法捕捉到时间序列变量之间动态持续响应关系。基于此，对时间序列变量建模时，通常采用的是反映变量动态结构的VAR模型，如MSVAR、TVPVAR和TVAR等。其中，MSVAR根据变量动态关系进行了分区制研究，TVPVAR反映的是变量之间时变的动态关系，两种方法均无法指定某一特征变量进行分区制研究。因此，本书在研究证券业的对外开放对宏观金融风险的影响时，采用的是TVAR模型进行分析，并且指定证券业的对外开放变量作为门槛变量，建立了两区制的TVAR模型，模型表达式如下：

$$Y_t = \begin{cases} \alpha_1 + A_1(L)Y_t + \varepsilon_{1t}\ if \quad \gamma_t \leqslant \gamma \\ \alpha_2 + A_2(L)Y_t + \varepsilon_{2t}\ if \quad \gamma_t > \gamma \end{cases} \tag{7-3}$$

在式（7-3）中，A_1（L）是滞后算子P阶多项式矩阵，α_i是$k\times1$阶的常系数矩阵，ε_{it}是$k\times1$阶残差向量，i取值1或2，$Y_t=$（$Open\_in_t/Open\_out_t/Open_t$，$Sgcf_t$，$Risk_t$）。

对于TVAR模型的估计：首先，去掉首尾10%的极端值，在10%～90%分位数之间采用格点搜索法计算门槛值；其次，采用LR检验门槛值是否显著，LR统计量为$LR=T[\ln(\det\hat{\sum}_0)-\ln(\det\hat{\sum}_i)]$；其中$\hat{\sum}_0$为线性VAR模型估计得到的协方差矩阵，$\hat{\sum}_i$为TVAR模型估计得到的协方差矩阵，对LR统计量进行1000次Bootstrap可以得到检验分布对应的经验P值；最后，利用广义脉冲函数（GIRF）计算变量之间的脉冲响应，公式为：

$$GIRF_Y(n,\ W_{t-1}^s,\ \varepsilon_t)=E[Y_{t+n}\mid\varepsilon_t,\ W_{t-1}^s]-E[Y_{t+n}\mid W_{t-1}^s] \tag{7-4}$$

在式（7-4）中，n表示的是脉冲响应的持续时间，本书选取的是12期，ε_t表示为冲击变量，W_{t-1}为冲击发生前可用的信息集，s表示的是区制。根据区制s可以将W_{t-1}分为两个部分，分别计算变量之间的脉冲响应。综上所述，本书构建的TVAR模型如表7-1所示。

表7-1　模型说明

序号	研究目的	模型
模型1	证券业的资金流入→宏观金融风险	（$Open\_in_t$，$Sgcf_t$，$Risk_t$）
模型2	证券业的资金流出→宏观金融风险	（$Open\_out_t$，$Sgcf_t$，$Risk_t$）
模型3	证券业的资金流动→宏观金融风险	（$Open_t$，$Sgcf_t$，$Risk_t$）

7.2.2 证券机构风险测度与变量确定

1. 风险测度

$\Delta CoVaR$ 方法可以测度出单个金融机构对整个金融系统的风险溢出效应，适合从机构维度测度金融风险，故我们采用 $\Delta CoVaR$ 测度证券机构风险。证券机构 i 对金融系统 $System$ 的风险溢出效应定义如下：

$$\Delta CoVaR^{System|i} = CoVaR^{System|X^i = VaR_q^i} - CoVaR^{System|X^i = Median^i} \tag{7-5}$$

$CoVaR$ 的测度方法很多，为了更好地反映证券机构系统性风险的动态变化，本书根据 Tobias 和 Brunermeier（2016）提出的分位数回归方法进行测度。考虑到中国的具体情况，并结合田娇等（2015）的研究，我们选择了包括沪深 300 指数波动率在内的 6 个状态变量（M）。[①] $\Delta CoVaR^{System|i}$ 计算模型如下：

$$R_t^i = \alpha_q^i + \sum_j \gamma_{j,q}^i \times M_{j,t-1} + \varepsilon_{q,t}^i \tag{7-6}$$

$$R_t^{System} = \alpha_q^{System|i} + \beta_q^{System|i} \times R_t^i + \sum_j \gamma_{j,q}^{System|i} \times M_{j,t-1} + \varepsilon_{q,t}^{System} \tag{7-7}$$

$$VaR_t^i(q) = \hat{\alpha}_q^i + \sum_j \hat{\gamma}_{j,q}^i \times M_{j,t-1} \tag{7-8}$$

$$CoVaR_t^i(q) = \hat{\alpha}_q^{System|i} + \hat{\beta}_q^{System|i} \times VaR_t^i(q) + \sum_j \hat{\gamma}_{j,q}^{System|i} \times M_{j,t-1} \tag{7-9}$$

$$\Delta CoVaR_t^i(q) = CoVaR_t^i(q) - CoVaR_t^i(50\%) = \hat{\beta}_q^{System|i} \times [VaR_t^i(q) - VaR_t^i(50\%)] \tag{7-10}$$

在式（7-6）至式（7-9）中，$M_{j,t-1}$ 表示滞后一期的状态变量，R_t^i 和 R_t^{System} 分别表示证券机构和证券业的对数收益率。其中，证券业收益率采用的是申万券商二级行业指数计算得到。对于 q，本书计算了三种情况下的极端风险，分别是 5%、1%和 0.5%，以反映证券机构发生极端风险或者更加极端风险时对证券行业的风险溢出情况。

测度 $CoVaR$ 数据采用的是周频数据，样本期间涵盖了 2008 年的国际金融危机和 2015 年的股市波动，符合测度 $CoVaR$ 必须在研究期间发生过极端风险的要求。同时，由于 VaR、$CoVaR$ 数值一般为负值，为了便于理解，本书采用绝对

① 状态变量包括（1）股票市场的波动，采用沪深 300 指数的 GARCH（1，1）模型计算得到；（2）股票市场周回报率，采用证券机构上市对应的上证 A 股或者深证 A 股指数周回报率表示；（3）流动性价差，采用 3 个月 Shibor 与 3 个月固定利率国债到期收益率的差值表示；（4）无风险收益率变动，采用 3 个月固定利率国债到期收益率变动表示；（5）信用价差，采用十年期 AAA 级企业债券利率减去十年期国债利率表示；（6）房地产行业价差，主要反映房地产市场对国内金融风险的影响，采用房地产指数回报率减去股票市场回报率表示。

值表示，并进行季度求和表示证券机构风险，数值越大，表明机构风险越高，对证券行业的风险溢出效应越大。

2. 外资参股和境外投资

从机构维度度量证券业的对外开放包含“引进来”和“走出去”两个过程：（1）“引进来”主要指的是对境外机构的开放，包括外资参股中资证券机构，外资证券机构在国内设立分支机构等。目前，证券机构“引进来”主要体现在外资参股方面，外资在国内设立分支机构的情况很少。基于此，本书以外资参股表示证券机构的“引进来”水平，具体采用前十大股东中外资持股比例大小度量，符号采用“*Foreign*”表示。（2）“走出去”主要是指中资证券机构进行海外投资，包括中资证券机构海外并购、在海外设立子公司、开展境外投资活动等，通常采用海外资产规模、海外分支机构数和海外营业收入等指标测度证券机构国际化水平。基于数据的可得性，本书采用海外资产占比度量中资证券机构的“走出去”水平，符号采用“*Overseas*”表示。

3. 控制变量

本书基于证券机构特征和宏观经济波动两个方面选取控制变量，在证券机构特征方面的控制变量选择：（1）结合张晓明和李泽广（2017）的研究，我们加入了证券机构的净资产收益率（*Roe*）和资产规模（*Size*）作为控制变量，一方面规模大的证券机构系统重要性更高，可能加剧风险外溢，也可能对冲系统性金融风险，起到“金融稳定器”的效果；另一方面盈利能力的提高可以降低对外融资的依赖，可能降低风险外溢，但是高风险伴随高收益，收益提升的同时也可能伴随风险的上升；（2）参照纪彰波和臧日宏（2019）的研究，我们加入了资产负债率（*Lev*）控制证券机构的财务杠杆水平对金融风险的影响，通常高杠杆意味着高负债，可能会导致对系统性金融风险贡献增大；（3）参照白雪梅和石大龙（2014）做法，加入证券机构的在险价值 *VaR* 绝对值（*VaR*）表示证券机构的市场风险，数值越大，说明证券机构的在险价值越高，可能对证券行业的风险溢出越大；加入贝塔（β）反映公司股票的系统性风险，具体采用市场模型测度，主要反映个股对市场变化的敏感性。在宏观经济波动方面的控制变量选择：借鉴苏帆等（2019）的研究，加入实际 GDP 增长率（*GDP*）反映宏观经济运行状况，因为宏观经济运行状况往往与金融机构经营的关系密切；加入金融业增加值占 GDP 的比值（*Finance*）反映出金融业在国民经济中的活跃度，因为金融业活跃度较高时，证券机构风险溢出可能增大，表现出一定的顺周期性。

4. 数据的来源及描述性统计

部分状态变量无法获取较早期间的数据，故证券机构风险分析的样本期间选择的是 2004—2020 年。对于证券机构风险、证券机构特征和宏观经济变量的源数据来源于 Wind 数据库和国泰安数据库。考虑到目前数据库未统计证券机构详尽的外资参股或者境外投资数据，本书通过查找证券机构的季度报表以获取外资持股比例和海外资产占比数据，并发现外资持股比例在证券机构的季度报表中均有披露，但是海外资产占比仅在半年度报表中有披露，因此研究外资参股对证券机构风险的影响时采用的是季度频率的面板数据，而在分析境外投资对证券机构风险的影响时采用的是半年度频率的面板数据。

值得注意的是，部分证券机构并非在上市当年就开始从事证券业务，而是通过兼并重组才成为证券公司，本书对这部分证券机构统计的起始时间为从事证券业务的年份，同时剔除了有效样本不足三年的证券机构。经过筛选，最终收集到了 35 家证券机构的样本数据，共计 1207 个有效样本。对于少量缺失的数据，本书通过 Hermite 插值法进行填补。

缩尾后变量的描述性统计结果见表 7-2，不同分位点的证券机构风险趋势见图 7-2。可以发现，证券机构发生越加极端风险时对证券行业风险溢出效应越大。整体来看，$\Delta CoVaR$（0.5%）高于 $\Delta CoVaR$（1%），$\Delta CoVaR$（1%）高于 $\Delta CoVaR$（5%），并且在 2008 年和 2015 年证券机构的极端风险溢出较高，可能受 2008 年国际金融危机和 2015 年股市波动的影响；证券机构的外资持股比例均值为 0.053，四分之三分位数为 0.015，说明外资参股我国证券机构水平较低，通过查找源数据发现共计 368 个样本存在外资参股情况；海外资产占比均值为 0.041，中位数和四分之三分位数分别为 0.006 和 0.057，说明在研究期间内，我国大部分证券机构均存在境外投资情况，但是整体来看，境外投资水平较低。

表 7-2　描述性统计结果

变量	N	均值	标准差	最小值	P25	中位数	P75	最大值
$\Delta CoVaR$（5%）	1207	0.683	0.336	0.024	0.477	0.626	0.814	3.150
$\Delta CoVaR$（1%）	1207	0.993	0.722	0.081	0.515	0.933	1.292	8.651
$\Delta CoVaR$（0.5%）	1207	1.225	0.960	0.055	0.539	1.057	1.600	11.546
Foreign	1207	0.053	0.102	0.000	0.000	0.000	0.015	0.371
Overseas	613	0.041	0.077	0.000	0.000	0.006	0.057	0.439
Size	1207	24.909	1.377	20.281	24.088	24.973	25.894	27.683
Lev	1207	0.715	0.758	0.106	0.634	0.733	0.774	26.700
Roe	1207	0.070	0.575	-0.124	0.006	0.013	0.021	12.442

续表

变量	N	均值	标准差	最小值	P25	中位数	P75	最大值
β	1207	0. 879	0. 545	-1. 626	0. 602	0. 870	1. 134	5. 500
VaR（5%）	1207	1. 224	0. 509	0. 110	0. 940	1. 130	1. 367	4. 962
VaR（1%）	1207	2. 141	1. 010	0. 217	1. 564	1. 916	2. 453	12. 258
VaR（0. 5%）	1207	2. 703	1. 659	0. 235	1. 742	2. 191	3. 054	13. 574
GDP	1207	0. 068	0. 029	-0. 069	0. 064	0. 068	0. 076	0. 150
Finance	1207	0. 069	0. 021	0. 019	0. 061	0. 073	0. 080	0. 102

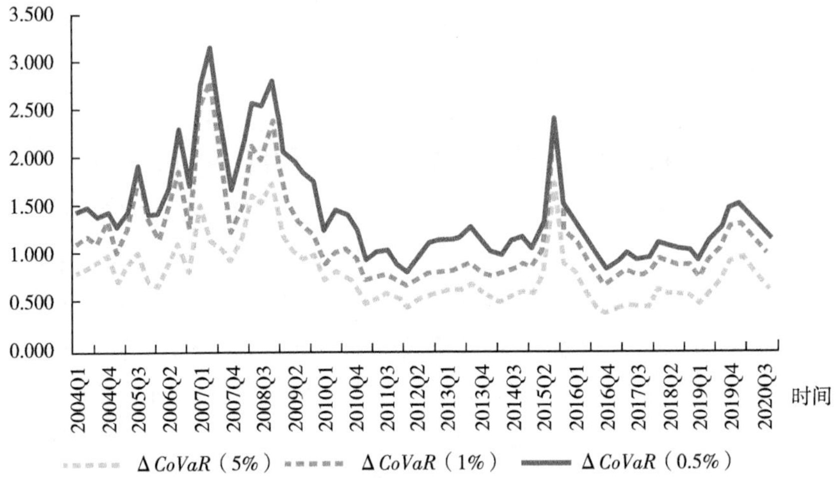

图 7-2　证券机构风险的时间变化趋势

7. 2. 3　宏观金融风险测度与变量确定

1. 风险测度

借鉴《中国金融稳定报告》、IMF 的金融稳健指标体系（FSIs）以及相关学者的研究，从银行部门、股票市场、债券市场、货币市场、外汇市场和房地产市场 6 个方面构建系统性金融风险的指标池，[①] 并采用综合指数法测度了 2004—2020 年宏观金融风险水平。

具体来说，首先采用 CRITIC 赋权法分别测度银行部门和股票市场等 6 个市场的风险水平，然后采用 CISS 法测度宏观金融风险水平。CISS 法计算步骤：（1）在纵向维度上，建立 BVAR 模型计算金融子系统对产出的累计脉冲响应，

① 系统性金融风险指标池采用的是本书表 5-1。

并加权得到金融子系统的真实冲击权重 s；（2）在横向维度上，通过计算时变相关系数 $\rho_{ij,t}$ 得到金融子系统风险指数的时变相关系数矩阵 C_t。进一步地，通过式（7-11）可得到系统性金融风险指数，公式如下：

$$Risk_t = (x_t \circ s) C_t (x_t \circ s)' \tag{7-11}$$

在式（7-11）中，x_t 为金融子系统风险指数向量，s 是真实权重，$\circ$表示的是 Hadamard 乘积，C_t 为时变相关系数矩阵。

2. 证券业的资金流入和流出

市场维度的证券业对外开放主要指的是跨境证券投资，包括 QFII、QDII 以及沪深港通等带来的跨境证券资金流动。根据资金流动方向，可以将跨境证券投资分为证券业资金流入和证券业资金流出两个过程，分别表示市场维度的证券业对外开放的“引进来”和“走出去”。

本书基于实际测度方法①计算证券业资金的流入和流出。根据国际收支平衡表，采用证券投资项目下的负债净额绝对值表示证券业资金的流入，证券投资项目下的资产净额绝对值表示证券业资金的流出，资产和负债净额绝对值的和表示市场维度的证券业对外开放水平。与以往学者研究不同的是，本书测算证券业的资金流入和资金流出水平，并未计算证券投资项目下的资产和负债净额绝对值与 GDP 的比值，而是分别计算与进口额和出口额的比值，同时采用资产和负债净额绝对值的和与进出口额的比值表示市场维度的证券业资金流动水平，这种计算方法的优点在于可以根据证券业的资金流动方向去除规模因素，测算出的证券业对外开放程度相对来说更加准确、可靠。其中，证券业的资金流动水平采用变量符号“*Open*”表示，证券业的资金流入水平采用变量符号“*Open_in*”表示，证券业的资金流出水平采用变量符号“*Open_out*”表示。数据来源于国家外汇管理局中国国际收支平衡表（BPM6）。

3. 短期资本流动

证券业对外开放的同时往往伴随短期资本流动的加快，因此在市场维度的研究上，我们将短期资本流动作为影响机制变量，并根据间接法进行测算，计算公式为外汇储备的变化量与贸易顺差和外商直接投资之和的差值。② 为了避免量纲问题，本书对短期资本流动进行了标准化处理，变量符号采用“*Sgcf*”

① 测度证券业的对外开放可以基于名义测度方法或者基于实际测度方法，名义测度方法例如基于证券市场开放日期指标、AREAER 评分指标等，实际测度方法例如 EW 指标、跨境实际资本流动指标等。考虑到证券业的实际开放水平可能对宏观金融风险产生更大冲击，本书基于跨境资本流动的实际测度方法测算证券业的对外开放水平。

② 根据国家统计局国际统计信息中心（2006）提出的间接法测算短期资本流动。

表示，数据来源于 Wind 数据库。

7.3 实证检验结果

本部分在机构维度采用回归模型检验了外资参股和境外投资对证券机构风险的影响，在市场维度采用 TVAR 模型检验了跨境证券资金的流入和流出对宏观金融风险的影响。

7.3.1 证券业对外开放对证券机构风险的影响

1. 外资参股对证券机构风险影响的检验结果

表 7-3 显示了外资参股对证券机构风险影响的检验结果。当证券机构极端风险在 5%分位点时，在表 7-3 第（1）列和第（2）列中外资持股比例的一次项 $Foreign_{t-1}$ 和二次项 $Foreign_{t-1}^2$ 回归系数在 5%水平下不显著，说明外资参股与证券机构 5%分位点的极端风险溢出关系不显著，即外资参股证券机构不会明显导致证券机构 5%分位点的极端风险溢出明显增大或者减小；但是当证券机构极端风险在 1%分位点时，在第（4）列中外资持股比例的二次项 $Foreign_{t-1}^2$ 回归系数为 5.249，且在 1%水平下显著，同时在第（3）列和第（4）列中外资持股比例的一次项 $Foreign_{t-1}$ 回归系数显著，且在第（4）列中 $Foreign_{t-1}$ 回归系数数值为-2.199，可见外资持股比例与证券机构 1%分位点的极端风险溢出呈显著的正“U”形曲线关系，通过求一阶偏导，得到临界点为 20%，说明外资持股比例低于 20%时，外资参股有助于降低证券机构 1%分位点的极端风险溢出，但是当外资持股比例超过 20%时，外资参股反而可能增加证券机构 1%分位点的极端风险溢出，也就是说，外资参股过“度”时，可能会导致证券机构 1%分位点的极端风险溢出明显增大；当证券机构极端风险在 0.5%分位点时，在第（5）列中外资持股比例的一次项 $Foreign_{t-1}$ 回归系数为负并且显著，但是在第（6）列中外资持股比例的二次项 $Foreign_{t-1}^2$ 和一次项 $Foreign_{t-1}$ 回归系数也具有统计学意义，且至少在 5%水平下显著，大小分别为 5.873 和-3.040，可见外资持股比例与证券机构 0.5%分位点的更加极端的风险溢出也呈显著的正“U”形曲线关系，同样通过求一阶偏导，求得临界点为 26%，说明外资持股比例低于 26%时，外资参股有助于降低证券机构 0.5%分位点的极端风险溢出，当外资持股比例超过 26%时，外资参股反而可能增加证券机构 0.5%分位点的极端风险溢出，同样说明外资参股不能过“度”，否则会导致证券机构 0.5%分位点的极端风险

溢出明显增大。[①]

综上所述，在外资参股环节发现，外资参股不会明显导致证券机构 5%分位点的极端风险溢出增大，但是外资参股过“度”时，可能会明显导致证券机构更加极端的风险溢出增大，如证券机构发生 1%和 0. 5%分位点的更加极端的风险时，这说明外资参股过“度”时会导致证券机构更加极端的风险溢出增大，可能影响到证券行业稳定。此外，外资持股比例与证券机构 1%分位点的极端风险临界点 21%高于证券机构 0. 5%分位点的极端风险临界点 18%，进一步说明了外资参股过高时，很可能导致证券机构更加极端的风险溢出增大。因此，外资参股证券机构的比例可能不宜过高。

表 7-3 外资参股对证券机构风险影响的检验结果

变量	$\Delta CoVaR(5\%)$		$\Delta CoVaR(1\%)$		$\Delta CoVaR(0.5\%)$	
	(1)	(2)	(3)	(4)	(5)	(6)
$Foreign_{t-1}$	-0. 259	-0. 922*	-0. 854***	-2. 199***	-1. 539***	-3. 040**
	(0. 202)	(0. 480)	(0. 275)	(0. 728)	(0. 562)	(1. 182)
$Foreign^2_{t-1}$		2. 592		5. 249***		5. 873**
		(1. 671)		(1. 748)		(2. 437)
$Size_{t-1}$	0. 040***	0. 044***	0. 079***	0. 086***	0. 146***	0. 154***
	(0. 012)	(0. 014)	(0. 026)	(0. 028)	(0. 040)	(0. 042)
Lev_{t-1}	0. 016***	0. 016***	0. 012***	0. 012***	0. 014**	0. 014**
	(0. 004)	(0. 004)	(0. 003)	(0. 003)	(0. 005)	(0. 005)
Roe_{t-1}	-0. 007**	-0. 008**	-0. 020**	-0. 023***	-0. 017***	-0. 020***
	(0. 003)	(0. 003)	(0. 008)	(0. 007)	(0. 005)	(0. 006)
β_{t-1}	0. 005	0. 005	0. 015	0. 016	0. 016	0. 017
	(0. 011)	(0. 011)	(0. 020)	(0. 020)	(0. 026)	(0. 026)
VaR_{t-1}	0. 314***	0. 314***	0. 280***	0. 278***	0. 205***	0. 204***
	(0. 031)	(0. 030)	(0. 067)	(0. 065)	(0. 071)	(0. 071)
$Finance_{t-1}$	-1. 878***	-1. 930***	-2. 443***	-2. 547***	-3. 323***	-3. 436***
	(0. 316)	(0. 306)	(0. 325)	(0. 324)	(0. 568)	(0. 591)
GDP_{t-1}	-0. 493*	-0. 553**	-0. 746	-0. 865**	-1. 168**	-1. 300**
	(0. 281)	(0. 264)	(0. 448)	(0. 419)	(0. 564)	(0. 549)

① 我们也检验了在临界点两侧时，外资参股对 1%和 0. 5%分位点的证券机构风险的影响，结果发现在临界点左侧时，外资参股对 1%和 0. 5%分位点的证券机构风险均具有显著的负向影响，在临界点右侧时，外资参股对 1%和 0. 5%分位点的证券机构风险均具有显著的正向影响，进一步说明了外资持股比例与证券机构风险之间具有正“U”形曲线的关系，由于篇幅限制，未呈现在正文中，留存备索。

续表

变量	$\Delta CoVaR$(5%)		$\Delta CoVaR$(1%)		$\Delta CoVaR$(0.5%)	
	(1)	(2)	(3)	(4)	(5)	(6)
_cons	-0.538 (0.338)	-0.613 (0.378)	-1.335* (0.683)	-1.488* (0.738)	-2.588** (1.031)	-2.755** (1.067)
N	1172	1172	1172	1172	1172	1172
R^2	0.328	0.330	0.317	0.320	0.247	0.249

注：*、**、***分别表示在10%、5%和1%显著性水平上显著，括号内为标准误。

2. 境外投资对证券机构风险影响的检验结果

表7-4显示了境外投资对证券机构风险影响的检验结果。当证券机构极端风险在5%分位点时，在第（1）列中海外资产占比的一次项 $Overseas_{t-1}$ 回归系数为-1.958，且在5%水平下显著，而在第（2）列中海外资产占比的二次项 $Overseas_{t-1}^2$ 回归系数不显著，说明境外投资对证券机构5%分位点的极端风险溢出具有负向影响，回归系数大小表明海外资产占比每增加一个单位，证券机构5%分位点的极端风险溢出平均降低1.958个单位，可见境外投资有助于降低证券机构5%分位点的极端风险溢出；当证券机构极端风险在1%分位点时，尽管在第（4）列中海外资产占比的二次项 $Overseas_{t-1}^2$ 和一次项 $Overseas_{t-1}$ 回归系数不显著，但是在第（3）列中一次项 $Overseas_{t-1}$ 回归系数为-4.125，且在10%水平下显著，说明境外投资也有助于降低证券机构1%分位点的极端风险溢出，回归系数大小说明海外资产占比每增加一个单位，证券机构1%分位点的极端风险溢出平均降低4.125个单位；当证券机构极端风险在0.5%分位点时，在第（5）列中海外资产占比的一次项 $Overseas_{t-1}$ 回归系数-7.311，在5%水平下显著，而在第（6）列中海外资产占比的二次项 $Overseas_{t-1}^2$ 和一次项 $Overseas_{t-1}$ 回归系数均不显著，表明境外投资也有助于降低证券机构0.5%分位点的极端风险溢出，回归系数大小说明海外资产占比每增加一个单位，证券机构0.5%分位点的极端风险溢出平均降低7.311个单位。

此外，对第（1）列、第（3）列和第（5）列中的海外资产占比的一次项 $Overseas_{t-1}$ 回归系数进行差异性检验①，发现在第（1）列和第（3）列中 $Overseas_{t-1}$ 回归系数差异性检验的经验P值为0.000，在第（3）列和第（5）列中 $Overseas_{t-1}$ 回归系数差异性检验的经验P值也为0.000，说明第（1）列、第（3）列和第（5）列中的海外资产占比的一次项 $Overseas_{t-1}$ 回归系数存在显著性

① 采用的是费舍尔组合检验进行的系数差异性检验，设定抽样次数为1000次的可重复抽样。

差异，并且第（3）列中的海外资产占比一次项 $Overseas_{t-1}$ 回归系数显著大于第（1）列中 $Overseas_{t-1}$ 回归系数，第（5）列中海外资产占比一次项 $Overseas_{t-1}$ 回归系数显著大于第（3）列中 $Overseas_{t-1}$ 回归系数，表明境外投资对证券机构更加极端的风险溢出抑制作用更强。

综上所述，在境外投资环节发现，境外投资有助于降低证券机构风险，对证券机构 5%、1%和 0.5%分位点的极端风险溢出具有显著的负向影响，同时也发现境外投资对证券机构更加极端的风险溢出的抑制作用越强。因此，可以考虑鼓励证券机构“走出去”，汲取和学习国外先进的技术和经验，降低自身风险溢出的同时，也促进了证券行业的稳定。

表 7-4　境外投资对证券机构风险影响的检验结果

变量	ΔCoVaR（5%）		ΔCoVaR（1%）		ΔCoVaR（0.5%）	
	(1)	(2)	(3)	(4)	(5)	(6)
$Overseas_{t-1}$	-1.958**	-4.163*	-4.125*	-8.818	-7.311**	-12.398
	(0.949)	(2.359)	(2.111)	(7.137)	(3.264)	(9.999)
$Overseas_{t-1}^2$		5.722		12.206		13.267
		(3.778)		(12.056)		(16.702)
$Size_{t-1}$	0.056	0.066	0.197**	0.220**	0.323**	0.348*
	(0.042)	(0.049)	(0.084)	(0.104)	(0.147)	(0.172)
Lev_{t-1}	1.123***	1.142***	0.759**	0.792**	0.566	0.595
	(0.298)	(0.279)	(0.343)	(0.344)	(0.449)	(0.440)
Roe_{t-1}	0.009	-0.003	-0.011	-0.035	0.007	-0.019
	(0.018)	(0.009)	(0.058)	(0.026)	(0.070)	(0.031)
β_{t-1}	-0.035	-0.034	-0.066	-0.066	-0.050	-0.050
	(0.032)	(0.033)	(0.072)	(0.073)	(0.112)	(0.113)
VaR_{t-1}	0.181***	0.178***	0.196***	0.193***	0.142**	0.141***
	(0.031)	(0.028)	(0.055)	(0.050)	(0.053)	(0.050)
$Finance_{t-1}$	-0.222	-0.261	-0.973	-1.054	-2.710	-2.799
	(0.767)	(0.743)	(1.690)	(1.636)	(2.778)	(2.701)
GDP_{t-1}	5.984***	5.466***	9.113***	8.030**	8.406*	7.242*
	(1.090)	(1.000)	(3.298)	(3.059)	(4.324)	(3.769)
_cons	-1.610	-1.793	-4.719**	-5.133*	-6.906*	-7.364*
	(0.998)	(1.121)	(2.315)	(2.644)	(3.800)	(4.231)
N	578	578	578	578	578	578
R^2	0.259	0.265	0.240	0.249	0.205	0.212

注：*、**、***分别表示在 10%、5%和 1%显著性水平上显著，括号内为标准误。

表7-3和表7-4控制变量回归结果的经济学含义基本符合预期：企业规模（*Size*）回归系数为正且显著，说明企业规模对证券机构风险具有正向影响，即大规模的证券公司发生极端风险时，往往对证券行业的风险溢出更大，相对小规模的证券公司更可能导致证券行业的不稳定，因此应加强对大规模证券机构的监管；资产负债率（*Lev*）回归系数为正且显著，说明资产负债率对证券机构风险具有显著的正向影响，会加大证券机构对证券行业的风险外溢；盈利能力（*Roe*）回归系数为负且显著，说明盈利能力有助于降低证券机构对证券行业的风险外溢，促进自身稳定的同时，也有助于证券行业的稳定；在险价值（*VaR*）回归系数显著为正，说明证券机构在险价值高的同时，其对证券行业的风险外溢也越大，故应加强对在险价值高的证券机构的监管；实际GDP增长率（*GDP*）和金融业增加值占比（*Finance*）回归系数均显著为负，说明证券机构的风险外溢表现出一定的逆周期性，即金融业增加值占比和经济增速越高，证券机构的极端风险溢出倾向越小。

3. 稳健性检验

首先，设定三次曲线模型进行稳健性检验，一方面可以佐证证券业开放与证券机构风险之间的"U"形曲线关系是否成立；另一方面可以检验证券业开放与证券机构风险之间是否存在三次曲线关系，模型设定如下：

$$\Delta CoVaR_t^i(q) = \partial_0 + \beta_1 Foreign_{it-1} + \beta_2 Foreign_{it-1}^2 + \beta_3 Foreign_{it-1}^3 + \sum_j \gamma_j Control_{ijt-1} + \delta_i + \varepsilon_{it} \tag{7-12}$$

$$\Delta CoVaR_t^i(q) = \partial_0 + \beta_1 Overses_{it-1} + \beta_2 Overses_{it-1}^2 + \beta_3 Overses_{it-1}^3 + \sum_j \gamma_j Control_{ijt-1} + \delta_i + \varepsilon_{it} \tag{7-13}$$

其中，i表示个体，t表示时间，*Control*为控制变量向量集，即$Control=[Size, Lev, Roe, VaR, \beta, GDP, Finance]$，对应的$j$分别取值1，2，3，…，5，6，7，$\partial_0$为截距项，$\beta_i$为核心的待估参数，$\delta_i$为个体效应，$\varepsilon_{it}$为随机扰动项。

将三次曲线模型估计结果与前文的检验结果相对比，可以发现三次曲线模型的估计结果和前文结果趋同，即外资持股比例与证券机构1%和0.5%分位点的极端风险溢出呈正"U"形曲线关系，海外资产占比与证券机构5%、1%和0.5%分位点的极端风险溢出呈线性关系，并且回归系数显著为负，可以说明本书的检验结果是稳健的，可以基于此进行经济学解释。

其次，考虑到状态变量很大程度上影响证券机构极端风险的估计结果，本书结合白雪梅和石大龙（2014）的研究，将房地产行业价差替换为国房景气指数，以反映房地产市场的价格波动，并增加国债收益率利差作为状态变量，以反映我国收益率曲线的变化，重新估计不同分位点的证券机构极端风险，并检验与外资持股比例和海外资产占比的关系，将检验结果与前文的检验结果对比可以发现，两次检验结果趋同，进一步说明本书的检验结果是稳健的，可以基于此进行经济学解释。

最后，本书对模型的内生性问题予以考虑。由于本书对解释变量均取滞后一期，尽可能地避免了模型双向因果关系导致的内生性，但仍旧可能存在遗漏重要的解释变量导致模型存在内生性问题。对于证券机构方面的控制变量，可能遗漏股权结构变量，而对于宏观经济方面的控制变量，可能遗漏通货膨胀因素，故本书进一步增加了第一大股东持股比例和 *CPI* 作为控制变量，增加控制变量后的模型的估计结果与前文检验结果对比发现，两次检验结果趋同，说明本书的检验结果非常稳健，可以基于此进行经济学解释。

7.3.2　证券业对外开放对宏观金融风险的影响

1. 相关统计检验

首先对变量序列进行平稳性检验，检验结果如表 7-5 所示。结果显示，ADF 统计量和 PP 统计量均显著，说明证券业的资金流入 *Open_in*、证券业的资金流出 *Open_out*、证券业的资金流动 *Open*、短期资本流动 *Sgcf* 以及宏观金融风险 *Risk* 序列均是平稳序列，可以进一步建模分析。

表 7-5　平稳性检验

变量	检验类型	ADF 检验		PP 检验	
Open_in	(C, 0, 0)	-3.672***	0.007	-3.672***	0.007
Open_out	(C, 0, 1)	-3.771***	0.005	-5.914***	0.000
Open	(C, 0, 0)	-4.014***	0.002	-4.014***	0.002
Sgcf	(0, 0, 1)	-2.742***	0.007	-2.870***	0.005
Risk	(C, T, 2)	-3.845**	0.020	-3.572***	0.040

注：*、**、*** 分别表示在 10%、5%和 1%显著性水平上显著。

本书基于最大滞后期为 4 进行最优滞后阶数检验，确定 TVAR 模型的最优滞后期，检验结果如表 7-6 所示。基于 FPE、AIC、SC 和 HQ 四种准则，模型 1、模型 2 和模型 3 均选择 1 为最优的滞后期，因此本书建立了滞后期为 1 的两区制 TVAR 模型，并对模型 1 至模型 3 格点搜索出来的门槛值进行了 LR 检验，检验结果如表 7-7 所示，模型 1 至模型 3 的门槛值均通过了 1%显著性水平的

LR 检验，说明门槛效应是显著的，即市场维度的证券业对外开放存在一个门槛值，使证券业开放在门槛值两侧时，跨境证券投资对宏观金融风险的冲击效应具有显著的差异性。

表 7-6　最优滞后期检验

模型	滞后期	FPE	AIC	SC	HQ
模型 1	0	106.808	NA	0.000	-3.580
	1	162.500*	103.702*	1.12e-06*	-5.190*
	2	169.371	12.084	0.000	-5.116
	3	170.779	2.330	0.000	-4.854
	4	173.718	4.561	0.000	-4.645
模型 2	0	100.607	NA	0.000	-3.366
	1	164.795*	119.523*	1.03e-06*	-5.269*
	2	169.008	7.409	0.000	-5.104
	3	172.964	6.548	0.000	-4.930
	4	175.020	3.189	0.000	-4.690
模型 3	0	113.501	NA	0.000	-3.810
	1	173.556*	111.827*	7.65e-07*	-5.571*
	2	179.774	10.936	0.000	-5.475
	3	183.094	5.494	0.000	-5.279
	4	184.485	2.159	0.000	-5.017

表 7-7　门槛效应检验

模型	门槛值	LR 统计量	P 值
模型 1	0.019***	33.207	0.000
模型 2	0.057***	24.167	0.000
模型 3	0.010***	18.357	0.000

注：*、**、*** 分别表示在 10%、5%和 1%显著性水平上显著。

2. 脉冲响应结果

图 7-3 显示了证券业的资金流入、证券业的资金流出和证券业的资金流动在不同区制对宏观金融风险冲击的脉冲响应。证券业的资金流入冲击宏观金融风险时，高区制的脉冲响应明显大于低区制的脉冲响应，说明证券业的资金流入超过门槛值后，跨境证券投资对宏观金融风险的负向冲击幅度变小，即对金融市场的“稳定”作用降低，因此证券业的资金流入过“度”时，可能不利于

宏观金融稳定。但是当证券业的资金流出冲击宏观金融风险时，低区制的脉冲响应明显大于高区制的脉冲响应，并且低区制的脉冲响应表现为正，高区制的脉冲响应表现为负，说明证券业的资金流出超过门槛值后，跨境证券投资不会明显导致宏观金融风险上升，即对金融市场的稳定影响较小。

整体来看，证券业的资金流动冲击宏观金融风险和证券业的资金流入冲击宏观金融风险的脉冲响应结果趋同，即两个区制的脉冲响应整体表现为负，但是低区制的脉冲响应明显小于高区制的脉冲响应，说明证券业的资金流动超过门槛值，跨境证券投资对宏观金融风险的抑制作用降低，可能不利于金融市场的稳定。此外，短期资本流动在高区制冲击宏观金融风险的脉冲响应大于在低区制的脉冲响应，说明证券业的资金流动超过门槛值时，短期资本流动对宏观金融风险的负向冲击降低，即短期资本流动对金融市场的“稳定”作用有所下降。

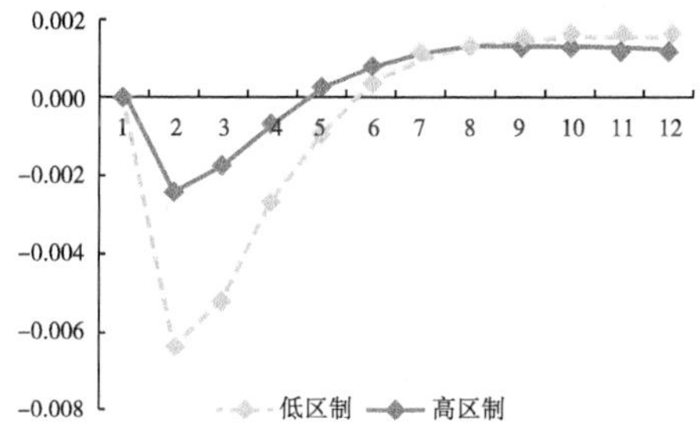

证券业的资金流入冲击宏观金融风险

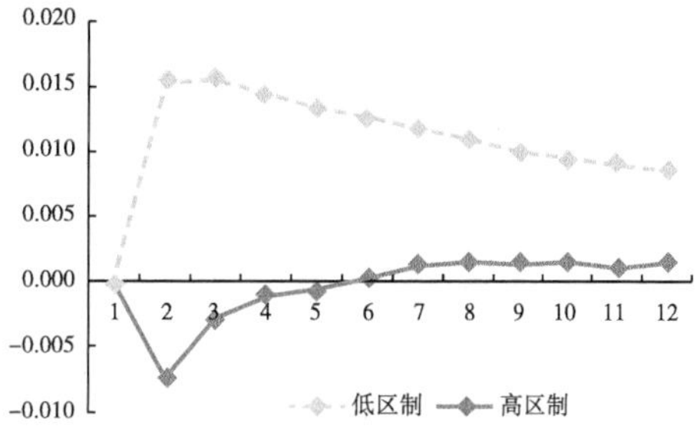

证券业的资金流出冲击宏观金融风险

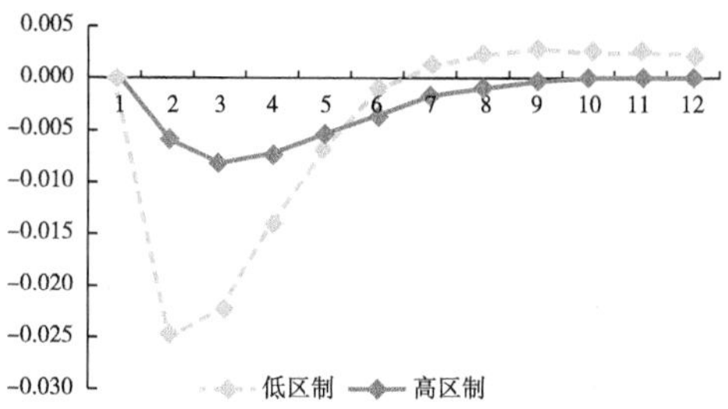

证券业开放冲击宏观金融风险

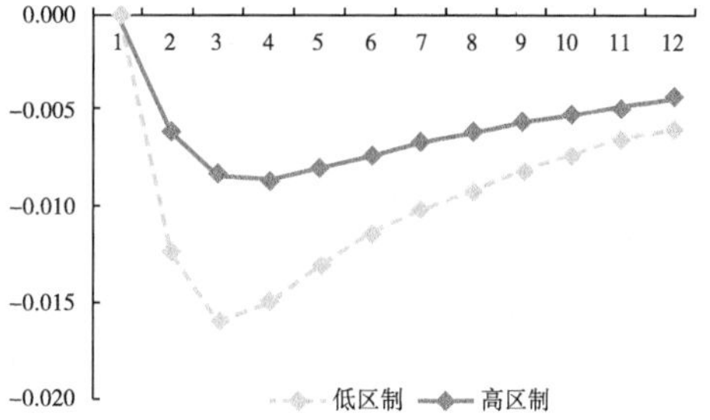

短期资本流动冲击宏观金融风险

图 7-3　脉冲响应分析

综上所述，我们发现证券业的资金流动水平过高时，可能会降低跨境证券投资对金融市场的“稳定”作用，可能是因为证券业的资金流入水平过高影响了宏观金融稳定。而证券业的资金流出水平较高时，对金融市场稳定的影响较小，可能是因为对外证券投资培养了国内投资者价值投资理念，反过来促进了金融稳定。

将市场和机构两个维度的结果对比发现，无论是证券机构风险还是宏观金融风险，在“引进来”和“走出去”两个过程中，证券业对外开放对金融风险的影响都体现出一定的异质性特征，即证券业开放在“引进来”过程中可能存在着“度”，超过临界点后，证券业的对外开放可能会增加证券机构极端风险溢出，降低对金融市场的“稳定”作用；但是证券业的对外开放在“走出去”层面，开放水平越高越有利于降低证券机构极端风险溢出，同时对宏观金融风险的影响也较小，不会明显威胁到金融市场的稳定，由此证明了假设 H1c 和假设 H2c 成立。

7.4 本章小结

本书基于 2004—2020 年的季度数据和半年度数据，在机构维度采用面板计量模型检验了外资参股和境外投资对证券机构风险的影响，在市场维度采用 TVAR 模型检验了证券业的资金流入与资金流出对宏观金融风险的影响。得到的主要结论是：外资持股比例与证券机构风险之间具有正“U”形曲线关系，即过高的外资持股比例可能会加大证券机构的风险，特别是证券机构更加极端的风险；海外资产占比对证券机构风险具有显著的负向影响，即境外投资可能有助于降低证券机构风险；证券业的资金流入超过门槛值后，跨境证券投资对宏观金融风险的负向冲击幅度大大降低，说明证券业的资金流入过度时会降低跨境证券投资对金融市场“稳定”的作用，可能不利于金融稳定；证券业的资金流出超过门槛值后，跨境证券投资对宏观金融风险的冲击较小，不会明显影响到金融稳定。

基于以上结论，我们得到的启示是：

首先，外资参股证券机构的比例可能不宜过高。实证检验结果显示，外资持股比例与证券机构风险之间具有正“U”形曲线关系，超过临界点后，外资参股可能会加大证券机构的风险溢出，特别是证券机构更加极端的风险溢出，因此证券机构在引入外资的过程中应把握好“度”，不宜盲目引入过多外资。目前，我国已取消证券公司外资股比的限制，伴随证券行业进入壁垒的消失，外资机构进入我国证券行业的步伐会大大加快，一方面有助于我国证券行业的改革发展，另一方面外资的过快进入可能对我国的金融安全造成冲击，增大宏观金融风险防范的难度。因此，我们应当完善外资参股证券机构的政策法规以及相关制度建设，同时加快对证券行业的改革，发挥外资参股证券机构积极有利的影响。

其次，可以考虑鼓励证券机构加大境外投资，加快海外战略布局，同时提高自身的风险管控能力。实证检验结果显示，海外资产占比与证券机构风险呈负相关关系，即海外资产占比的提高有助于降低证券机构极端风险外溢，并且系数差异性检验结果说明证券机构的境外投资力度越大，可能越有助于降低证券机构更加极端的风险外溢，可见规模更大的境外投资可能有助于证券机构发展，对证券机构来说是利大于弊。但是，境外市场相对国内市场具有更多的不确定性，证券机构境外经营可能面临一系列的不利因素，如发达国家同行业的竞争和严格的监管，发展中国家不完善的制度环境和波动性更大的经济环境，因此建议证券机构在境外经营过程中可以通过自身的经营和学习不断提高自身的风险管控能力，充分利用多市场资源，扩大市场份额和客户群，促进自身的长足发展。

再次，防范跨境证券投资过快导致我国宏观金融风险上升。实证检验结果显示，证券业的资金流入超过门槛值后，跨境证券投资对宏观金融风险的负向冲击幅度大大降低，说明证券业的资金流入过度时会降低跨境证券投资对金融市场“稳定”的作用，可能不利于金融的稳定。背后的原因可能是证券业资金流入的同时伴随短期炒作和投机资本的增加，先冲击股票市场，然后冲击房地产市场、外汇市场和货币市场等，导致资产价格泡沫积累，加剧了整个金融系统的脆弱性。但是，证券业的资金流出超过门槛值后，跨境证券投资对金融稳定的影响较小，不会明显威胁到金融稳定，对宏观金融风险的冲击为负，可能是因为对外证券投资培养了国内投资者价值投资理念，反过来促进了我国金融市场的稳定。因此，在证券业的资金流入和资金流出过程中，我们要特别关注证券业的资金流入对金融风险的冲击作用，防范证券业的资金流入过快时，跨境证券投资带来的投机资本流入影响金融市场的稳定。

最后，在扩大证券业双向开放的同时，监管层要健全和完善审慎管理以及制度建设，推动金融市场结构性改革。实证检验结果从机构维度说明了外资参股过高可能会加大证券机构的极端风险溢出，从市场维度说明了证券业的资金流入超过门槛值可能会降低跨境证券投资对金融市场的“稳定”作用，可见证券业“引进来”过程中存在“度”，证券业过度地“引进来”可能不利于金融稳定。背后的原因可能是我国金融机制不健全，金融监管存在滞后性，因此建议加快证券业对外开放的同时推动我国金融市场结构化和市场化改革，健全并完善我国审慎监管的基本制度体系，加强对证券机构的市场监管，特别是对跨境证券资金流动的监管，具体可以通过大数据手段实施动态监管和风险预警，可以有效降低跨境证券资金流动对我国宏观经济稳定造成的冲击。

第 8 章　保险服务贸易开放对保险市场风险的影响研究

本章以保险业为研究对象，从保险服务贸易开放角度考察保险业开放与保险业市场风险之间的关系，进一步拓展了开放经济条件下金融业开放与金融风险的相关性研究。

8.1　理论基础与研究假设

保险业作为我国金融业的三大支柱之一，近年来对外开放也不断加快。从国内形势来看，当前我国宏观经济特别是金融业的杠杆率较高，而加快保险业对外开放，有助于加快我国金融业的全球战略布局，实现经济的高质量发展；从国际形势来看，国际保险业的快速发展，要求我国保险业尽快与世界融合，学习和借鉴国外保险业先进的运营管理经验和技术，以构建更加完善的保险市场体系。另外，保险业对外开放是顺应时代发展潮流和经济全球化的趋势，也是履行我国加入 WTO 的承诺，并且与世界分享中国改革发展成果，可以实现更广泛的互利共赢。

保险业的对外开放可能带来一系列的收益：首先，相对中资保险机构，外资保险机构经济实力大多更加雄厚，管理理念和管理方式也更为先进，引入外资保险机构一方面可以加快我国保险产品的创新，满足消费者多样化的需求；另一方面先进的经营管理理念也会产生溢出效应，促进保险市场结构的完善，激发市场活力。其次，外资保险机构的引入可能会加剧保险业竞争，借助“鲇鱼效应”倒逼中资险企转型，促进我国保险业专业化水平的提高，激发保险行业的业务创新和改革。最后，以外资参股为主要形式的“引进来”可以更好地发挥股权制衡作用，规范股东行为，有助于完善公司的治理体系。而保险机构“走出去”有助于我国保险机构获取海外客户，拓展市场空间，对接国际市场也可以促进我国金融体系快速融入金融全球一体化进程，提高我国的金融影响力。

但是保险业的对外开放也可能带来风险：从“引进来”的角度看，外资保险机构业务模式和经营理念方面的优势会对中资保险机构形成竞争压力，保费收入也可能更多地流向外资保险机构，造成中资保险机构过度承担风险；同时，中资保险机构和外资保险机构在经营理念方面可能存在较大的差别，导致外资股东和中资股东未形成合力，反而由于经营理念的差异性，保险机构经营效率不高。从“走出去”角度来看，国外市场经营相对于国内市场具有更多的不确定性，面临东道国市场风险、政治风险等系列风险，风险管理经验的不足可能导致保险机构在境外扩张的过程中经营风险增大。此外，也可能通过境外的保险机构或者跨境保险业务传播金融风险，影响国内的金融稳定。

基于以上分析，测算我国当前保险业的市场风险，检验保险服务贸易开放对保险业市场风险的影响效应，是一个有较强现实意义的研究课题。相关研究的理论意义在于：构建保险业开放与金融风险相关性的研究框架，拓展开放经济条件下的金融业开放与金融风险的理论研究。相关研究的现实意义在于：从服务贸易开放的视角，较为全面地分析了保险业开放对保险业市场风险的影响，并提出了有针对性的风险防范的政策建议。

下面，本部分从保险业“引进来”和保险业“走出去”两个方面分析保险业开放对金融风险影响的传导机制，同时提出对应的研究假设。

8.1.1　保险业“引进来”对金融风险影响的传导机制

“引进来”有可能增加保险业的市场风险。首先，“引进来”可能加剧保险机构的竞争，为了获取更高的市场份额，保险机构可能过度承担风险，而过度承担风险可能会加大企业经营风险并损害企业价值，加剧保险业系统的脆弱性（Alhassan 和 Biekpe，2017）。其次，保险业以合资形式“引进来”会存在中外股东经营和管理理念差异的问题，双方进行博弈，可能会给保险机构稳定发展带来隐患，另外博弈时间过长，也可能造成公司内部损耗，影响保险机构的稳定。再次，根据利益协同假说，股权集中度的增加可以加强控股股东履行职能的动机以维护自身利益（毛颖等，2019），而保险业“引进来”可能会降低股权的集中度，因此降低了控股股东履行职能的动机，随之而来的可能是保险机构经营效率的下降和经营风险的增大。最后，“引进来”提供了跨境传播金融风险的渠道，海外风险很容易通过外资转移到东道国，不仅影响保险业的稳定，同时加大金融监管的难度，导致金融风险增大。

“引进来”有可能降低保险业的市场风险。首先，“引进来”可能给中国保险业注入新的资本，同时带来竞争压力，为了能在激烈的竞争环境中生存，中资保险机构会不断的改革创新，提高经营效率，而效率的提高反过来会提高财务的稳定性（Cummins 等，2017）；其次，通常外资保险机构相对国内保险机构拥有更先进的风险控制技术和丰富的人力、物力资源，所带来的知识溢出效应有利于改善保险机构的经营（黄薇，2011），因此可能会降低保险机构风险；再次，根据利益侵占假说，股权集中可能会增加大股东的控制权，从而损害小股东的权益以谋取私人收益（Altuntas 和 Rauch，2017），而保险业“引进来”会降低保险机构的股权集中度，发挥股权制衡的作用，因此可能有利于提高保险机构的稳健性，降低保险业风险；最后，保险业“引进来”可以降低成本和提高福利收益，促进保险市场结构的调整，同时加强保险市场监管，有助于推动保险市场健康稳定的发展（何小伟和谢远涛，2012）。根据以上分析，我们提出以下假设。

假设 H1a：保险业“引进来”有可能增加保险业的市场风险。

假设 H1b：保险业“引进来”有可能降低保险业的市场风险。

假设 H1c：保险业“引进来”可能存在一个度，在临界点两侧，保险业“引进来”对保险业市场风险的影响具有异质性。

8.1.2 保险业“走出去”对金融风险影响的传导机制

“走出去”有可能增加保险业的市场风险。首先，保险机构“走出去”面临跨国经营的市场风险，导致交易成本和学习成本上升（Zhu 和 Yang，2016），影响保险机构境外经营。其次，在国际局势方面，以美国为代表的发达国家在国际贸易和全球资源配置过程中对中国进行了诸多遏制，可能加大保险机构“走出去”的难度，增大保险机构境外经营风险。再次，“走出去”会导致保险机构经营权和所有权分离，境外的经营者在缺乏有效的监督机制情况下，可能为了完成业绩，投资风险高的项目，导致保险业风险增大（Goetz 等，2013）。最后，保险业“走出去”可能通过境外经营的保险机构跨境传递东道国的金融风险。同时，我国跨境保险服务贸易起步较晚，特别在开拓保险服务出口市场方面，面临国外成熟险企在资本、人才、技术和管理等多个方面的竞争压力，因此保险服务贸易出口可能也面临风险。

“走出去”有可能降低保险业的市场风险。首先，保险机构“走出去”属于多元化经营，投资的多元化可能有利于分散风险，避免了风险集中爆发对公司经营产生毁灭性的影响，并且投资多元化也可能产生规模经济和范围经济，从而降低保险业风险（Outreville，2012）。其次，保险机构将国外市场的学习经验和技术转移到国内市场，经营技能的提高也有助于提高国内市场业绩，从而促进国内保险市场的发展。最后，保险服务贸易出口可能有利于提高我国保险业的国际影响力，促进我国服务贸易竞争力水平的提升（黄荣哲，2015），为企业“走出去”保驾护航。基于以上分析，我们提出以下假设。

假设 H2a：保险业“走出去”有可能增加保险机构的经营风险与保险业的市场风险。

假设 H2b：保险业“走出去”有可能降低保险机构的经营风险与保险业的市场风险。

假设 H2c：保险业“走出去”存在一个度，在临界点两侧，保险业“走出去”对保险业市场风险的影响具有异质性。

以上每组假设均有三个子项，由于各个子项在细节上存在对立，因此我们猜测在保险业对外开放的不同阶段，“走出去”与“引进来”对保险业的市场风险可能存在异质性影响。我们尝试在实证环节，检验保险业对外开放在不同阶段风险变化的差异化特征，并提出有针对性的政策建议。

8.2　研究思路与变量、数据的初步处理

本部分首先阐述了本章的研究思路，并介绍了实证检验模型，然后对相关变量和模型进行了详细的说明。

8.2.1　研究思路与实证模型

本书将从两个方面检验保险业对外开放与金融风险之间的关系：首先，在保险服务贸易开放部分，采用 CCA 法测算保险业市场风险，并将保险服务贸易进口和保险服务贸易出口作为保险业“引进来”和“走出去”的替代指标。采用的数据为季度频率的时间序列数据，由于针对时间序列数据建模，普通的统计模型无法检验对外开放与保险业市场风险之间的非线性关系，为了探讨保险业服务贸易开放是否存在门槛效应，并考虑到保险业对外开放的风险特征，因此我们采用了逻辑平滑迁移向量自回归模型（LSTVAR）进行分析。

在检验保险服务贸易开放与保险业市场风险之间的关系时，采用的数据类型是时间序列数据。通常，时间序列数据具有样本量小、变量之间表现出高度的同步性等特征，可能会导致传统的回归技术应用失效，并且回归分析技术也无法较好地反映变量之间的动态响应关系。因此，对时间序列变量建模时，通常采用的是反映变量动态结构的 VAR 模型，如 MSVAR、TVPVAR、TVAR 和 STVAR 模型等。其中，MSVAR 模型根据变量动态关系进行了分区制研究，TVPVAR 模型反映的是变量之间时变的动态关系，两种方法均不符合本书的研

究目的，TVAR 模型可以指定保险业开放作为门槛变量，进而分析保险业开放与金融风险之间的非线性关系。但是 TVAR 模型假定保险业开放超过一定门槛值后，就会引起金融风险的突变，而我国保险业的对外开放程度相对银行业和证券业较低，因此 TVAR 模型不能很准确地刻画对外开放与保险业市场风险的短期联动关系。而 LSTVAR 模型可以将 Logistic 函数作为区制的转移函数，适合保险业对外开放的风险特征研究。因此，我们采用 LSTVAR 模型来分析对外开放对保险业市场风险的影响。

对于 LSTVAR 模型的设定，我们借鉴的是 Caggiano 等（2017）的模型设定形式和检验程序，模型设定如下：

$$Y_t = \Pi_0 + [1 - F(z_{t-d})] \sum_{i=1}^{p} \Pi_{Li} Y_{t-i} + F(z_{t-d}) \sum_{i=1}^{p} \Pi_{Hi} Y_{t-i} + \varepsilon_t \quad (8-1)$$

式（8-1）可以化简为：

$$Y_t = \Pi_0 + \sum_{i=1}^{p} \Pi_{Li} Y_{t-i} + F(z_{t-d}) [\sum_{i=1}^{p} (\Pi_{Hi} - \Pi_{Li}) Y_{t-i}] + \varepsilon_t \quad (8-2)$$

其中，$\varepsilon_t \sim N(0,\ \Omega)$

$$F(z_t) = \{1 + \exp[-\gamma(z_t - c)]\}^{-1},\ \gamma > 0 \quad (8-3)$$

上式中，Y_t 是内生变量向量集，包含保险服务贸易开放、GDP 增长率、物价水平和保险业市场风险指标。$F(z_t)$ 是区制转移函数，用来反映模型从低区制向高区制转换的概率，平滑参数 γ 反映不同区制转换的速度，γ 越大，区制之间转换的速度越快，z_t 为转移变量，c 是两区制转换的门槛值。Π_{Li} 和 Π_{Hi} 是不同区制 VAR 模型系数，ε_t 是均值为 0，方差协方差矩阵为 Ω。对于参数 $\{\Omega,\ \Pi_L,\ \Pi_H,\ \gamma,\ c\}$，我们借鉴 Teräsvirta 等（2010）提出的条件极大似然法对模型参数进行联合估计。

由于 LSTVAR 模型存在区制转换特征，则无法对协方差矩阵进行全局分解，因此需要采用广义脉冲函数（GIRF）来分析变量之间的动态脉冲响应。GIRF 计算如下：

$$GIRF(h,\ \delta,\ \omega_{t-1}) = E\{Y_{t+h} \mid \tilde{\varepsilon}_t^{Shock} = \delta,\ \varepsilon_{t+h} = \tilde{\varepsilon}_{t+h},\ h > 0,\ \omega_{t-1}\} - E\{Y_{t+h} \mid \varepsilon_{t+h} = \tilde{\varepsilon}_{t+h},\ h > 0,\ \omega_{t-1}\} \quad (8-4)$$

在式（8-4）中，h 为脉冲响应的时期数，δ 为冲击的大小，一般设置为 1 个标准差的正向冲击，ω_{t-1} 为冲击发生前可用的信息集（历史信息），通常是由转移变量 z_{t-d} 决定，$\tilde{\varepsilon}_{t+h}$ 为从 Ω 经验分布中提取的残差。从式（8-4）可以发现，GIRFs 计算的是在取值 δ 的正交冲击 $\tilde{\varepsilon}_t^{Shock}$ 和取值空值冲击下两次随机模拟的差值。我们在每个区制可能的历史信息中取了 500 次历史信息值，计算了 500 种不同的残差，进而得到 500 个 GIRFs 的点估计值，最后以点估计值的中位数表示 GIRFs。

在脉冲响应分析后，我们借鉴 Lanne 和 Nyberg（2016）提出的广义预测误差方差分解方法（GFEVD）对保险业市场风险进行方差分解，GFEVD 法不要求随机扰动项必须服从正态分布，并且适合分区制计算预测方差贡献率。具体计算公式如下：

$$\lambda_{ij,\ w_{t-1}}(h)=\frac{\sum_{l=0}^{h} GIRF(h,\ \delta_{jt},\ \omega_{t-1})_i^2}{\sum_{j=1}^{K}\sum_{l=0}^{h} GIRF(h,\ \delta_{jt},\ \omega_{t-1})_i^2} i,\ j=1,\ \cdots,\ K \tag{8-5}$$

在式（8-5）中，i 是冲击变量，本书以对外开放作为冲击变量；j 是方差分解变量，我们主要关注的是保险业市场风险的方差分解；$\lambda_{ij,\ w_{t-1}}(h)$ 取值 0~1，反映的是冲击变量对方差分解变量的预测方差贡献率。基于此，我们构建了 3 个 LSTVAR 模型，如表 8-1 所示。

表 8-1　模型说明

序号	研究目的	模型
模型 1	保险服务贸易开放→保险业市场风险	$(Open_t,\ Risk,\ GDP_t,\ CPI_t)$
模型 2	保险服务贸易进口开放→保险业市场风险	$(Open\_in_t,\ Risk,\ GDP_t,\ CPI_t)$
模型 3	保险服务贸易出口开放→保险业市场风险	$(Open\_out_t,\ Risk,\ GDP_t,\ CPI_t)$

8.2.2　保险业市场风险的测度与变量确定

1. 保险业市场风险的测度

我们借鉴宋凌峰和肖雅慧（2018）的研究，采用或有权益分析法（CCA）来测度保险业市场风险，即将保险公司作为研究对象，通过违约距离反映保险业市场风险的大小。相对其他风险测度模型，CCA 法具有动态性和前瞻性、避免了账面数据带来的失真现象和适合保险市场整体的风险分析等优点。下面我们对该方法的理论进行介绍。

CCA 模型的假设前提是：资产市场价值和股权市场价值相等，且服从布朗运动；权益分为较低级别的股权市场价值和较高级别的债务市场价值。

由假设可知：

$$dA_t = u_A A_t dt + \sigma_A A_t dz \tag{8-6}$$

在式（8-6）中，u_A 和 σ_A 分别表示资产的期望收益率和波动率，dz 是时间 t

的函数，且 $dz \sim N(0, \sqrt{t})$ 。由于 A_t 是一个随机过程，可能存在 $A_t < B_t$ 的情况，即资不抵债，这时就意味着违约出现，风险因素增加。若记 PD_t 表示违约概率，DD_t 表示违约距离，则：

$$PD_t = Prob(A_t \leqslant B_t) = Prob(\ln A_t \leqslant \ln B_t) = N\left\{\frac{[(\ln(B_t/A_t) - (\mu_A - \sigma_A^2/2)(T-t)]}{\sigma_A(T-t)^{0.5}}\right\}$$

$$= N\left\{-\frac{[(\ln(A_t/B_t) + (\mu_A - \sigma_A^2/2)(T-t)]}{\sigma_A(T-t)^{0.5}}\right\} = N(-DD) \quad (8-7)$$

在式（8-7）中，A_t/B_t 实际上表示的是杠杆率，T 为到期日，μ_A 为无风险利率。由于无风险利率在实际收集数据中很难获取，实践中通常采用的是中国人民银行公布的三月期定期存款利率表示。

CCA 理论认为，较低级别股权市场价值（E_t）可以看作一个基于资产价值的看涨期权，表达如下：

$$E_t = A_t \cdot N(d_{1,r}) - B_t \cdot e^{-r(T-t)} \cdot N(d_{2,r}) \quad (8-8)$$

$$\sigma_E = \frac{N(d_1, r) \cdot A_t}{E_t} \cdot \sigma_A \quad (8-9)$$

$$d_{1,r} = \frac{\ln(A_t/B_t) + (r + \sigma_A^2/2)(T-t)}{\sigma_A(T-t)^{0.5}} \quad (8-10)$$

$$d_{2,r} = DD_t = \frac{\ln(A_t/B_t) + (r - \sigma_A^2/2)(T-t)}{\sigma_A(T-t)^{0.5}} \quad (8-11)$$

$$d_{2,r} = d_{1,r} - \sigma_A(T-t)^{0.5} \quad (8-12)$$

将式（8-8）至式（8-12）联立可以求出 A_t 和 σ_{At} 。在实际运算中，为了避免程序运算失败，导致结果误差较大，需要将 A_t 进行标准化，记 $A/E = x$ ，并引入参数 $EtB = \frac{E}{B}$ ，则上式可以化简为：

$$1 = x \cdot N(d_{1,r}) - e^{-r(T-t)} \cdot N(d_{2,r})/EtB_t \quad (8-13)$$

$$\sigma_E = xN(d_1, r) \cdot \sigma_A \quad (8-14)$$

$$d_{1,r} = \frac{\ln(xEtB_t) + (r + \sigma_A^2/2)(T-t)}{\sigma_A(T-t)^{0.5}} \quad (8-15)$$

$$d_{2,r} = d_{1,r} - \sigma_A(T-t)^{0.5} \quad (8-16)$$

通过将式（8-13）至式（8-16）联立，采用 Matlab 中 Fsolve 函数进行迭代求解，可以得到 A_t 和 σ_{At} ，代入式（8-7）中可以得到违约距离和违约概率。此外，较高级别的债务市场价值满足如下公式：

$$D_t = B_t - P_t \quad (8-17)$$

P_t 可以看作一个隐性看跌期权，表达式如下：

$$P_t = B_t e^{-r(T-t)} N(-d_{2,r}) - A_t \cdot N(-d_{1,r}) \tag{8-18}$$

式（8-18）说明 P_t 受资产市场价值、资产市场价值波动率等因素的影响。

保险业市场风险测算数据涉及市场数据和财务数据，由于市场数据只有上市的保险公司才进行公布，因此本书以上市的保险公司为代表评价保险业市场风险，具体采用违约距离的自然对数表示，变量符号记为“ln*DD*”。样本期间的违约距离变化趋势如图 8-1 所示，可以发现 2007—2019 年违约距离出现两次低值点，分别是 2008 年和 2015 年，背后的原因可能是 2008 年 AIG 集团引发的国际金融危机和 2015 年的股市波动加剧了保险业的系统脆弱性。而 2016—2018 年违约距离整体水平较高，说明该阶段保险业的发展相对稳健，但是 2018 年违约距离再次下降，保险业市场风险有所增加，可能是受中美贸易摩擦等系列事件的影响。总体来看，违约距离比较恰当地反映了我国保险业市场风险的变化情况。

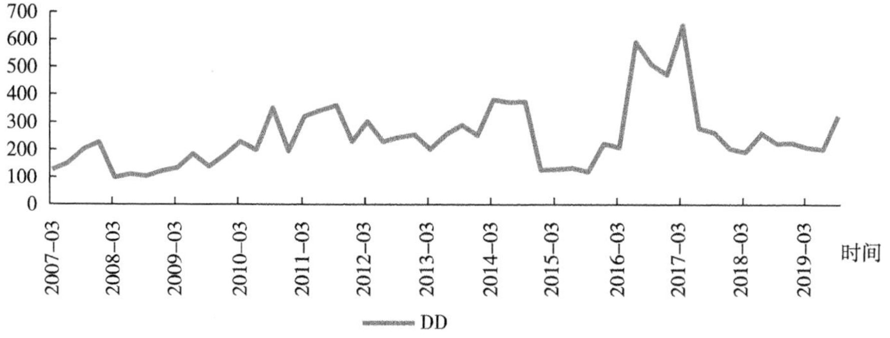

图 8-1　保险业的违约距离变化趋势（2007—2019 年）

2. 保险服务贸易开放的度量指标

我们将市场维度的对外开放定义为保险服务贸易进出口，包含非居民向居民提供保险服务（保险服务贸易进口，用于衡量保险业“引进来”），以及居民向非居民提供的保险服务（保险服务贸易出口，用于衡量保险业“走出去”）。借鉴张春宝和石为华（2016）的事实层面测度方法，我们采用国际收支平衡表中经常项目下的借贷方保险服务之和表示保险业对外开放水平，但是与资本市场开放度测算不同的是，本书未计算保险服务进出口与 GDP 的比值表示保险业对外开放，主要因为保险业对外开放程度较低，保险服务进出口与 GDP 的比值几乎趋于零。故我们将其取对数计算对数增长率表示保险业对外开放，这样处理的优点在于可以较好地体现保险服务贸易开放的速度，变量符号记为“*Open*”。此外，我们将保险服务贸易进口增长率作为“引进来”的替代指标，保险服务贸易出口增长率作为“走出去”的替代指标，变量符号分别记为“*Open_in*”和“*Open_out*”。

3. 宏观经济环境

由于保险具有顺周期性，国内宏观经济环境会对保险业产生较大的影响，因此本书加入实际 GDP 增长率控制宏观经济波动对保险业市场风险的影响，变量符号记为“*GDP*”。通货膨胀可能会通过名义利率和物价预期对保险需求构成不利影响，因此本书加入 CPI 以控制物价水平的影响，变量符号记为“*CPI*”。

4. 数据来源说明

保险业市场风险分析的研究样本涉及了上市保险公司财务数据以及宏观经济数据。其中，三月期定期存款利率来源于中国人民银行网站，保险服务贸易进出口数据来源于国家外汇管理局，上市保险公司的财务数据以及其他宏观经济变量源数据均来源于 Wind 数据库。样本期间选择的是 2007—2019 年，主要是由于保险行业指数起自 2007 年，该年之后我国才有严格统一的保险行业指数。

8.3 实证检验结果

本部分采用 LSTVAR 模型检验了保险服务贸易开放对保险业市场风险的影响，同时采用面板回归模型分析了外资持股比例放开对保险机构经营风险的影响。

8.3.1 相关统计检验

首先，我们采用 ADF 检验对变量序列进行平稳性检验，检验结果如表 8-2 所示。结果显示，除违约距离（ln*DD*）外，其他变量序列的 ADF 统计量均显著，说明这些变量是平稳序列。但是违约距离（ln*DD*）一阶差分后序列平稳，因此下文我们采用违约距离的一阶差分变量 *D*（ln*DD*）进行分析。一阶差分序列 *D*（ln*DD*）仍旧具有很明确的经济学含义，如当 *D*（ln*DD*）增大时，意味着违约距离增大，保险业市场风险下降。

表 8-2　ADF 平稳性检验

变量	检验类型	统计量	P 值	临界值		
				1%	5%	10%
ln*DD*	(C, 0, 1)	-2.564	0.107	-3.571	-2.922	-2.599
D (ln*DD*)	(0, 0, 0)	-9.226***	0.000	-2.613	-1.948	-1.613
Open	(C, 0, 0)	-8.256***	0.000	-2.612	-1.948	-1.613
Open_in	(C, 0, 0)	-7.443***	0.000	-3.568	-2.921	-2.599
Open_out	(C, 0, 0)	-8.286***	0.000	-3.574	-2.924	-2.600
GDP	(C, T, 0)	-5.504***	0.000	-4.157	-3.504	-3.182
CPI	(C, 0, 1)	-4.244***	0.002	-3.571	-2.922	-2.599

注：*、**、***分别表示在 10%、5%和 1%显著性水平上显著。

最优滞后阶数检验显示，保险服务贸易开放、服务贸易进口开放和服务贸易出口开放的三个线性 VAR 模型均显示 2 为最优滞后期。我们将保险服务贸易开放与经济增长作为转移变量①，并计算了 LM 统计量，以分析模型中是否存在非线性关联机制，检验结果见表 8-3。结果发现，当 $Open\_in_{t-2}$ 作为转移变量时，模型 2 是非线性的，模型 1 和模型 3 是线性的。而当 GDP_{t-1} 和 GDP_{t-2} 作为转移变量时，模型 1 至模型 3 均是非线性的，并且 GDP_{t-2} 对应的 LM 检验的 P 值更小，所以我们在模型 1 至模型 3 中，将 GDP_{t-2} 作为转移变量。综合以上分析，在模型 2 中将 $Open\_in_{t-2}$ 和 GDP_{t-2} 作为转移变量，在模型 1 和模型 3 中将 GDP_{t-2} 作为转移变量。通过格点搜索法可以得到 LSTVAR 模型转移速度 λ 和位置参数 c 的估计值。

下面以模型 2 为例说明转移速度 λ 和位置参数 c 的经济学含义：模型 2 中分别以 $Open\_in_{t-2}$ 和 GDP_{t-2} 作为转移变量，得到的转移速度 λ 估计值分别为 15.689 和 311.507，说明 GDP_{t-2} 作为转移变量时区制间的转移速度比 $Open\_in_{t-2}$ 作为转移变量时区制间的转移速度更快，图 8-2 中模型 2 的转移函数曲线也得到了验证。以 $Open\_in_{t-2}$ 和 GDP_{t-2} 作为转移变量时，位置参数 c 的估计值分别为 0.080 和 0.079，说明保险服务贸易进口规模增长和经济增长分别高于 0.080 和 0.079 时，为模型 2 的高区制样本，否则为低区制样本。

① 本书将保险服务贸易开放和经济增长作为区制转移变量，一是为了考察保险服务贸易开放的适“度”水平，二是为了探讨当前经济进入低速换挡期是否应当加快保险业对外开放。

表 8-3　模型的非线性检验和参数估计结果

模型	转移变量	模型非线性检验		参数估计	
		LM	P 值	λ	c
模型 1	$Open_{t-1}$	44.152*	0.075	—	—
	$Open_{t-2}$	41.643	0.118	—	—
	GDP_{t-1}	50.124**	0.022	—	—
	GDP_{t-2}	56.787***	0.005	246.454	0.081
模型 2	$Open\_in_{t-1}$	45.075*	0.063	—	—
	$Open\_in_{t-2}$	52.976**	0.011	15.689	0.080
	GDP_{t-1}	53.281**	0.011	—	—
	GDP_{t-2}	56.115***	0.005	311.507	0.079
模型 3	$Open\_out_{t-1}$	44.543*	0.069	—	—
	$Open\_out_{t-2}$	38.556	0.197	—	—
	GDP_{t-1}	63.266***	0.001	—	—
	GDP_{t-2}	72.450***	0.000	106.106	0.083

注：*、**、***分别表示在 10%、5%和 1%水平上显著。

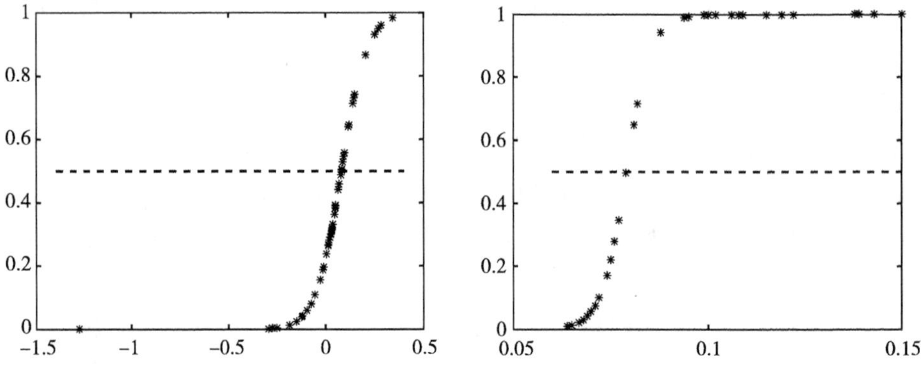

注：左侧为 $Open\_in_{t-2}$ 作为转移变量，右侧为 GDP_{t-2} 作为转移变量。

图 8-2　转移函数曲线

8.3.2　脉冲响应分析

模型的非线性检验结果说明，当保险服务贸易的进口规模增长作为转移变量时，模型存在明显的区制转换特征，而当保险服务贸易的出口规模增长作为转移变量时，并未发现模型存在明显的区制转换特征。此外，当 GDP_{t-2} 作为转移变量时，模型 1 至模型 3 的区制转换特征均很明显。下面我们将 $Open\_in_{t-2}$ 作为转移变量，对 $Open\_in_{t-2}$ 施加一单位标准差的正向冲击，分析保险业的市场风险、*GDP* 和 *CPI* 在不同区制的脉冲响应。

图 8-3 结果显示：（1）*Open_in* 在不同的区制冲击保险业的市场风险时，脉冲响应方向趋于一致，均表现出正向响应，但是脉冲响应幅度差异较大，尤其在第 3 期，保险业的市场风险在低区制的脉冲响应为 0.251，在高区制的脉冲响应为 0.044，可见 *Open_in* 产生一个标准差的正向冲击，保险业的市场风险均呈现负向响应，并且在低区制时负向响应幅度更大，说明保险服务贸易的进口规模增长小于临界点时，对保险业的市场风险抑制作用更大，更能促进保险市场的稳定。（2）*Open_in* 在不同的区制冲击经济增长时，经济增长在两个区制的脉冲响应在前期差别不大，但是自第 6 期后，两个区制的脉冲响应差异开始明显，在低区制时，经济增长始终表现出正向的脉冲响应，并且大于高区制经济增长的脉冲响应，说明保险服务贸易进口开放能够促进经济增长，但是长远来看，保险服务贸易的进口规模增长小于临界点时可能更加有助于带动经济增长。（3）*Open_in* 在不同的区制冲击物价时，整体均呈现正向响应，短期来看，*CPI* 在低区制的脉冲响应明显小于高区制的脉冲响应，说明保险服务贸易进口开放过快可能会导致物价上涨得更快，不利于稳定物价。

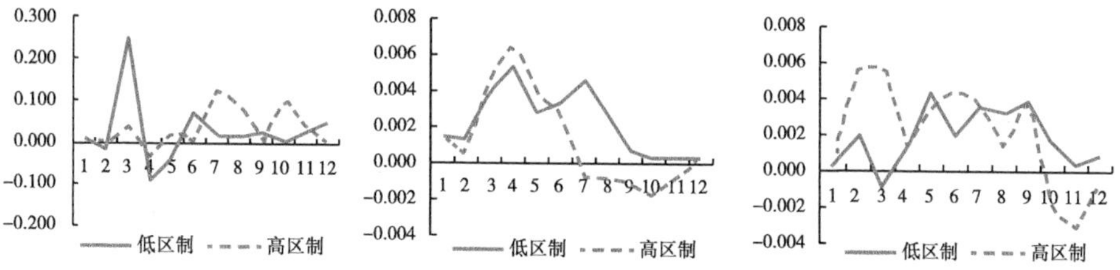

图 8-3　*Open_in* 冲击保险业的市场风险、*GDP* 和 *CPI*（*Open_in* 作为转移变量）

综上所述，从保险业的市场风险、经济增长和物价稳定三个方面，说明了保险服务贸易的进口规模增长保持一个适“度”水平、稳中求进会带来更多的收益，不仅有助于降低保险业的市场风险，同时对经济增长和物价稳定的促进作用也更为明显。因此，从保险服务贸易进口开放角度，说明了保险业“引进来”存在一个度，在临界点两侧时，保险服务贸易的进口规模增长对保险业的市场风险具有异质性的影响，异质性影响主要表现在影响的幅度上，证明了假设 H1c 成立。

图 8-4 以 *GDP* 作为转移变量，分析了 *Open*、*Open_in* 和 *Open_out* 产生一个标准差的正向冲击，保险业市场风险的脉冲响应。结果显示：（1）保险业的市场风险对 *Open* 冲击的脉冲响应在低区制时几乎趋于 0，但是在高区制时，保险

业市场风险的脉冲响应在第 3 期表现较大幅度的负向响应，数值为-0. 424，说明在经济增长低迷时，加快保险服务贸易的进出口，不会对保险业的市场风险产生明显影响，但是当经济在快速的膨胀期时，此时如果加快保险服务贸易的进出口，可能会造成保险业的市场风险上升。（2）保险业的市场风险对 *Open_in* 冲击和 *Open* 冲击的脉冲响应表现出趋同的特征，即在低区制时，保险业的市场风险脉冲响应几乎趋于 0，但是在高区制时，保险业的市场风险表现出较大幅度的负向脉冲响应，同样说明在经济增长低迷期，加快保险服务贸易的进口，不会对保险业的市场风险产生明显的影响，但是当经济处于快速的膨胀期时，此时如果过度地加快保险服务贸易的进口，可能会较大程度地造成保险业的市场风险上升。（3）保险业的市场风险对 *Open_out* 冲击的脉冲响应在高区制时呈现波动下降趋势，同时在低区制时脉冲响应在 0 上下左右波动，并且脉冲响应幅度较小，说明保险服务贸易出口开放对保险业市场风险的影响具有不确定性，未形成明显的统计学特征，一个重要原因可能是我国保险服务贸易出口水平较低，增长较慢，未产生规模效应，因此 H2 的系列假设未得到验证。

综上所述，图 8-3 从保险业的市场风险、经济增长和物价稳定三个方面，说明了保险服务贸易的进口规模增长小于临界点时，不仅有利于降低保险业的市场风险，同时也更有利于稳定物价和促进经济增长。图 8-4 从经济增长的视角，说明了经济增长速度较低时，保险服务贸易开放更加有利于降低保险业的市场风险，特别是保险服务贸易进口的开放，因此我们应积极稳健地推进保险服务贸易的对外开放。从经济增长情况来看，目前我国经济增速保持在 6%左右，进入了一个中低速发展时期，此时加快保险业对外开放的利要大于弊，不仅可以分散保险业的市场风险，同时可以促进经济增长，推进保险市场国际化。

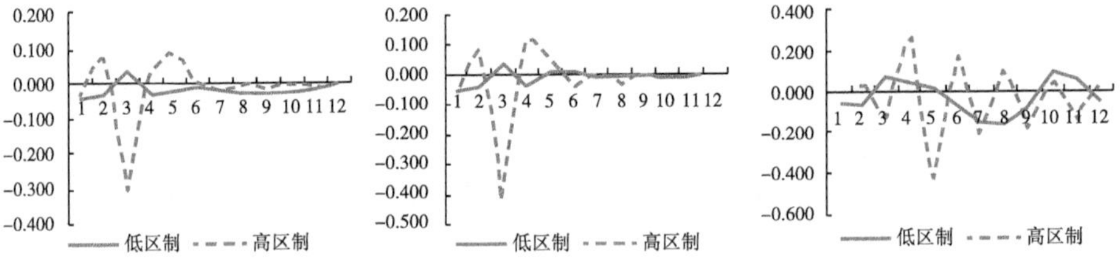

图 8-4　*Open*、*Open_in* 和 *Open_out* 冲击保险业的市场风险（*GDP* 作为转移变量）

8.3.3　方差分解

我们通过对保险业的市场风险进行广义预测误差方差分解，分析在不同区制时，保险服务贸易开放对保险业市场风险变化的解释情况，见表 8-4。结果显示：（1）在模型 1 中，*GDP* 作为转移变量时，保险服务贸易开放（*Open*）在低区制对保险业市场风险的方差贡献率整体不足 1%，但是在高区制时，方差贡献率较高，在第 4 期几乎达到 34%，是低区制的 5 倍，说明在经济增速较低时，保险服务贸易开放对保险业市场风险的解释力度较低，影响较小，但是在经济增速较高时，保险服务贸易开放对保险业市场风险的影响较大，和脉冲图一致。（2）模型 2 中以 *Open_in* 作为转移变量时，保险服务贸易进口开放对保险业市场风险在低区制时的方差贡献相对高区制时的方差贡献高，说明保险业“引进来”在低区制时对保险业市场风险的影响更大，在第 12 期达到 42%，较高区制的方差贡献高近 6%，和脉冲图结果一致；以 *GDP* 作为转移变量时，保险服务贸易进口开放对保险业市场风险的方差贡献同模型 1 类似，即在经济发展速度较低时，保险服务贸易进口开放对保险业市场风险的影响较小，但是经济高速发展时，保险服务贸易进口开放很可能对保险业市场风险形成较大的影响，和脉冲图一致。（3）模型 3 中，以 *GDP* 作为转移变量，分析了保险服务贸易出口开放对保险业市场风险的方差贡献，结果同样显示，高区制时保险服务贸易出口开放对保险业市场风险的方差贡献更大，在第 12 期达到了 40%，几乎是低区制的 5 倍。

综上所述，广义预测误差方差分解结果表明，当保险服务贸易的进口规模增长作为转移变量时，保险服务贸易进口开放在低区制时对保险业市场风险的影响较大；当 *GDP* 作为转移变量时，保险服务贸易进口开放和保险服务贸易出口开放均在高区制时对保险业市场风险的影响较大，和广义脉冲结果一致。主要说明了保险业服务贸易进口规模增长应保持适当的速度，积极稳健地推进保险服务贸易进口开放才能更好地发挥保险业“引进来”的优势，起到“稳定器”效果，促进保险业的稳定，并且方差分解结果也说明在当下的经济进入中低速换档期的宏观环境下，可以适当扩大保险业的对外开放，以促进保险业的发展和稳定。

表 8-4 保险业市场风险的广义预测误差方差分解

模型	转移变量	区制	2	4	8	12
模型 1	GDP_{t-2}	低区制	0.041	0.071	0.053	0.045
		高区制	0.064	0.335	0.321	0.297
模型 2	$Open\_in_{t-2}$	低区制	0.004	0.421	0.453	0.422
		高区制	0.002	0.241	0.362	0.358
	GDP_{t-2}	低区制	0.028	0.048	0.053	0.045
		高区制	0.064	0.264	0.321	0.297

续表

模型	转移变量	区制	2	4	8	12
模型 3	GDP_{t-2}	低区制	0.058	0.064	0.069	0.084
		高区制	0.021	0.340	0.397	0.405

8.4 本章小结

本章从保险业服务贸易开放方面检验了保险业的对外开放对金融风险的影响。在以保险业“引进来”作为门槛变量时，保险服务贸易进口与保险业市场风险之间存在明显的区制转换特征，超过临界值后，保险服务贸易进口增加可能会导致保险业市场风险上升，说明保险服务贸易进口过快，可能影响保险市场的稳定。而当经济增长作为门槛变量时，在低速经济增长的宏观经济环境下，保险服务贸易进口有利于降低保险业市场风险。但是保险服务贸易出口与保险业市场风险似乎未形成明显的统计学特征，一个重要的原因可能是我国保险服务贸易出口水平较低，较低水平的保险业“走出去”没有产生规模效应，不会显著影响保险业市场风险。

基于以上结论，我们得到的启示如下：

首先，建议适当增加保险服务贸易的进口规模，吸引更多外资保险机构为我国居民提供保险服务。实证结果显示，以保险服务贸易的进口规模增长作为门槛变量时，如果没有超过临界值，保险服务贸易进口开放可以降低保险业的市场风险；以经济增长作为门槛变量时，在低经济增速的宏观经济环境下，保险服务贸易进口开放不会明显影响保险市场稳定。考虑到当前我国经济正处于中低速度的发展阶段，因此建议进一步推进保险服务贸易开放，特别是加大保险服务贸易的进口规模，借此完善我国的保险市场结构，提高保险业的国际化水平。

其次，鼓励中资保险机构“走出去”，加大保险服务贸易的出口。实证结果显示，保险服务贸易的出口并不会显著导致保险业的市场风险，一个重要的原因可能是，现阶段我国的保险服务贸易出口水平较低，尚没有产生规模效应，因此不会显著影响保险业的市场风险。由此建议加大保险业“走出去”的力度，鼓励保险机构在海外拓展业务，既响应国家政策号召，加快金融业全球战略布局，也为“一带一路”建设保驾护航。同时，鼓励保险业加快“走出去”也有助于降低保险服务贸易逆差，提高我国保险业在国际上的声誉，并促进金融业的对外开放。

再次，在当前对外开放水平较低的背景下，建议适当提高外资对中资保险机构的持股规模。实证结果显示，外资持股比例与保险机构的经营风险呈正“U”形曲线关系，当没有超过临界点时，外资持股比例的增加，并不会导致保险机构的经营风险增大。因此，建议在现阶段适当提高外资对中资保险机构的持股规模，进一步推进对外开放，同时针对人寿保险机构和财产险机构实施差异化的开放管理政策，充分发挥外资参股保险机构的有利影响。

最后，建议完善保险业风险管理的政策法规以及相关制度建设，防范金融风险的跨境传播。保险业在实施国际化的同时，应审慎评估海外经营风险与引入外资带来的风险，提高风险控制能力。建议管理层健全和完善保险市场审慎监管的基本制度体系，加强对保险市场的监管，同时推进与国际监管机构的合作，对跨境保险服务和外资保险机构实施动态监管和风险预警，防范保险业的对外开放对我国宏观经济稳定造成的可能冲击，避免保险业开放带来的系统性风险。

第 9 章　外资参股对人身险公司经营风险的影响研究

本章以人身险为研究对象，从外资持股比例放开角度考察保险业开放与保险机构经营风险之间的关系，拓展了开放经济条件下金融业开放与金融风险的相关性研究。

9.1　理论基础与研究假设

人身险是涉及广大公民寿命和身体的重要领域，关乎每一个国民的切身利益。鉴于此，我国对人身险市场开放采取了谨慎的态度，并采用分阶段逐步推进的策略。1992 年，友邦保险在上海设立分公司，标志着我国保险市场进入实质性开放阶段。但是直到 1996 年，外资才以合资的形式正式进入我国的人身险市场，中宏人寿成为我国第一家合资寿险公司。2004 年，中国保险监督管理委员会颁布《中华人民共和国外资保险公司管理条例》，规定合资寿险公司外资持股比例不得超过总股本的 50%。因此，除了在加入 WTO 之前设立的友邦保险、中宏人寿、中德安联人寿等少数公司，此后开设的绝大多数合资寿险公司的外资持股比例都控制在 50%以内。在 2018 年博鳌亚洲论坛上，时任中国人民银行行长易纲提出，人身险公司的外资持股比例上限放宽至 51%，标志着外资可以控股合资寿险公司。2019 年，中国银保监会发布《中华人民共和国外资保险公司管理条例实施细则》和《关于明确取消合资寿险公司外资股比限制时点的通知》，明确自 2020 年 1 月 1 日起，合资寿险公司的外资持股比例可以达到 100%，自此人身险公司可以以外资控股或独资形式进行运营，人身险市场进入一个全面开放的新时代。

人身险市场逐步放开外资股比限制，体现的是保险业制度型开放稳步扩大的过程。2018 年，中央经济工作会议首次提出制度型开放的新表述，党的二十大报告则进一步强调要稳步扩大规则、规制、管理、标准等制度型开放，其本质是境内开放。不同于以往降低或减轻贸易壁垒等边境开放，制度型开放具有全面、系统和稳定特征，开放的层次更高、难度更大。而人身险市场从最初的只允许外资以合资方式进入市场，到逐步放宽持股比例和经营范围限制，再到最近取消外资在人身险公司持股比例上限，正是保险业在境内开放过程中修改和完善制度规则的表现，这为进一步扩大保险业制度型开放提供了良好的实践，并打下了坚实的基础。

从历史经验来看，人身险公司提高外资股比上限会影响保险公司的经营和发展。一方面，可能加大人身险公司经营风险。原因是中外股东在经营理念等方面存在较大的差别，使合资人身险公司的企业竞争力、运营环境、治理结构都存在较大问题，中外股东未形成合力，导致保险机构经营效率不高，影响战略决策的制定和实施。同时，外资人身险公司在业务模式和经营理念方面的优势可能会对中资人身险公司形成竞争压力，保费收入也可能更多地流向外资人身险公司，导致中资人身险公司市场份额下降，造成中资人身险公司过度承担风险。另一方面，可能降低人身险公司经营风险。原因是提高人身险公司外资股比上限可以有效解决合资人身险公司因股权结构导致的一系列问题。例如，在过去一段时间，不少合资人身险公司因中外股东不合而错失发展机遇，或业务停滞，或公司治理出现问题。其中，中法人寿和新华海航人寿较为典型，偿付能力长期垫底。另外，外资寿险业务的经营理念比较审慎，在长期保障型业务方面有一定的优势。外资以控股或独资形式经营，也可以更好地展示自身成熟的风险管理和公司治理经验，促进保险市场竞争并提高效率，同时给国内消费者带来更多元的保险产品和更优质的保险服务。

基于以上分析，检验提高外资股比上限对人身险公司经营可能产生的风险，并提出风险防范的相关政策建议，是一个有较强现实意义的研究课题。相关研究的理论意义在于：构建外资持股比例与人身险公司经营风险相关性的研究框架，有助于拓展开放经济条件下的保险业制度型开放与金融风险的理论研究。相关研究的现实意义在于：从制度型开放的视角，较为全面地检验外资持股比例对人身险公司财务风险和保险业务风险的非线性影响，可以为我国人身险市场在放开外资股比限制、引进外资股东的过程中守住不发生系统性金融风险的底线提供经验支持与决策参考。

9.1.1　外资参股对人身险公司经营风险的影响机制

2019 年以前，外资股东在人身险公司的持股比例受到了严格限制，不得超过 50%，导致外资股东在企业内部的话语权不高，经营活动的控制权仍掌握在中资股东手中。因此，保险公司的经营业务和决策可能并未很大程度受外资股东的影响。但在 2019 年以后，监管部门提高了人身险外资股比上限，外资股东可以控股或独资经营人身险公司，这将在很大程度上改变人身险公司资产端和负债端，进而影响保险公司经营风险。下面，本书从理论层面分析参股、控股和独资方式引进外资对人身险公司经营风险的影响，以探讨提高外资股比上限是否有助于降低人身险公司经营风险。①

外资参股可能通过多种渠道降低人身险公司经营风险。首先，外资参股可以为人身险公司注入新资本，产生的资本形成效应有利于提高保险公司效率（王丽珍等，2021）。其次，以参股形式引进外资股东，他们往往更倾向于将自身的管理经验融入公司的经营中去，可以促进国内保险机构学习国外同行先进的经营理念与管理模式，带来的技术溢出效应有利于改善保险机构的经营机制，提高经营效率（彭雪梅和邓啓平，2023）。再次，外资股东可以帮助人身险公司拓展海外市场，通过对外投资或合作，可以为保险公司带来更多的业务机会和利润增长点。此外，外资参股还可以改善保险公司的产品和服务质量，提高客户满意度，增强市场影响力（Li 和 Li，2020）。最后，这些有益影响有可能促进人身险公司的可持续发展和获得更多的市场份额，降低保险公司经营风险。

外资参股可能会通过多种渠道增加人身险公司经营风险。首先，外资股东和中资股东可能存在经营和管理理念差异的问题，管理冲突和争端会造成公司内部损耗，影响公司的经营决策和管理效率，这种现象在均衡股权结构的合资寿险公司中更加明显（李腾等，2022）。其次，外资股东会要求高额的回报率，可能会优先考虑自身利益而非保险公司的长远利益，导致保险公司的经营成本上升和财务压力增大（Biener 等，2016）。再次，外资参股可能会带来品牌冲突和文化差异等问题，导致公司核心价值观和信誉受损，从而影响公司形象和市场竞争力。最后，这些不利影响有可能促进人身险公司经营的不稳定性上升，保险公司经营风险增大。基于以上分析，我们提出假设 H1。

假设 H1a：外资参股有助于降低人身险公司经营风险。

假设 H1b：外资参股会导致人身险公司经营风险上升。

9.1.2 外资控股对人身险公司经营风险的影响机制

外资控股或独资可能通过多种渠道降低人身险公司经营风险。首先，可以避免中外股东经营理念和文化冲突，降低公司内部损耗。当外资股东对公司经营决策拥有绝对的话语权后，外资股东能够将其成功的管理经验和模式应用到国内市场，从而促进保险公司改善管理和提高效率（何小伟和谢远涛，2012）。

① 外资参股、控股和独资分别对应着外资持股比例限制的三个临界点：50%、51%和 100%。

其次，引进外资保险公司可以激励国内保险机构学习国外同行先进的经营理念与管理模式，通过学习效应改善保险机构的运营机制和经营效率。再次，根据竞争—稳定理论，更多优质外资保险机构来华经营，通过竞争效应可以推动人身险公司完善保险服务，提升对保险资金的投资运营能力和风险管理水平（Cummins 等，2017）。最后，这些有益影响不仅降低人身险公司经营风险，同时有助于健全保险市场体系，促进保险业发展。

外资控股或独资可能通过多种渠道增加人身险公司经营风险。首先，外资保险公司来自不同文化和经济背景，可能难以适应国内市场的特点和消费者需求，需要花费更多的时间和精力来建立品牌形象和提高市场竞争力。其次，外资保险公司的进入可能通过竞争渠道加剧保险业竞争，而竞争的加剧可能会导致保险公司产生逆向选择和道德风险问题（Dina，2018）。虽然目前整体上来看，外资保险机构在人身险市场中所占份额较少，但是随着外资股比限制的放开，其增长速度高于国内保险公司，且势头旺盛，尤其是在一些核心的一线城市，如上海、北京、广州等地，外资保险公司市场份额已超过20%。再次，外资保险公司经营渠道多元，操作隐秘，相关风险可能在不同市场进行传导，可能给中国金融监管带来较大挑战，对金融稳定发展造成一定压力（Chen 等，2019）。最后，这些不利因素可能加大人身险公司经营风险，不利于人身险市场的高质量发展。基于以上分析，我们提出假设 H2。

假设 H2a：外资控股或独资有助于降低人身险公司经营风险。

假设 H2b：外资控股或独资可能导致人身险公司经营风险上升。

以上研究假设可以在回归模型中引入外资持股比例的一次项和二次项进行检验。当外资持股比例与人身险公司经营风险之间存在线性关系时，可以说明假设 H1a 与假设 H2a 或假设 H1b 与假设 H2b 成立，提高外资股比上限不会对人身险公司经营风险产生突变性影响。当外资持股比例与人身险公司经营风险之间存在正“U”形曲线关系时，可以说明假设 H1a 和假设 H2b 成立，提高外资股比上限会导致人身险公司的经营风险上升；当外资持股比例与人身险公司经营风险之间存在倒“U”形曲线关系时，可以说明假设 H1b 和假设 H2a 成立，提高外资股比上限可以降低人身险公司经营风险。

9.2　研究思路与变量、数据的初步处理

本部分首先介绍了本章研究的实证模型，其次对相关变量的计算和选取进行了说明，最后对实证模型采用的数据样本进行了详细的说明。

9.2.1 实证模型

考虑到数据结构具有短面板特征且不同人身险公司个体差异性较大，在检验提高外资股比上限对人身险公司经营风险的影响时，本书借鉴 Biener 等(2015)、马理等（2020）的研究，在面板模型中引入外资持股比例的一次项和二次项进行检验。模型设定如下：

$$Risk_{ipt} = \alpha + \beta_1 Foreign_{ipt} + \beta_2 Foreign_{ipt}^2 + \gamma X_{ipt} + \varphi_i + \theta_p + \varepsilon_{ipt} \quad (9-1)$$

在式（9-1）中，$Risk_{ipt}$ 表示总部所在省份为 p 的人身险公司 i 在第 t 年的经营风险，$Risk_{ipt} = [Z_{ipt}, Solvency_{ipt}, PEL_{ipt}]$，$\alpha$ 是截距项，β_i 为核心待估参数，X_{ipt} 表示控制变量，$X_{ipt} = [Growth\_size_{ipt}, Efficency_{ipt}, Ctr_{ipt}, Loss_{ipt}, A\_gdp_t, CPI_t, Shibor_t, Trend_t]$，$\varphi_i$ 是人身险公司的个体固定效应，θ_p 是人身险公司总部所在的省份固定效应，ε_{ipt} 为随机扰动项。为了避免共线性，本书未控制年份固定效应，而是加入了时间趋势项作为控制变量。本书重点关注的是 β_1 和 β_2 的符号和显著性，根据 β_1 和 β_2 的结果判断假设 H1 和假设 H2 是否成立。为了避免模型中存在异方差的影响，基于稳健性标准误进行估计。

9.2.2 变量选取

1. 被解释变量

本书从两个方面测度人身险公司经营风险：第一个是财务风险。由于 Z 值可以综合考虑人身险公司的盈利能力和财务稳定性，同时可以甄别出人身险公司的破产风险，被广泛应用于测度金融机构的风险承担水平，见式（9-2）。Z 值数值越大，保险公司财务稳定性越高，保险机构破产风险越低。第二个是保险业务风险。中国保险监督管理委员会在 2016 年正式实施中国第二代偿付能力监管制度体系，简称“偿二代”，其中偿付能力充足率是保监会对保险公司监管的核心指标，通过此项指标来反映保险公司履行保单责任的能力，计算公式为实际资本除以最低资本，变量符号记为“*Solvency*”。通常偿付能力充足率数值越大，说明保险公司履行保单责任的能力越强，保险业务风险越低。另外，人身险公司因承保业务也会面临保险赔付风险，如果赔付比率过高会导致人身险公司保险业务风险增大。借鉴关蓉等（2020）的研究，采用赔付率来衡量人身险公司的保险业务风险，计算公式为赔付支出占营业收入的比值，变量符号记为“*PEL*”。

$$Z_{it} = \frac{ROA_{it} + EA_{it}}{\sigma(ROA_{it})} \quad (9-2)$$

在式（9-2）中，i 表示人身险公司，t 表示年份，ROA_{it} 表示总资产收益率，EA_{it} 表示人身险公司股东权益与总资产的比值，$\sigma(ROA_{it})$ 表示人身险公司总资产收益率的标准差。为了防止过长期限使数据特征呈现非正常扰动，同时尽可能保留较多的样本，本书依据惯例采用 3 年期滚动窗口的计算方法测度 $\sigma(ROA_{it})$。同时为了防止数据分布的有偏性，对 Z 值取自然对数。

2. 解释变量

近年来，保险业制度型开放进程显著加快。例如，2018 年取消外资保险公司设立前需开设 2 年代表处要求，2019 年允许境外金融机构投资设立和参股养老金管理公司、2020 年取消人身险公司外资股比限制。目前已有数家人身险公司的外资股东提高持股比例至 100%，如中德安联、汇丰人寿等。基于此背景，本书重点探讨提高外资股比上限对人身险公司经营风险的影响。在具体的分析中，本书收集了人身险公司外资持股比例数据①，变量符号记为“*Foreign*”。通过引入外资持股比例的一次项和二次项检验提高外资股比限制对人身险公司经营风险的影响。

3. 控制变量

人身险公司的经营风险与保险机构个体特征、经营状况以及宏观经济环境等因素可能存在密切关系，本书从以下几个方面选取控制变量：（1）借鉴李艺华和郝臣（2019）的研究，加入企业规模扩张作为控制变量，变量符号记为“*Growth_size*”。一般而言，资产规模大的保险机构可以通过自身业务和地理的多元化分散风险，经营更加稳定。但是，如果规模扩张太快，可能存在过度承担风险的动机。（2）借鉴 Chang 等（2018）的研究，加入经营效率指标作为控制变量，以衡量人身险公司资产管理情况，具体采用营业收入占营业支出的比值表示，变量符号记为“*Efficency*”。通常单位的营业支出产生更多的营业收入，说明人身险公司经营效率越高，越有能力应对风险。（3）借鉴祝继高等（2020）的研究，控制了股权集中度对人身险公司经营风险的影响，具体采用第一大股东持股比例表示，变量符号记为“*Ctr*”。“侵占效应”理论指出较高的股权集中度可能会带来道德风险和委托代理问题，有可能导致更高的经营风险。但是，“利益协同效应”理论指出，随着大股东持股比例上升，大股东和企业之间的利益共同点增大，则大股东风险承担的动机更小。（4）借鉴李腾等（2022）的研究，加入是否亏损作为控制变量，变量符号记为“*Loss*”。当保险公司发生亏损时，保险公司的财务风险和保险业务风险可能呈同步上升趋势。

① 采用所有外资股东持股比例的和表示。

（5）由于保险周期通常和经济周期表现出同步性，借鉴王稳等（2022）、彭雪梅和邓启平（2023）等学者的研究，加入人均 GDP 增长率、通货膨胀和一年期 Shibor 以控制宏观经济运行状况和投资环境对人身险机构经营风险的影响，变量符号分别记为“*A_gdp*”“*CPI*”“*Shibor*”。另外，本书也控制了时间趋势、公司个体效应和公司总部的区域效应对人身险公司经营风险的影响。

9.2.3 样本来源与描述性统计

本书使用 2016—2022 年的 82 家人身险公司的非平衡面板数据作为研究样本。理由如下：（1）保险监管部门自 2016 年起正式推出以风险为导向的“偿二代”监管体系，调整了最低资本和实际资本的计量标准。偿付能力充足率是本文的核心被解释变量，为了避免计量标准的不一致性造成的统计误差，本书研究样本的起始年度为 2016 年。（2）截至 2022 年底，中国保险行业协会共披露 91 家人身险公司相关信息，考虑到研究样本的有效性，本书剔除了成立之初外资持股比例 100%的友邦人寿、未披露三个完整会计年度信息以及不经营人寿保险业务的人身险公司，共保留 82 家样本公司作为本文的研究对象。① 人身险公司数据来源于中国保险行业协会网站，其中财务数据通过保险公司年度信息披露报告进行手动统计，股权结构数据通过偿付能力信息披露报告进行手动统计。宏观经济数据则来源于国家统计局网站和上海银行间同业拆放利率官网。样本公司资产和保费收入占整个人身险市场总额的 90%以上，具有较好的代表性。为了避免异常值的影响，本书对相关数据进行了首尾 1%分位数的缩尾处理。

描述性统计结果见表 9-1。结果显示，*Z* 值的均值为 3.1659，中位数为 3.1867，均值和中位数较为接近，说明人身险公司财务风险分布接近于正态分布；偿付能力充足率（*Solvery*）均值和中位数分别为 2.5858 和 1.9365，可见样本公司偿付能力充足率差距较大，最大值、最小值分别为-1.1645 和 21.0687，标准差达到 2.9861；赔付率（*PEL*）的均值和中位数分别为 0.1522 和 0.0939，说明近乎一半样本的赔付支出占营业收入的比值在 10%以上；外资持股比例（*Foreign*）均值和中位数为 17.55%和 0.73%，可见大部分样本均有外资股东，但是持股比例普遍较低。控制变量的回归结果也说明不同人身险公司的个体特征具有较大的异质性。

① 研究样本包括了中资控股的人身险公司，也包括了外资参股、控股和独资的人身险公司。

表 9-1　描述性统计

变量	Mean	SD	Min	p50	Max
Z	3.1659	1.3203	-0.3285	3.1867	6.6978
Solvency	2.5858	2.9861	-1.1645	1.9365	21.0687
PEL	0.1522	0.2106	0.0003	0.0939	1.5184
Foreign	0.1755	0.2133	0.0000	0.0073	1.0000
Growth_size	0.3124	0.4155	-0.2493	0.1989	2.4097
Efficency	0.9613	0.1711	0.1228	1.0063	1.1863
Ctr	0.4667	0.2450	0.0051	0.5000	1.0000
Loss	0.2875	0.4530	0.0000	0.0000	1.0000
A_gdp	0.0808	0.0335	0.0250	0.0773	0.1328
CPI	6.6736	0.2755	6.2750	6.6980	7.0660
Shibor	3.2096	0.6646	2.3578	3.1024	4.2926

9.3　实证分析结果与经济学解释

9.3.1　基准回归结果

表 9-2 显示了外资持股比例对人身险公司经营风险影响的回归结果。其中，财务风险回归中，以 *Z* 值、总资产收益率（*ROA*）以及 *ROA* 的标准差（*Std_ROA*）作为被解释变量；在保险业务风险回归中，以偿付能力充足率和赔付率作为被解释变量。

财务风险的回归结果显示：（1）以 *Z* 值作为被解释变量时，外资持股比例的一次项（*Foreign*）和二次项（$Foreign^2$）变量回归系数分别为-4.8651 和 5.3425，且均在 1%水平下显著，说明外资持股比例与 *Z* 值呈正“U”形曲线关系。由于 *Z* 值越大，人身险公司财务风险越小，因此外资持股比例与人身险公司财务风险呈倒“U”形曲线关系。通过求偏导，得到临界点约为 0.5，说明外资持股比例小于 0.5 时，可能会导致人身险公司财务风险增大，但是外资持股比例超过 0.5 时，可能有利于降低人身险公司的财务风险。（2）以 *ROA* 作为被解释变量时，外资持股比例（*Foreign*）回归系数为-0.1546，在 1%水平下显著，外资持股比例二次项（$Foreign^2$）回归系数为 0.1299，在 5%水平下显著，说明外资持股比例与 *ROA* 呈正“U”形曲线关系，即在人身险公司中，较高水平的外资股比才有利于提高人身险公司的盈利能力，和 Z 值作为被解释变量的回归结果趋于一致。(3) 以 *Std_ROA* 作为被解释变量时，外资持股比例的一次项（*Foreign*）和二次项（$Foreign^2$）回归系数均不显著，说明人身险公司引进外资对财务稳定的影响效应不明显。以上结果说明外资参股导致人身险公司财务风险增大，但是外资控股或独资有利于降低人身险公司财务风险，即提高外资股比上限可以降低人身险公司财务风险，并且主要通过提高人身险公司盈利能力而非财务稳定性。

保险业务风险的回归结果显示：(1) 以 *Solvency* 作为被解释变量时，外资持股比例的一次项（*Foreign*）和二次项（$Foreign^2$）变量回归系数分别为 -21.6275 和 29.5726，均在 1%水平下显著，说明外资持股比例与偿付能力充足率呈正“U”形曲线关系。即外资持股比例超过一定临界点，引进外资股东有利于提高人身险公司的偿付能力充足率，降低人身险公司的保险业务风险。(2) 以 *PEL* 作为被解释变量时，外资持股比例的一次项（*Foreign*）和二次项（$Foreign^2$）回归系数均在 1%水平下显著，分别为 1.6344 和-2.0253，说明外资持股比例与赔付率呈倒“U”形曲线关系，即外资持股比例超过一定的临界点时，有利于降低人身险公司的赔付率。由此可见，在以偿付能力充足率与赔付率作为保险业务风险的代理变量时，外资持股比例与保险业务风险的倒“U”形曲线关系均得到了验证。以上结果也说明提高外资股比上限，允许外资控股和独资将有助于降低人身险公司的保险业务风险。

综上所述，上述回归结果从财务风险和保险业务风险两个方面，验证了外资持股比例与人身险公司经营风险之间具有倒“U”形曲线关系，说明将人身险公司外资股比上限从 50%提高至 100%这一制度的合理性，这也为人身险市场放开外资股比限制提供了实验证据。另外，回归结果也佐证了合资人身险公司经营状况不佳、风险较高的事实。可能是因为人身险公司业务大多是长期的，经验模式更加复杂和多样化，在合资人身险公司中，外资股东对公司业务经营模式和理念产生冲突，进而增大了经营风险。

表 9-2　外资持股比例对人身险公司经营风险影响的回归结果

变量	财务风险			保险业务风险	
	Z	*ROA*	*Std_ROA*	*Solvency*	*PEL*
Foreign	-4.8651***	-0.1546***	0.0358	-21.6275***	1.6344***
	(1.6106)	(0.0416)	(0.0243)	(6.7967)	(0.6119)
$Foreign^2$	5.3425***	0.1299**	-0.0189	29.5726***	-2.0253***
	(1.7310)	(0.0569)	(0.0248)	(6.9738)	(0.5495)

续表

变量	财务风险			保险业务风险	
	Z	*ROA*	*Std_ROA*	*Solvency*	*PEL*
Growth_size	-0.3520*	0.0072**	0.0038*	0.0188	-0.0352**
	(0.1850)	(0.0035)	(0.0021)	(0.3174)	(0.0163)
Efficency	1.1924**	0.0509**	-0.0121*	-1.1948	-0.3983*
	(0.4629)	(0.0194)	(0.0062)	(0.8296)	(0.2106)
Ctr	-0.0176	-0.0004	-0.0001	-0.2151***	0.0144***
	(0.0178)	(0.0006)	(0.0003)	(0.0500)	(0.0052)
Loss	-0.4588**	-0.0345***	0.0026	-0.2295	-0.0058
	(0.1866)	(0.0055)	(0.0020)	(0.2456)	(0.0321)
A_gdp	4.7889**	-0.0434	0.0221	2.7346	0.2449
	(1.9292)	(0.0445)	(0.0164)	(2.9161)	(0.3546)
CPI	0.1072***	-0.0001	0.0004	0.0323	0.0025
	(0.0339)	(0.0005)	(0.0003)	(0.0612)	(0.0044)
Shibor	0.2751**	0.0009	0.0012	0.1225	0.0092
	(0.1291)	(0.0018)	(0.0013)	(0.1797)	(0.0292)
公司固定效应	YES	YES	YES	YES	YES
时间趋势效应	YES	YES	YES	YES	YES
总部区域效应	YES	YES	YES	YES	YES
_cons	-63.6576***	0.0611	-0.2494	-4.9359	-1.8364
	(21.1508)	(0.3118)	(0.1986)	(36.0554)	(2.7549)
N	478	511	493	511	510
R^2	0.5672	0.7725	0.6517	0.2999	0.6151

注：*、**、***分别表示在10%、5%和1%显著性水平上显著，括号内为标准误。

控制变量的回归结果显示：规模扩张（*Growth_size*）对 *Z* 值和 *PEL* 的影响显著为负，对 *ROA* 和 *Std_ROA* 的影响显著为正，说明规模扩张提高了人身险公司的盈利能力，也降低了人身险公司的财务稳定，但是整体而言会显著增大人身险公司的财务风险，降低保险业务风险。经营效率（*Efficency*）对 *Z* 值的影响显著为正，对 *Std_ROA* 和 *PEL* 的影响显著为负，说明人身险公司提高经营效率可以提高公司的财务稳定进而降低保险公司的财务风险和保险业务风险。第一大股东持股比例（*Ctr*）对 *Solvency* 的影响显著为负，而对 *PEL* 的影响显著为正，说明第一大股东持股比例越高，会显著增大人身险公司的保险业务风险。是否亏损（*Loss*）对 *Z* 值的影响显著为负，说明亏损会显著增大保险公司的财务风险；人均 GDP（A_gdp）、CPI 和上海银行间同业拆放利率（$Shibor$）对 Z 值的影响显著为正，说明宽松的宏观经济环境和投资环境有利于降低人身险公司的财务风险。

9.3.2 内生性和稳健性检验

1. 稳健性检验

首先，本书替换被解释变量进行稳健性检验。采用净资产收益率 ROE 替换 ROA 计算 Z 值和 Std_ROE，核心偿付能力充足率替换偿付能力充足率，替换被解释变量的稳健性检验结果如表 9-3 所示。

其次，替换解释变量进行稳健性检验。表 9-2 检验结果显示，外资持股比例与人身险公司的财务风险和保险业务风险均呈倒“U”形曲线关系，我们根据临界点设置两个虚拟变量，公式如下：

$$ForeignL = \begin{cases} 1\ if \quad 0 \quad 0 < Foreign < \text{临界点} \\ \qquad Others \end{cases},\ ForeignR = \begin{cases} 1\ if\ Foreign > \text{临界点} \\ 0\ if\ Foreign \leqslant \text{临界点} \end{cases} \tag{9-3}$$

将 $ForeignL$、$ForeignR$ 在模型中替换 $Foreign$ 和 $Foreign^2$ 进行检验，检验结果见表 9-4。

表 9-3 外资持股比例与保险公司风险关系的稳健性检验结果（替换被解释变量）

变量	(1)	(2)	(3)	(4)
	Z 值	ROE	Std_ROE	$Solvery$
$Foreign$	-5.1813***	-0.1573***	0.0265	-22.9417***
	(1.4513)	(0.0467)	(0.0203)	(6.8473)
$Foreign^2$	5.3958***	0.1344**	-0.0096	28.7447***
	(1.7170)	(0.0579)	(0.0234)	(7.1616)
控制变量	YES	YES	YES	YES
公司固定效应	YES	YES	YES	YES
时间趋势效应	YES	YES	YES	YES
总部区域效应	YES	YES	YES	YES
N	478	511	493	511
R^2	0.5837	0.7644	0.6675	0.3649

注：*、**、*** 分别表示在 10%、5% 和 1% 显著性水平上显著，括号内为标准误。

表 9-4 外资持股比例与保险公司风险关系的稳健性检验结果（设置虚拟变量）

变量	(1)	(2)	(3)	(4)	(5)
	Z 值	*ROE*	*Std_ROA*	*Solvery*	*PEL*
ForeignL	-0. 8654**	-0. 0255***	0. 0067	-3. 6465	0. 2601
	(0. 3287)	(0. 0072)	(0. 0064)	(2. 6619)	(0. 1954)
ForeignR	0. 3195	0. 0203	0. 0037	-0. 4410	-0. 0902
	(0. 5946)	(0. 0167)	(0. 0081)	(3. 7330)	(0. 2964)
控制变量	YES	YES	YES	YES	YES
公司固定效应	YES	YES	YES	YES	YES
时间趋势效应	YES	YES	YES	YES	YES
总部区域效应	YES	YES	YES	YES	YES
N	478	511	493	511	510
R^2	0. 5659	0. 7717	0. 6510	0. 2589	0. 6014

注：*、**、*** 分别表示在 10%、5%和 1%显著性水平上显著，括号内为标准误。

再次，本书使用子样本进行稳健性检验，成立时间较短的人身险公司的财务指标波动较大，可能存在异常值，导致回归结果不够稳健。因此，我们剔除了成立不足 3 年的人身险公司进行稳健性检验，检验结果见表 9-5。

最后，更改技术方法进行稳健性检验。上文采用的是固定效应模型，而当模型中存在异方差时，GLS 参数估计相对更加有效，因此本书也采用了面板 GLS 方法进行参数估计，并控制了面板异方差性，更改技术方法的回归结果见表 9-6。将表 9-3 至表 9-6 的检验结果与表 9-2 的检验结果对比可以发现，检验结果均表明外资持股比例与人身险公司的财务风险和保险业务风险呈倒“U”形曲线关系，说明本书的检验结果非常稳健，可以基于此进行经济学解释。

表 9-5 外资持股比例与保险公司风险关系的稳健性检验结果（使用子样本）

变量	(1)	(2)	(3)	(4)	(5)
	Z 值	*ROE*	*Std_ROA*	*Solvery*	*PEL*
Foreign	-5. 3188***	-0. 1446***	0. 0318	-21. 6054***	1. 6039***
	(1. 4412)	(0. 0386)	(0. 0222)	(6. 6032)	(0. 5058)
$Foreign^2$	5. 0575***	0. 1565**	-0. 0126	27. 8361***	-2. 0774***
	(1. 8320)	(0. 0670)	(0. 0251)	(7. 4330)	(0. 4923)
控制变量	YES	YES	YES	YES	YES
公司固定效应	YES	YES	YES	YES	YES
时间趋势效应	YES	YES	YES	YES	YES

续表

变量	(1)	(2)	(3)	(4)	(5)
	Z值	*ROE*	*Std_ROA*	*Solvery*	*PEL*
总部区域效应	YES	YES	YES	YES	YES
N	459	476	475	476	475
R^2	0. 5847	0. 7841	0. 6533	0. 3270	0. 6215

注：*、**、***分别表示在10%、5%和1%显著性水平上显著，括号内为标准误。

表9-6　外资持股比例与保险公司风险关系的稳健性检验结果（更改技术方法）

变量	(1)	(2)	(3)	(4)	(5)
	Z值	*ROE*	*Std_ROA*	*Solvery*	*PEL*
Foreign	1. 0967*	−0. 0057	−0. 0062**	1. 1105***	0. 1327***
	(0. 5757)	(0. 0050)	(0. 0032)	(0. 3056)	(0. 0472)
$Foreign^2$	−2. 0290*	0. 0238**	0. 0113**	−0. 5619	−0. 2982***
	(1. 1126)	(0. 0096)	(0. 0056)	(0. 5268)	(0. 0848)
控制变量	YES	YES	YES	YES	YES
公司固定效应	YES	YES	YES	YES	YES
时间趋势效应	YES	YES	YES	YES	YES
总部区域效应	YES	YES	YES	YES	YES
N	459	476	475	476	475

注：*、**、***分别表示在10%、5%和1%显著性水平上显著，括号内为标准误。

2. 内生性检验

基准回归模型中可能存在内生性问题。第一，可能遗漏重要的微观控制变量导致模型存在内生性问题，如流动性、保险市场占有率等。对此，本书加入了流动性、保险市场占有率作为控制变量进行稳健性检验，检验结果见表9-7。第二，保险公司风险通常具有连续性，上期的经营风险较高通常会导致当期的风险也较高。因此，本书也加入了滞后期的经营风险作为自变量，建立动态面板模型进行稳健性检验，在估计方法上采用的是系统GMM方法，检验结果见表9-8。第三，外资可能更加偏好财务稳健的人身险公司，因此可能存在双向因果关系导致的内生性问题。对此，本书将外资持股比例取滞后期进行稳健性检验，检验结果见表9-9。以上结果与表9-2的检验结果进行对比，发现两次检验的结果趋同，进一步说明本书检验结果非常稳健。

表 9-7　外资持股比例与保险公司风险关系的稳健性检验结果（增加控制变量）

变量	(1)	(2)	(3)	(4)	(5)
	Z 值	*ROE*	*Std_ROA*	*Solvery*	*PEL*
Foreign	-5.1828**	-0.1477***	0.0285	-22.7905***	1.8073***
	(2.1139)	(0.0439)	(0.0234)	(7.1423)	(0.5352)
$Foreign^2$	5.0429**	0.1369**	-0.0143	27.7513***	-2.1677***
	(1.9499)	(0.0632)	(0.0256)	(7.2027)	(0.5017)
控制变量	YES	YES	YES	YES	YES
公司固定效应	YES	YES	YES	YES	YES
时间趋势效应	YES	YES	YES	YES	YES
总部区域效应	YES	YES	YES	YES	YES
N	442	456	456	456	455
R^2	0.5899	0.7852	0.6743	0.3248	0.6177

注：*、**、*** 分别表示在 10%、5%和 1%显著性水平上显著，括号内为标准误。

表 9-8　外资持股比例与保险公司风险关系的稳健性检验结果（系统 GMM 估计）

变量	(1)	(2)	(3)	(4)	(5)
	Z 值	*ROE*	*Std_ROA*	*Solvery*	*PEL*
Foreign	-16.5655**	-0.0339	0.7049	57.0238***	2.2965**
	(7.1079)	(0.2502)	(0.6088)	(21.8770)	(1.0588)
$Foreign^2$	26.0068***	-0.1141	-0.4802	-54.9544**	-1.7074**
	(8.6281)	(0.2537)	(0.4433)	(21.2411)	(0.8590)
控制变量	YES	YES	YES	YES	YES
公司固定效应	YES	YES	YES	YES	YES
时间趋势效应	YES	YES	YES	YES	YES
总部区域效应	YES	YES	YES	YES	YES
AR (2)	0.368	0.832	0.957	0.657	0.631
Sargan	0.423	0.469	0.845	0.123	0.096
N	394	445	412	412	441

注：*、**、*** 分别表示在 10%、5%和 1%显著性水平上显著，括号内为标准误。

表 9-9　外资持股比例与保险公司风险关系的稳健性检验结果（取滞后期）

变量	(1)	(2)	(3)	(4)	(5)
	Z 值	*ROE*	*Std_ROA*	*Solvery*	*PEL*
Foreign	-8.0288**	-0.2210***	0.1152***	1.4552	3.8273***
	(3.4795)	(0.0746)	(0.0361)	(5.0781)	(1.2973)
$Foreign^2$	5.4823	0.1182*	-0.0587**	-0.9233	-4.2371***
	(3.6478)	(0.0681)	(0.0252)	(3.4731)	(0.8922)
控制变量	YES	YES	YES	YES	YES
公司固定效应	YES	YES	YES	YES	YES
时间趋势效应	YES	YES	YES	YES	YES
总部区域效应	YES	YES	YES	YES	YES
N	418	430	430	434	429
R^2	0.5806	0.6438	0.6866	0.2953	0.7185

注：*、**、*** 分别表示在 10%、5%和 1%显著性水平上显著，括号内为标准误。

9.3.3　影响机制分析

上文检验发现外资持股比例与人身险公司经营风险呈倒“U”形曲线关系，从数据上支持了提高人身险外资股比上限、允许外资控股或独资政策的合理性。那么提高外资持股比例上限为何有助于降低人身险公司经营风险？本书从保险公司的资产端的投资业务和负债端的保险业务进行检验分析。检验思路是：第一步，将样本分为中资人身险公司（*Foreign* = 0）和外资持股的人身险公司（*Foreign*>0），对比机制变量对这两类公司经营风险的影响；第二步，若在外资持股的人身险公司中，机制变量对公司经营风险的抑制效应更加明显，说明引进外资有利于降低人身险公司风险，继续进行第三步，否则机制渠道不成立；第三步，根据临界点将样本分为外资参股组和外资控股组，分别检验外资持股比例对机制变量的影响，当外资持股比例对外资控股组的机制变量的影响更大时，可以解释外资持股比例与人身险公司经营风险呈倒“U”形曲线关系的原因，否则机制渠道不成立。

投资业务是人身险公司重要的资产业务，是保险公司收入的一项重要来源。由于寿险保单期间通常较长，保单期间具有更加稳定的现金流收入，人身险公司投资业务可能更加倾向风险性较高的投资标的，投资行为可能更加激进。如果没有较为完善的风险防范技术和手段，容易出现投资收益下滑现象，导致成本收益与现金流不匹配，公司经营风险增大。一般而言，外资股东具有先进的投资理念和技术，在进行投资活动时可以很好地防范和控制风险。基于这一假定，借鉴边文龙和王向楠（2017）的研究，本书设定投资职能变量（*Invest*），检验外资股东是否能提高人身险公司的投资职能进而降低公司经营风险，计算方式为投资收入占营业收入的比值。检验结果见表 9-10。

表 9-10 结果显示，当以 *Z* 值作为被解释变量时，在中资人身险公司中（*Foreign*=0），投资职能（*Invest*）对 *Z* 值具有显著的负向影响，说明中资人身险公司开展投资业务可能会加大财务风险。但是在外资持股的人身险公司中（*Foreign*>0），投资职能（*Invest*）的回归系数显著为正，说明外资持股的人身险公司开展投资业务有利于降低公司经营风险。当以 *Solvency* 值作为被解释变量时，这一结论仍旧成立。综上说明，人身险公司引进外资股东可能通过变革公司的投资模式、改进投资量化工具等，增强了公司投资职能，进而降低了公司经营风险。因此，外资股东的技术优势在人身险公司资产端的风险控制上得到了体现，表现为投资职能可能是外资股东降低人身险公司经营风险的一个作用渠道。

进一步地，我们根据临界点（0.5）将研究样本分组，分别检验外资持股比例对人身险公司投资职能的影响，以侧面论证外资控股和独资更加有利于降低人身险公司经营风险。结果显示，在临界点左侧，外资持股比例（*Foreign*）对投资职能（*Invest*）的影响显著为负，说明在外资参股的人身险公司中，外资持股比例越高会导致公司投资职能下降，中资股东和外资股东并未形成很好的合力。但是在临界点右侧，外资持股比例（*Foreign*）对投资职能（*Invest*）具有显著的正向影响，说明在外资控股的人身险公司，外资持股比例越高会显著提高公司投资职能。综上说明，在临界点左侧，外资参股会降低合资人身险公司的投资职能，而投资职能的降低不利于分散公司经营风险；在临界点右侧，外资控股的人身险公司投资职能水平较高，有利于分散公司经营风险。因此，表 9-10 的检验结果从投资职能角度解释了外资持股比例与人身险公司经营风险之间倒"U"形曲线关系的原因。

表 9-10　外资持股比例、投资职能和人身险公司经营风险的回归结果

变量	*Z* 值		*Solvency*		*Invest*	
	Foreign=0	*Foreign*>0	*Foreign*=0	*Foreign*>0	外资参股	外资控股
Invest	-1.2959*	1.7650**	-0.3058	3.6204		
	(0.6599)	(0.7106)	(1.1966)	(3.2546)		
Foreign					-7.0650***	0.0660***
					(2.4190)	(0.0008)

续表

变量	Z 值		Solvency		Invest	
	Foreign=0	Foreign>0	Foreign=0	Foreign>0	外资参股	外资控股
公司固定效应	YES	YES	YES	YES	YES	YES
时间趋势效应	YES	YES	YES	YES	YES	YES
总部区域效应	YES	YES	YES	YES	YES	YES
N	216	260	239	270	149	14
R^2	0.5571	0.6067	0.5124	0.2340	0.5570	0.8792

注：*、**、***分别表示在10%、5%和1%显著性水平上显著，括号内为标准误。

上文从人身险公司的资产端分析了投资职能的影响机制，下面进一步从人身险公司负债端的保险业务进行分析。保险公司收入一方面来自投资收入，另一方面来自保费收入，但是保费收入并不是保险公司的真正收入，实际上是保险公司的负债，是保险公司主要的资金来源。因此，本书进一步设定保险职能变量（*Insurance*），检验保险职能在外资持股与人身险公司经营风险之间的作用机制，计算方式为保险业务收入占营业收入的比值。检验结果见表9-11。

表9-11结果显示，以Z值和*Solvency*作为被解释变量时，在中资人身险公司的样本组中（*Foreign*=0），保险职能（*Insurance*）的回归系数均为负，说明保险职能不利于分散中资人身险公司经营风险，但是在外资持股的人身险公司样本组中（*Foreign*>0），保险职能（*Insurance*）回归系数并不显著，说明外资持股有利于抑制保险职能对公司经营风险的不利影响。进一步地，我们也根据临界点（0.5）将研究样本分组进行检验。我们发现，在临界点两侧时，外资持股均有利于提高人身险公司的保险职能，但是在外资控股的人身险公司中，外资持股比例（*Foreign*）对保险职能（*Insurance*）的影响更加显著。由于保险职能对外资持股的人身险公司风险具有抑制效应，说明保险职能可能是外资股东影响人身险公司经营风险的一个渠道。

表9-11　外资持股比例、保险职能和人身险公司经营风险的回归结果

变量	Z 值		Solvency		Invest	
	Foreign=0	Foreign>0	Foreign=0	Foreign>0	外资参股	外资控股
Invest	-1.2959*	1.7650**	-0.3058	3.6204		
	(0.6599)	(0.7106)	(1.1966)	(3.2546)		
Foreign					-7.0650***	0.0660***
					(2.4190)	(0.0008)

续表

变量	Z 值		Solvency		Invest	
	Foreign = 0	Foreign>0	Foreign = 0	Foreign>0	外资参股	外资控股
公司固定效应	YES	YES	YES	YES	YES	YES
时间趋势效应	YES	YES	YES	YES	YES	YES
总部区域效应	YES	YES	YES	YES	YES	YES
N	216	260	239	270	149	14
R^2	0. 5571	0. 6067	0. 5124	0. 2340	0. 5570	0. 8792

注：*、**、***分别表示在10%、5%和1%显著性水平上显著，括号内为标准误。

综上所述，本书从人身险公司的资产端和负债端分别检验了投资职能和保险职能在外资持股与公司经营风险之间的作用机制。检验发现，外资持股有助于加强投资职能和保险职能对人身险公司经营风险的抑制作用，特别是在外资控股的人身险公司中，外资持股比例越高越能提高人身险公司的投资职能和保险职能。因此，表 9-10 和表 9-11 的检验结果解释了外资持股比例与人身险公司经营风险之间倒“U”形曲线关系的原因。

9. 3. 4　外资持股特征对人身险公司经营风险的影响

1. 外资股权集中度与人身险公司经营风险

人身险公司可能同时存在多个外资股东，会使外资股权过于分散，不利于发挥外资股东的公司治理效应，降低公司经营风险。因此，本书进一步从外资股东数目和外资持股比例集中度两个方面探讨外资股权集中度对人身险公司经营风险的影响，变量符号分别记为“*Foreign_num*”“*Foreign_ctr*”。外资持股比例集中度借鉴产业市场集中度的计算方法，见式（9-4），$Foreign_i$ 表示第 *i* 大股东的持股比例。检验结果如表 9-12 所示。

$$Foreign\_ctr = \sum_{i=1}^{n} (Foreign_i / Foreign)^2 \tag{9-4}$$

表 9-12 结果显示，外资股东数目（*Num*）对 *Z* 值具有显著的负向影响，但是对 *Solvency* 的影响不显著，说明人身险公司引入更多的外资股东可能会加大公司的财务风险。外资持股比例集中度（*Ctr_Foreign*）对 *Z* 值具有显著的正向影响，说明外资股权集中更加有利于分散人身险公司的财务风险。综上所述，检验结果说明人身险公司引进多个外资股东、外资股权过于分散可能会加大人身险公司经营风险。因此，人身险公司在引进外资股东时，不宜同时引进多个外资股东，外资股权集中可能更有利于公司经营稳定与风险防范。

表 9-12　外资股权集中度对人身险公司经营风险影响的回归结果

变量	财务风险（Z 值）		保险业务风险（*Solvency*）	
Num	-0.8621*** (0.3191)		-3.6508 (2.7822)	
Ctr_Foreign		9.3510* (5.1538)		15.7997 (9.8551)
控制变量	YES	YES	YES	YES
公司固定效应	YES	YES	YES	YES
时间趋势效应	YES	YES	YES	YES
总部区域效应	YES	YES	YES	YES
N	478	256	511	266
R^2	0.5649	0.6014	0.2554	0.2482

注：*、**、***分别表示在 10%、5%和 1%显著性水平上显著，括号内为标准误。

2. 外资来源地区与人身险公司经营风险

一般而言，我国港澳台地区与内地经营理念、文化差异相对于其他国家和地区更小，人身险公司引进港澳台地区和非港澳台地区的外资股东，可能对公司经营风险产生差异化的影响。因此，我们将研究样本分为包含港澳台地区外资样本和非港澳台地区外资样本，进一步区分外资股东来源地区，检验外资持股比例与人身险公司经营风险之间的关系，检验结果如表 9-13 所示。

表 9-13 结果显示，无论是 Z 值作为被解释变量，还是 *Solvency* 作为被解释变量，在不同来源地区的样本下，外资持股比例（*Foreign*）与人身险公司经营风险均呈倒“U”形曲线关系，即不管引进港澳台地区外资股东还是非港澳台地区外资股东，外资持股比例过低均不利于分散人身险公司经营风险。通过对 *Foreign* 求一阶偏导，得到倒“U”形曲线的临界点。我们发现当 Z 值作为被解释变量时，在不同外资来源地区的样本下，倒“U”形曲线的临界点存在非常大的差异，包含港澳台地区外资样本的临界点为 0.29，包含非港澳台地区外资样本的临界点为 0.55，说明港澳台地区的外资股东较低的持股水平就可以达到降低人身险公司经营风险的目的。但是在引进非港澳台地区外资股东时，需要更高的持股水平才能达到分散风险的目的。因此，人身险公司可以以参股的形式引进港澳台地区的外资，以控股或独资的形式引进非港澳台地区的外资。

表 9-13　外资来源地区对人身险公司经营风险影响的回归结果

变量	财务风险（*Z* 值）		保险业务风险（*Solvency*）	
	包含港澳台地区外资样本	包含非港澳台地区外资样本	包含港澳台地区外资样本	包含非港澳台地区外资样本
Foreign	-3.3982* (1.9357)	-5.7761** (2.1870)	-16.6059** (6.5239)	-23.5329** (10.5775)
$Foreign^2$	5.8520** (2.4329)	5.2507** (2.2546)	19.4130*** (5.5725)	31.6318*** (8.8362)
临界点	0.29	0.55	0.43	0.37
控制变量	YES	YES	YES	YES
公司固定效应	YES	YES	YES	YES
时间趋势效应	YES	YES	YES	YES
总部区域效应	YES	YES	YES	YES
N	287	411	312	442
R^2	0.5810	0.5465	0.4208	0.2867

注：*、**、*** 分别表示在 10%、5%和 1%显著性水平上显著，括号内为标准误。

3. 外资股权制衡与人身险公司经营风险

在外资参股的人身险公司中，外资股东虽然不具有绝对的话语权，但是具有股权制衡的作用，进而影响公司的风险承担行为。因此，借鉴彭雪梅和邓启平（2023）的研究，本书计算了外资持股比例与第一大股东持股比例的比值以及第一大外资股东持股比例与第一大股东持股比例的比值两个变量，检验外资股权制衡度对外资参股的人身险公司经营风险的影响，变量符号分别记为“*Zex*”“*Zex*1”。检验结果见表 9-14。

表 9-14 结果显示，在以 *Z* 值和 *Solvency* 作为被解释变量时，外资股权制衡 *Zex* 和 *Zex*1 回归系数均显著为负，说明在外资参股的人身险公司中，外资股东不能很好发挥股权制衡作用，降低人身险公司经营风险，这也从侧面解释了在临界点左侧时，外资参股为何会导致人身险公司经营风险增加。

表 9-14　外资股权制衡对人身险公司经营风险影响的回归结果

变量	财务风险（*Z* 值）		保险业务风险（*Solvency*）	
	(1)	(2)	(3)	(4)
Zex	-2.6418** (0.9972)		-2.2960*** (0.6543)	

续表

变量	财务风险（Z 值）		保险业务风险（Solvency）	
	（1）	（2）	（3）	（4）
Zex1		-2.5527** (0.9803)		-2.3002*** (0.6507)
控制变量	YES	YES	YES	YES
公司固定效应	YES	YES	YES	YES
时间趋势效应	YES	YES	YES	YES
总部区域效应	YES	YES	YES	YES
N	158	158	164	164
R^2	0.5557	0.5553	0.5024	0.5025

注：*、**、***分别表示在10%、5%和1%显著性水平上显著，括号内为标准误。

9.4　本章小结

本书基于提高人身险外资股比上限视角，检验了保险业制度型开放对公司经营风险的影响。基于研究结论，提出如下政策建议。

首先，建议进一步深化人身险市场的制度型开放，特别是对合资的人身险公司。实证结果显示，外资持股比例与人身险公司经营风险呈倒“U”形曲线关系，说明外商独资或控股的人身险公司经营风险更小，而在外资参股的人身险公司中，外资股权制衡效果不佳，不利于分散人身险公司经营风险。实际上，外资股东在投资和管理方面拥有丰富的经验和资源，可以为人身险公司带来更多的投资机会和市场机遇，提升公司的整体竞争力和市场影响力。而中资股东则更加了解国内市场和政策，可以提供更多的本土资源和支持。因此，建议进一步深化外资控股或独资经营人身险公司的政策法规，完善相关的制度措施。在合资人身险公司中，建议外方股东与中方股东加强合作，共同推进人身险公司的发展和创新，实现共赢发展。

其次，鼓励人身险公司引进有经验的外资股东，以增强公司的投资职能和保险职能。实证检验结果显示，外资股东可以通过增强保险公司的投资职能和保险职能，降低人身险公司经营风险。通常，外资股东在国际上积累了丰富的投资管理经验，能够为保险公司提供更多的投资机会和方向，帮助公司实现资产配置的最优化。而随着外资股比限制的取消，外资在人身险市场中的比重逐步提高。因此，如何发挥外资股东优势，提升保险公司的整体竞争力，是当前亟待解决的问题。对此可以采取一些措施，如提供更加优惠的股权分配或者更加灵活的管理权限等，加大对有投资管理经验的外资股东的吸引力。同时，应当鼓励保险公司与外资股东建立长期稳定的合作关系，共同探索市场，提升公司在行业内的地位和影响力。

再次，应避免同时引进多个外资股东，并对不同来源地区的外资股东实施差别政策。实证检验结果显示，外资股东数目增加和外资股权集中度的降低均会加大人身险公司经营风险。因此，建议避免同时引进多个外资股东、分散外资股权，同时加强对外资股东的监督和管理，推动外资股权结构的优化和升级。这样才能够更好地发挥外资股东的优势，提升公司的整体竞争力和市场影响力。另外，实证分析结果也显示，在包含非港澳台地区外资股东的样本中，外资持股比例与人身险公司财务风险的倒“U”形曲线临界点更大，超过了0.5，说明对港澳台地区和非港澳台地区的外资股东应实施差别化的引资政策。建议人身险公司从港澳台地区引进外资可以采取参股方式，而从非港澳台地区引进外资可以采取独资或控股的方式，这样更加有利于人身险市场的长远稳定发展。

最后，建议完善人身险市场风险管理的政策法规以及相关制度建设，防范金融风险跨境传播。尽管放开外资股比限制可能会带来一定的风险，但是通过合理的管理和监督，可以有效规避和控制风险。建议人身险市场在实施制度型开放时，应审慎评估引进外资带来的风险，提高风险控制能力。同时，健全和完善保险市场的审慎监管的基本制度体系，加强对人身险市场的监管，并推进与国际监管机构的合作，对外资保险机构实施动态监管和风险预警，防范人身险市场制度型开放对我国宏观经济稳定造成冲击，避免保险业开放产生系统性风险。

第 10 章　结论与政策建议

本章概括了第 3 章至第 9 章的技术结论，根据技术结论给出了防范我国金融业对外开放风险的政策建议，然后针对本书的不足之处，展望了未来的可能研究方向。

10.1　技术结论

10.1.1　针对金融业开放影响金融风险传导机制的技术结论

我们通过构建包含家庭、企业和政府的经济体系，从“引进来”和“走出去”两个方面推导了金融业开放对金融风险影响的传导机制。结果显示，金融业“引进来”通过外商直接投资渠道影响金融风险，而金融业“走出去”则通过对外直接投资渠道影响金融风险，是否有利于降低金融风险取决于投资回报率。另外，由于实体经济的发展与金融稳定相互促进，金融稳则实体兴，实体兴也会进一步促进金融稳定，因此我们也从实体经济层面解析了金融业开放影响金融风险的传导机制，结果发现金融业开放会通过企业成本渠道影响企业产出进而影响金融风险。最后，根据数理模型推导结果，我们对银行业、证券业和保险业开放的风险进行了分析，说明了传导机制在不同金融业开放上的适用性，但是因为不同金融业具有不同的特征，对外开放的幅度也不同，由此引发金融风险的阈值也存在较大的差异，因此无法对不同金融业开放与金融风险之间的关系一概而论，需要具体情况具体分析。

10.1.2　针对金融业“引进来”对金融风险影响的技术结论

对于银行业开放，在微观层面检验发现：外资持股比例与中小型商业银行风险存在正“U”形曲线关系，因此外资参股过高可能会增加中小型商业银行风险，但是外资参股对大型商业银行风险的影响不显著。在宏观层面检验发现：外资银行资产占比对宏观金融风险具有非线性的影响，特别是当外资银行资产占比过高时，外资进入对宏观金融风险具有明显的正向冲击，同时在实体经济层面也不利于促进经济增长和稳定物价。另外，也降低了货币政策对宏观金融风险的调控作用。但是金融科技的发展，有助于降低银行业"引进来"过程中的风险。对于证券业开放，在机构维度检验发现：外资持股比例与证券机构风险存在正"U"形曲线关系，即过高的外资持股比例会加大证券机构风险，特别是证券机构更加极端的风险。在市场维度检验发现：证券业的资金流动对宏观金融风险的影响存在门槛效应，特别是当证券业的资金流入超过门槛值后，跨境证券投资可能导致宏观金融风险上升。对于保险业开放，在服务贸易开放方面检验发现：保险服务贸易进口与保险业市场风险之间存在明显的区制转换特征，在高区制时保险服务贸易进口会增加保险业市场风险，但是在经济低速增长的宏观经济环境下，保险服务贸易进口有利于降低保险业市场风险。在外资持股比例放开方面检验发现：当对外开放水平较低时，放开外资股比限制，有助于降低人身险公司的经营风险。因此，无论是对银行业、证券业还是保险业，在"引进来"过程中应把握好"度"，否则可能会导致金融风险上升。

10.1.3　针对金融业"走出去"对金融风险影响的技术结论

对于银行业开放，在微观层面检验发现：海外资产占比与中小型商业银行风险之间具有倒"U"形曲线关系，因此较高的境外投资规模可能降低中小型商业银行风险；海外资产占比与大型商业银行风险呈倒"N"形曲线关系，即在阈值区间内，境外投资可能导致大型商业银行风险上升，因此建议大型商业银行加大境外投资力度并跨过阈值区间。在宏观层面检验发现：中资银行海外资产占比对宏观金融风险具有非线性影响，较高的中资银行海外资产占比有利于降低宏观金融风险，并促进经济增长，说明银行业加大境外投资力度有助于稳定金融市场，并实现规模经济。同时，金融科技的发展也有助于降低商业银行"走出去"过程中的风险。对于证券业开放，在机构维度检验发现：海外资产占比与证券机构风险呈负相关关系，即证券业加大境外投资规模可能有助于降低证券机构风险。在市场维度检验发现：证券业的资金流出超过门槛值后，跨境证券投资对金融风险的影响较小，不会明显影响金融稳定。对于保险业开放，保险服务贸易出口与保险业市场风险似乎未形成明显的统计学特征，一个重要的原因可能是我国保险服务贸易出口水平较低，较低水平的保险业"走出去"没有产生规模效应。因此，无论是对银行业、证券业还是保险业，加大境外投资力度有利于形成规模经济，可能有助于降低金融风险。

10.2 政策建议

根据技术结论，我们提出的政策建议如下：

第一，加大金融业“引进来”的同时应当把握好“度”。

近年来，我国不断放宽金融机构外资持股比例的限制，由于降低了进入壁垒，未来我国金融业外资进入的规模和速度将不断加快，一方面，有助于我国金融业的改革发展。另一方面，外资的过快进入可能对我国的金融安全造成冲击，增大宏观金融风险防范的难度。实证检验结果也从银行业、证券业开放方面证明了金融业过度地“引进来”可能不利于分散金融风险。因此，在加大金融业“引进来”的过程中，应注重引入外资的质量和速度，因为合理的外资引入才能够维护金融稳定，并推动本国金融市场成长，激发创新活力。我们建议在加快金融业“引进来”的同时，警惕外资的过快进入对我国金融安全造成较大的冲击，一方面，可以通过对金融市场进行改革、制定和完善相关政策法规等措施来发挥外资的积极有利影响。另一方面，在金融业“引进来”的过程中，对引入的外资进行严格的监管，特别是在外资金融机构的跨境资金运作以及在华混业经营的监管制度建设等方面。

第二，鼓励金融业加大境外投资力度，加快海外战略布局。

整体来看，我国金融业境外投资力度普遍较小，特别是保险业，因此较低的境外投资规模可能无法形成规模经济，不利于分散金融风险，同时也不利于加快我国金融业的国际化进程。因此我们建议金融业加大境外投资力度，一方面有助于获得海外的客户和市场，拓展市场空间；另一方面也加快了与全球市场接轨，促进了自身竞争能力的提升。但是境外市场相对国内市场具有更多的不确定性，面临的风险可能更高。例如，在发达国家，境外经营的金融机构不仅要面对严格的监管环境，同时与本土企业激烈的竞争也可能加大海外经营的风险；而在不发达国家，制度建设可能并不完善，同时宏观经济波动更大，也会在无形中加大金融机构境外投资的风险。因此，在金融业“走出去”的过程中，我们建议金融机构以审慎、稳健为前提，选择适合投资的海外市场，不进入高风险市场，同时也不参与风险高的投资项目。另外，金融机构要提高自身的风险管理能力，建立有效的海内外市场风险隔离措施，避免海外市场风险的跨境传递，影响到我国的金融稳定。

第三，大力发展金融科技，为金融业对外开放保驾护航。

商业银行大力发展金融科技，会产生技术溢出效应，降低了银行运营成本，提高了银行运营效率，有利于银行业在加大对外开放的过程中，降低银行风险。因此，建议商业银行加快金融科技建设，制定金融科技融合发展的战略并融入金融科技发展浪潮，助力金融业和实体经济的高质量发展。在不同类型商业银行发展金融科技上，全国性商业银行相比地方商业银行在资金和人才等方面更具有优势，但是地方性商业银行的溢出效应更加明显。建议不同类型的商业银行应结合自身优势和不足，提高金融科技的研发力度。例如，大型商业银行利用自身的资金和人才优势，可以大力发展自身的金融科技平台，而地方性商业银行可以考虑与金融科技公司进行合作，提高自身的金融科技水平。

第四，推动金融市场化和结构化改革，提高实体经济的吸引力。

金融业在双向开放过程中，过高的外资引入和过低的境外投资均可能不利于分散风险，背后的原因可能是我国金融机制不健全，金融监管存在滞后性，因此金融业开放带来的冲击无法被有效吸收，导致金融市场动荡。因此我们建议加快金融业双向开放的同时推动金融市场化和结构化改革，健全和完善我国审慎监管的基本制度体系。这将有效化解金融业开放可能带来的风险因素，有助于金融稳定，同时提高了我国金融国际化水平。另外，金融业开放是否有益于金融稳定，在很大程度上取决于宏观经济基础以及金融体系的稳健性。当经济发展好，金融体系稳健性强时，金融业开放带来的外商直接投资和对外直接投资不会对金融体系产生较大的冲击，反而有益于促进金融业的快速发展。但是，如果宏观经济基础本身就薄弱，经济发展不具有吸引力，过度地开放金融业不仅不会吸引外资，反而资本流动带来的冲击会进一步加剧宏观经济的波动，威胁金融稳定。因此，我们建议政府大力发展实体经济，提高实体经济与资本市场投资的回报率，制定合理政策吸引外资，并让外资沉淀下来，为我国的经济建设长期服务。

第五，完善开放条件下的监管制度建设，同时积极推进跨境监管合作。

为维护金融稳定，金融业开放必然对国家金融监管能力提出更高的要求，因为在开放的环境下资本流动对金融市场会产生不同程度的冲击，而监管水平可以为实现更高水平开放提供坚强保障，避免引发系统性金融风险。因此，我们建议监管机构应提高监管能力建设，对跨境资本流动可以通过大数据措施实施动态监管和风险预警。同时，监管机构要加强与国际监管部门的合作，建立健全数据通报、数据共享、投资者保护等方面的执法机制建设，这样可以有效降低非理性频繁的跨境资金流动对我国宏观经济带来的负面影响，同时可以避免金融业开放引发系统性金融风险。

10.3 未来展望

本书以中国金融业开放为背景，具体研究了金融业的三大支柱银行业、证券业和保险业开放对金融风险的影响，取得了一定的阶段性成果，但是仍然存在一些不足。展望未来，可能的研究方向如下：

第一，从其他金融业的对外开放或者对外开放的其他角度进一步进行相关研究。本书主要以金融业三大支柱银行业、证券业和保险业为主要研究对象，探讨了银行业、证券业和保险业开放对金融风险的影响，但金融业不仅包含银行业、证券业和保险业，还包含信托和租赁等二级行业，其他金融业的对外开放也可能会带来风险，因此未来有必要进一步探讨其他金融业对外开放的风险。另外，对外开放内涵较为丰富，本书主要从外资持股比例、海外资产占比等角度考察了金融业的“引进来”和“走出去”对金融风险的影响，因此可能存在对外开放研究的不全面问题，未来研究中也可以从金融业其他方面的开放进一步进行相关研究，如金融业对外开放政策的颁布、债券市场的开放等。

第二，将金融业开放进行细化，深入地分析银行业、证券业和保险业开放对金融风险的影响机制以及它们之间相互影响的机制问题。在第 3 章构建数理模型时，我们是将不同金融业看作统一整体，从金融业的“引进来”和“走出去”两个方面解析金融业开放对金融风险影响的“黑箱子”。但是不同金融业对外开放的风险传递机制可能存在一定的差异性，并不能一概而论。在未来研究中，可以将金融业开放进行细化，分别推导不同金融业开放对金融风险的影响机制以及它们之间相互影响的机制。

第三，进一步深入探讨金融科技在金融业开放过程中的作用。第 6 章构建了银行金融科技发展指数，根据金融科技指数分组，探讨了金融科技发展水平高和低时，银行业对外开放的风险表现。但是仅采用分组检验，并未很清晰地揭示出金融科技、银行业开放与银行风险之间的作用机制。未来研究可以进一步采用调节效应模型、中介效应模型等，检验金融科技在银行业开放与银行风险之间的作用机制。另外，也可以进一步探讨金融科技在证券业和保险业开放过程中的作用。

参考文献

［1］白雪梅，石大龙．中国金融体系的系统性风险度量［J］．国际金融研究，2014（6）：75-85.

［2］鲍星，李巍，李泉．金融科技运用与银行信贷风险——基于信息不对称和内部控制的视角［J］．金融论坛，2022，27（1）：9-18.

［3］边文龙，王向楠．投资职能对保险公司风险的影响研究［J］．金融研究，2017（12）：158-173.

［4］曹衷阳，关田田．跨境资本流动对银行系统性风险影响的实证研究［J］．河北经贸大学学报，2021，42（6）：54-64.

［5］常建新，盛秀婷．外资银行进入和国内银行绩效：来自中国的新证据［J］．投资研究，2014（7）：41-56.

［6］陈旺，黄家炜，汪澜．金融开放与银行风险承担的异质性研究——基于98个国家的实证分析［J］．国际金融研究，2020（1）：33-43.

［7］陈华，邵瑜佳，王丽珍．财险公司业务多元化的驱动因素研究——基于公司特征的异质性分析［J］．保险研究，2020（8）：47-63.

［8］程惠芳，朱一鸣，潘奇．中国的资本账户开放、汇率制度改革与货币危机风险［J］．国际贸易问题，2016（11）：165-176.

［9］邓光军，曾勇，李强．外资银行与中资银行的战略合作决策研究［J］．管理科学学报，2012（7）：71-86.

［10］邓敏，蓝发钦．金融开放条件的成熟度评估：基于综合效益的门槛模型分析［J］．经济研究，2013（12）：120-133.

［11］方芳，林海涛．系统性金融风险再认识：演化、测量与检验［J］．经济理论与经济管理，2017（11）：45-57.

［12］方显仓，孙琦．金融账户开放与三类风险的互动机制［J］．世界经济研究，2015（2）：3-14.

［13］方先明，裴平，张谊浩．国际投机资本流入：动机与冲击——基于中国大陆1999—2011年样本数据的实证检验［J］．金融研究，2012（1）：66-76.

［14］方意，邵稚权，黄昌利．资本市场开放与跨境风险传染防控——基于

沪港通的经验证据［J］. 国际金融研究，2021（9）：65-75.

［15］方意，颜茹云，郑子文. 资本账户开放对银行风险的影响机制研究［J］. 国际金融研究，2017（11）：33-43.

［16］傅强，张颖. 我国金融系统的风险溢出效应研究——基于溢出指数的实证分析［J］. 宏观经济研究，2015（7）：45-51.

［17］龚晓叶，李颖. 金融科技对普惠金融“悖论”的影响——基于中国银行业风险承担水平的证据［J］. 证券市场导报，2020（9）：33-43.

［18］关蓉，陈钰，郑海涛，等. 赔付率约束下的中国保险公司效率与全要素生产率研究［J］. 管理评论，2020（1）：68-79.

［19］郭红玉，杨美超. 金融开放背景下实际资本管制能力对金融危机影响的实证研究［J］. 国际金融研究，2019（9）：43-53.

［20］郭金龙，王桂虎，袁中美. 保险投资对金融稳定的影响——基于欧洲国家的经验研究［J］. 保险研究，2018（3）：3-13.

［21］郭丽虹，朱柯达. 金融科技、银行风险与经营业绩——基于普惠金融的视角［J］. 国际金融研究，2021（7）：56-65.

［22］郭娜，祁帆，张宁. 我国系统性金融风险指数的度量与监测［J］. 财经科学，2018（2）：1-14.

［23］郭娜，张骏，陈东晖. 金融科技、银行风险容忍度与流动性囤积［J］. 金融论坛，2023，28（4）：60-69.

［24］郭品，沈悦. 互联网金融对商业银行风险承担的影响：理论解读与实证检验［J］. 财贸经济，2015（10）：102-116.

［25］郭品，程茂勇，沈悦. 金融科技发展对银行系统性风险的影响：理论机制与经验证据［J］. 当代经济科学，2023，45（5）：15-29.

［26］韩晓峰，陈师. 银行全球化、金融加速器与国际经济风险传导——基于中、美两国宏观经济数据的实证研究［J］. 财经科学，2018（4）：1-14.

［27］何国华，童晶. 国家治理体系完善有助于促进金融稳定吗？——基于全球214个国家的数据检验［J］. 经济管理，2018（12）：5-20.

［28］何国华，徐梦洁. 宏观审慎政策调节跨境资本流动风险的有效性——基于银行稳定性视角［J］. 国际金融研究，2022（8）：65-75.

［29］何维达，于一. 外资进入与中国商业银行的风险承担［J］. 金融论坛，2011（1）：43-48.

［30］何小钢，罗欣，郭晓斌. 金融科技、资源配置与银行业结构［J］. 当代财经，2023（6）：54-66.

［31］何小伟，谢远涛．外资保险进入中国的“溢出效应”研究：来自寿险市场的证据［J］．经济科学，2012（4）：117-128.

［32］胡成春，陈迅．经济政策不确定性、宏观经济与资产价格波动——基于 TVAR 模型及溢出指数的实证分析［J］．中国管理科学，2020（11）：61-70.

［33］胡俊，李强，刘颖琛，等．商业银行金融科技对零售贷款的影响——基于年报的文本分析［J］．管理评论，2021，33（11）：298-311.

［34］胡历芳，刘纪鹏．扩大对外开放背景下中国银行业系统性风险的预警与防范［J］．经济与管理研究，2019（3）：21-28.

［35］黄均华．资本账户开放对货币市场稳定性的影响——基于 PSTR 模型的全球比较证据［J］．世界经济研究，2017（2）：3-11.

［36］黄荣哲．经济增长、产业集中度与保险服务贸易竞争力［J］．保险研究，2015（8）：28-35.

［37］黄薇，龚六堂．新兴市场国家保险业发展比较研究：基于效率的视角［J］．世界经济，2013（7）：112-137.

［38］黄薇．外资进入对中国保险业效率的影响［J］．金融研究，2011（3）：22-26.

［39］纪彰波，臧日宏．资本市场开放能够提高股票价格稳定性吗？——基于沪港通的经验证据［J］．世界经济研究，2019（5）：14-26.

［40］蒋芊如，汪成豪，胡毅．商业银行境外引资与经营风险的关系研究［J］．管理评论，2022（7）：280-288.

［41］蒋业宏．我国金融开放、金融创新与金融风险之间的相互传导影响机制研究［J］．新疆社会科学，2020（5）：30-38.

［42］金洪飞，李弘基，刘音露．金融科技、银行风险与市场挤出效应［J］．财经研究，2020，46（5）：52-65.

［43］靳玉英，周兵．新兴市场国家金融风险传染性研究［J］．国际金融研究，2013（5）：49-62.

［44］李春涛，闫续文，宋敏，杨威．金融科技与企业创新——新三板上市公司的证据［J］．中国工业经济，2020（1）：81-98.

［45］李青原，章尹赛楠．金融开放与资源配置效率——来自外资银行进入中国的证据［J］．中国工业经济，2021（5）：95-113.

［46］李泉，王彦龙，高雅．金融科技、信贷增长与信贷风险：兼论市场化程度的调节效应［J］．兰州财经大学学报，2020，36（4）：16-29.

［47］李苏骁，杨海珍．国际证券资金大幅流入识别及其影响因素研究

[J]. 国际金融研究，2019 (2)：23-32.

[48] 李腾，薛敏，郭金龙. 对外开放增加了保险公司的风险吗？[J]. 财经论丛，2022 (4)：36-45.

[49] 粟芳，谭中. 中国与世界保险市场的联动性研究——寿险与财险市场的比较 [J]. 保险研究，2012 (8)：20-28.

[50] 李小胜，董丰，熊琛. 金融开放、金融摩擦与中国宏观经济波动 [J]. 经济学（季刊），2022，22 (5)：1533-1554.

[51] 李振，宋科，杨家文. 银行业开放、外资持股与银行风险承担 [J]. 财贸经济，2020 (10)：96-110.

[52] 李志辉，李源，李政. 中国银行业系统性风险监测研究——基于 SCCA 技术的实现与优化 [J]. 金融研究，2016 (3)：92-106.

[53] 林曙，叶海春. 福兮祸之所伏：发展中国家股票市场开放的增长效应再探究 [J]. 金融研究，2014 (11)：142-158.

[54] 刘海飞，柏巍，李冬昕，等. 沪港通交易制度能提升中国股票市场稳定性吗？——基于复杂网络的视角 [J]. 管理科学学报，2018，21 (1)：97-110.

[55] 刘家松. 外资参股银行业与金融安全的新兴市场国家比较研究 [J]. 宏观经济研究，2013 (9)：39-47.

[56] 刘家松. 外资参股后的银行业控制权与金融安全研究 [J]. 宏观经济研究，2012 (7)：17-24.

[57] 刘家松. 外资参股争夺银行业控制权的方式、路径与案例 [J]. 宏观经济研究，2014 (12)：19-29.

[58] 刘峻峰，李巍，张卫峰. 金融开放有利于银行经营绩效的提升吗？——基于银行贷款的中介效应检验 [J]. 世界经济研究，2022 (2)：12-25.

[59] 刘莉亚，何彦林，王照飞，等. 融资约束会影响中国企业对外直接投资吗？——基于微观视角的理论和实证分析 [J]. 金融研究，2015 (8)：124-140.

[60] 刘莉亚，李涛. 金融开放深化提升了银行绩效吗？——来自中国金融开放冲击的证据 [J]. 财经研究，2023，49 (8)：139-152.

[61] 刘孟飞，蒋维. 金融科技促进还是阻碍了商业银行效率？——基于中国银行业的实证研究 [J]. 当代经济科学，2020，42 (3)：56-68.

[62] 刘瑞兴. 金融压力对中国实体经济冲击研究 [J]. 数量经济技术经济研究，2015 (6)：147-160.

[63] 刘忠璐. 互联网金融对商业银行风险承担的影响研究 [J]. 财贸经济，2016 (4)：71-85.

［64］路妍，李爽．国际货币政策变动、金融开放与中国系统性金融风险研究［J］．投资研究，2021，40（3）：33-46.

［65］马理，何云，牛慕鸿．对外开放是否导致银行业的风险上升？——基于外资持股比例与海外资产占比的实证检验［J］．金融研究，2020（4）：91-111.

［66］马勇，王芳．金融开放、经济波动与金融波动［J］．世界经济，2018（2）：20-44.

［67］毛颖，孙蓉，甄浩．保险公司股权结构对风险承担行为的影响研究［J］．保险研究，2019（7）：14-28.

［68］孟娜娜，粟勤．挤出效应还是鲇鱼效应：金融科技对传统普惠金融影响研究［J］．现代财经（天津财经大学学报），2020，40（1）：56-70.

［69］宁特林，谢朝阳．中国证券市场开放与金融稳定［J］．经济问题，2017（10）：33-38.

［70］牛霖琳，林木材．中国超长期国债的相对流动性溢价与收益率曲线的结构性建模［J］．金融研究，2017（4）：17-31.

［71］欧阳越秀．我国财产保险公司偿付风险管理能力研究——基于C-ROSS视角的45家财险公司经验数据［J］．保险研究，2016（3）：57-63.

［72］潘宁宁，韩科飞．资本市场开放、尾部系统风险与市场稳定——来自沪港通交易制度的经验证据［J］．财经科学，2022（6）：36-49.

［73］彭雪梅，邓启平．“开放—稳定”抑或“开放—脆弱”？外资持股对寿险公司财务稳定性的影响［J］．保险研究，2023（4）：15-28.

［74］邱晗，黄益平，纪洋．金融科技对传统银行行为的影响——基于互联网理财的视角［J］．金融研究，2018（11）：17-29.

［75］邱立成，殷书炉．外资进入、制度变迁与银行危机——基于中东欧转型国家的研究［J］．金融研究，2011（12）：115-130.

［76］邱志刚，罗煜，江颖，等．金融科技会颠覆传统金融吗？——大数据信贷的经济解释［J］．国际金融研究，2020（8）：35-45.

［77］任光宇．证券市场开放速度的影响和决定［J］．统计研究，2015（9）：39-48.

［78］盛松成，张承惠，彭文生，等．中国金融开放的形势研判与风险预警讨论［J］．国际经济评论，2020（6）：9-21.

［79］盛天翔，范从来．金融科技、最优银行业市场结构与小微企业信贷供给［J］．金融研究，2020（6）：114-132.

［80］盛天翔，邰小芳，周耿，等．金融科技与商业银行流动性创造：抑制

还是促进［J］. 国际金融研究，2022（2）：65–74.

［81］宋凌峰，肖雅慧．经济波动、业务异质性与保险业系统性风险研究［J］. 保险研究，2018（2）：3–16.

［82］宋敏，周鹏，司海涛．金融科技与企业全要素生产率——“赋能”和信贷配给的视角［J］. 中国工业经济，2021（4）：138–155.

［83］苏帆，于寄语，熊劼．更高资本充足率要求能够有效防范金融风险吗？——基于双重差分法的再检验［J］. 国际金融研究，2019（9）：76–86.

［84］孙焱林，夏禹．金融开放对系统性金融风险的非线性影响——基于金融深化视角的实证分析［J］. 金融与经济，2019（6）：37–43.

［85］孙旭然，王康仕，王凤荣．金融科技、竞争与银行信贷结构——基于中小企业融资视角［J］. 山西财经大学学报，2020，42（6）：59–72.

［86］唐升，周新苗．中国系统性金融风险与安全预警实证研究［J］. 宏观经济研究，2018（3）：48–61.

［87］谭小芬，张怡宁．中国金融开放的路径选择和风险防范［J］. 保险研究，2023（2）：3–19.

［88］陶玲，朱迎．系统性金融风险的监测和度量——基于中国金融体系的研究［J］. 金融研究，2016（6）：18–36.

［89］田娇，王擎．银行资本约束、银行风险外溢与宏观金融风险［J］. 财贸经济，2015（8）：74–90.

［90］王道平，刘杨婧卓，徐宇轩，等．金融科技、宏观审慎监管与我国银行系统性风险［J］. 财贸经济，2022（4）：1–14.

［91］王丽珍，肖淦丹，田嘉晴．股权结构对财险公司风险承担行为影响的实证研究［J］. 保险研究，2021（2）：17–30.

［92］王稳，田满霞．我国寿险公司治理效率评价的实证研究［J］. 保险研究，2020（12）：3–17.

［93］王子柱，刘浩思．资本市场对外开放对股价波动性的影响研究——来自“深港通”的经验证据［J］. 价格理论与实践，2022（2）：141–145.

［94］完颜瑞云，锁凌燕．保险公司与系统性风险的中国视角：理论与实证［J］. 保险研究，2018（11）：3–16.

［95］王桂虎，郭金龙．保险业资产负债流动性错配与系统性金融风险研究——基于 OECD 国家的经验［J］. 保险研究，2018（9）：4.

［96］温兴春，梅冬州．金融业开放、金融脆弱性以及危机跨部门传递［J］. 世界经济，2020（10）：144–168.

［97］吴成颂，周炜，王浩然．境外战略投资者能降低商业银行的风险承担吗？——来自城商行的经验性证据［J］．国际金融研究，2017（5）：56-66.

［98］吴望春，李春华．近十年中国寿险公司经营效率分析及中外资对比——基于 DNSBM 模型的寿险应用实例［J］．中央财经大学学报，2020（2）：38-55.

［99］吴文洋，蒋海，卢翠平．系统性金融风险预警指标重构及有效性研究——基于金融创新的视角［J］．金融论坛，2022，27（10）：23-32.

［100］夏越．金融杠杆如何影响系统性金融风险——U 形关系与空间溢出［J］．财经科学，2019（1）：1-15.

［101］熊健，张晔，董晓林．金融科技对商业银行经营绩效的影响：挤出效应还是技术溢出效应？［J］．经济评论，2021（3）：89-104.

［102］熊琛，金昊．银行“走出去”、跨国风险传导与宏观审慎政策——基于对“一带一路”国家投资的分析［J］．中国工业经济，2023（6）：24-42.

［103］熊启跃，赵阳，廖泽州．国际化会影响银行的净息差水平么？——来自全球大型银行的经验证据［J］．金融研究，2016（7）：64-80.

［104］徐国祥，李波．中国金融压力指数的构建及动态传导效应研究［J］．统计研究，2017（4）：59-71.

［105］许涤龙，陈双莲．基于金融压力指数的系统性金融风险测度研究［J］．经济学动态，2015（4）：69-78.

［106］徐晓萍，李弘基，戈盈凡．金融科技应用能够促进银行信贷结构调整吗？——基于银行对外合作的准自然实验研究［J］．财经研究，2021，47（6）：92-107.

［107］严伟祥，张维，牛华伟．金融风险动态相关与风险溢出异质性研究［J］．财贸经济，2017（10）：67-81.

［108］姚婷，宋良荣．金融科技对商业银行风险的影响及异质性研究［J］．云南财经大学学报，2020，36（12）：53-63.

［109］杨波，吴婷．地理分散化降低了多少保险经营风险［J］．保险研究，2020（2）：30-42.

［110］杨丹丹，沈悦．金融开放进程中的中国跨境资本流动风险预警研究——基于 MS-TVTP 模型的分析［J］．国际金融研究，2021（5）：76-85.

［111］叶辅靖，原倩．我国金融开放的历程、现状、经验和未来方向［J］．宏观经济管理，2019（1）：21-27.

［112］杨海珍，李苏骁，史芳芳．中国资本账户开放进程中跨境证券投资

对国内金融市场的影响［J］．经济理论与经济管理，2017（10）：17-31.

［113］杨继梅，马洁，吕婕．金融开放背景下金融发展对跨境资本流动的影响研究［J］．国际金融研究，2020（4）：33-42.

［114］杨景陆，粟勤．数字金融发展与中小银行风险——基于我国117家商业银行的经验证据［J］．南方金融，2023（3）：3-18.

［115］杨子晖，陈雨恬，陈里璇．极端金融风险的有效测度与非线性传染［J］．经济研究，2019（5）：63-80.

［116］张斌，于春海，刘翠花．金融开放、银行顺周期反应与资本流动跨部门传导［J］．上海经济研究，2023（4）：84-103.

［117］张博，宋成，刘家松．外资参股、股权结构与中资银行风险承担——基于61家商业银行的实证分析［J］．宏观经济研究，2018（6）：31-43.

［118］张春宝，石为华．中国资本账户及各管制项目开放程度的测度研究［J］．经济与管理，2016（3）：28-33.

［119］张春生，江梦婷，王宋涛．极端资本流动与金融稳定［J］．财经科学，2023（8）：33-48.

［120］张昊宇，陈中飞，初可佳．中国短期资本流动的驱动因素及时变特征——基于金融开放和金融稳定视角［J］．金融经济学研究，2020，35（2）：87-98.

［121］张礼卿，杨荣．新一轮银行业开放的影响：前瞻与对策［J］．金融论坛，2020（1）：3-8.

［122］张晓明，李泽广．系统风险外溢、市场约束机制与银行股票回报率——基于CoVaR和时变条件β指标的研究［J］．金融研究，2017（12）：143-157.

［123］张玉鹏，王茜．金融开放视角下宏观经济波动问题研究——以东亚国家（地区）为例［J］．国际金融研究，2011（2）：14-24.

［124］张勇，彭礼杰，莫嘉浩．中国金融压力的度量及其宏观经济的非线性效应［J］．统计研究，2017（1）：67-79.

［125］张晓燕，姬家豪．金融科技与金融监管的动态匹配对金融效率的影响［J］．南开管理评论，2023，26（1）：43-56.

［126］赵桂芹，吴洪．保险体系的系统风险相关性评价：一个国际视角［J］．保险研究，2012（9）：112-119.

［127］赵清波，卜林，赵玲玲．银行金融科技如何影响风险承担？——来自中国银行业的经验证据［J］．金融论坛，2023，28（2）：25-58.

［128］钟覃琳，陆正飞．资本市场开放能提高股价信息含量吗？——基于

"沪港通"效应的实证检验［J］. 管理世界，2018（1）：169-179.

［129］祝继高，苏嘉莉，黄薇. 股权结构、股权监管与财务业绩——来自中国寿险业股权监管的经验证据［J］. 会计研究，2020（6）：61-74.

［130］周宇. 中国金融开放的三个阶段：从局部开放走向全面开放［J］. 世界经济研究，2021（2）：90-101.

［131］庄起善，张广婷. 国际资本流动与金融稳定性研究——基于中东欧和独联体国家的比较［J］. 复旦学报（社会科学版），2013（5）：94-107.

［132］Ahmed W M A. Cross-border Equity Flows and Market Volatility: the Case of Qatar Exchange［J］. International Journal of Emerging Markets, 2016, 11（3）: 395-418.

［133］Ahmed W M A. The Impact of Foreign Equity Flowson Market Volatility During Politically Tranquil and Turbulent Times: The Egyptian Eexperience［J］. Research in International Business and Finance, 2017, 40: 61-77.

［134］Aiyar S. From Financial Crisis to Great Recession: The Role of Globalized Banks［J］. American Economic Review, 2012, 102（3）: 225-230.

［135］Alhassan A L, Biekpe N. Liberalization Outcomes and Competitive Behaviour in an Emerging Insurance Market［J］. African Development Review, 2017, 29（2）: 122-138.

［136］Alicia G, Francisco V. International Diversification Gainsand Home Biasin Banking［J］. Journal of Banking & Finance, 2013, 37（7）.

［137］Altuntas M, Gößmann G. The Relationship between Home Market Performance and Internationalization Decisions: Evidence from German Insurance Groups［J］. Risk Management and Insurance Review, 2016, 19（1）: 37-71.

［138］Altuntas M, Rauch J. Concentration and Financial Stability in the Property-liability Insurance Sector: Global Evidence［J］. TheJournal of Risk Finance, 2017, 18（3）: 1-29.

［139］Amstad M, He Z. Chinese Bond Market and Interbank Market［J］. NBER Working Paper, 2019, No. 25549.

［140］An Z, Chen Z, Li D, et al. Individualism and Stock Price Crash Risk［J］. Journal of International Business Studies, 2018, 49（9）.

［141］Angkinand A, Wihlborg C. Deposit Insurance Coverage, Oownership, and Banks' Risk-taking in Emerging Markets［J］. Journal of International Money and Finance, 2010, 29（2）: 252-274.

[142] Anwar S, Nguyen L P. Channels of Monetary Policy Transmission in Vietnam [J]. Journal of Policy Modeling, 2018, 40 (4): 709-729.

[143] Anyamaobi C. Systemic Risk and Foreign Portfolio Investment: Evidence from Nigeria Capital Market [J]. International Journal of Social Science and Management Studies, 2022, 1 (3).

[144] Ashraf B. N. Do trade and financial openness matter for financial development? Bank-level evidence from emerging market economies [J]. Research in International Business and Finance, 2018, 44: 434-458.

[145] Ayhan Kose M. , E. S. Prasad. , A. D. Taylor. Thresholds in the process of international financial integration [J]. Journal of International Money and Finance, 2011, 30 (1): 147-179.

[146] Bai Y, Chow D Y P. Shanghai-Hong Kong Stock Connect: An Analysis of Chinese Partial Stock Market Liberalization Impact on the Local and Foreign Markets [J]. Journal of International Financial Markets, Institutions and Money, 2017, 50: 182-203.

[147] Balcilar M, Gungor H, Olasehinde-Williams G. On the Impact of Globalization on Financial Development: A Multi-country Panel Study [J]. European Journal of Sustainable Development, 2019, 8 (1): 350-364.

[148] Bandelj A. Should Banks be Geographically Diversified Empirical Evidence from Cross-country Diversification of Europeanbanks [J]. The European Journal of Finance, 2016, 2 (22): 143-166.

[149] Banna H, Mia M A, Nourani M, et al. Fintech-based financial in clusion and risk-taking of micro finance in stitutions (MFIs): Evidence from Sub-Saharan Africa [J]. Finance Research Letters, 2022, 45: 1-10.

[150] Batten J A, Vo X V. Foreign Ownership in Emerging Stock Markets [J]. Journal of Multinational Financial Management, 2015, 32: 1-24.

[151] Batuo M. , K. Mlambo. , S. Asongu. Linkages between financial development, financial instability, financial liberalisation and economic growth in Africa [J]. Research in International Business and Finance, 2018, 45 (10): 168-179.

[152] Ben Rejeb A, Boughrara A. The Relationship between Financial Liberalization and Stock Market Volatility: the Mediating Role of Financial Crise [J]. Journal of Economic Policy Reform, 2014, 17 (1): 46-70.

[153] Ben Saïda A. , H. Litimi. , O. Abdallah. Volatility spillover shifts in

global financial markets [J]. Economic Modelling, 2018, 73: 343-353.

[154] Berger A N, ElGhoul S, Guedhami O. Internationalization and Bank Risk [J]. Management Scienc, 2016, 63 (7).

[155] Biener C, Eling M, Jia R. Globalization of the Life Insurance Industry: Blessing or Curse [R]. Working Paper, 2015.

[156] Bierth C, Irresberger F, Weiß G N F. Systemic Risk of Insurers around the Globe [J]. Journal of Banking & Finance, 2015, 55: 232-245.

[157] Billio M., Getmansky, Mila., Lo Andrew W. Econometric measures of connectedness and systemic risk in the finance and insurance sectors [J]. Journal of Financial Economics, 2012, 104 (3): 535-559.

[158] Bourgain A., P. Pieretti., S. Zanaj. Financial openness, disclosure and bank risk-taking in MENA countries [J]. Emerging Markets Review, 2012, 13 (3): 283-300.

[159] Brighi, P, Venturelli V, 2016. How functional and geographic diversification affect bank profitability during the crisis [J]. Finance Research Letters, 2016, 16: 1-10.

[160] Bruno V, Hauswald R. The Real Effect of Foreign Banks [J]. Review of Finance, 2013, 18 (5).

[161] Buch C M, Koch C T, Koetter M. Do Banks Benefit from Internationalization Revisiting the Market Power-risk Nexus [J]. Review of Finance, 2013, 17 (4).

[162] Bui D T, Bui T M H. How does Institutional Development Shape Bank Risk-taking Incentivesin the Context of Financial Openness? [J]. Pacific-Basin Finance Journal, 2019, 58: 1-16.

[163] Bukowski S I, Lament M. Impact of Foreign Capitalon the Insurance Market Development in the Visegrad Group Countries [J]. Journal of Management and Financial Sciences, 2019 (38): 33-45.

[164] Caballero J. Banking crises and financial integration: Insights from networks science [J]. Journal of International Financial Markets, Institutions and Money, 2015, 34 (1): 127-146.

[165] Caggiano G, Castelnuovo E, Figueres J M. Economic Policy Uncertainty and Unemployment in the United States: A Nonlinear Approach [J]. Economics Letters, 2017, 151: 31-34.

[166] Cao Y, Gregory - Smith I, Montagnoli A. Transmission of Liquidity Shocks: Evidenceon Cross-border Bank Ownership Linkages [J]. Journal of International Financial Markets, Institutions and Money, 2018, 53: 158-178.

[167] Cetorelli N, Goldberg L S. Banking Globalization and Monetary Transmission [J]. The Journal of Finance, 2012, 67 (5).

[168] Chang C W, Li X, Lin EM H, et al. Systemic Risk, Interconnectedness, and Non-core Activities in Taiwan Insurance Industry [J]. International Review of Economics & Finance, 2018, 55: 273-284.

[169] Charteris A H, Strydom B. Capital Market Openness and Volatility: an Investigation of FiveSub-SaharanTreasuryBillRates [J]. International Journal of Emerging Markets, 2016, 11 (3): 438-459.

[170] Che X, Liebenberg A P, Liebenberg I A, et al. Decomposing Diversification Effect: Evidence from the US Property-liability Insurance Industry [J]. Insurance Markets and Companies, 2017 (8): 16-28.

[171] Chen P F, Lin C W, Lee C C. Financial Crises, Globalization, and Insurer Performance: Some International Evidence [J]. The North American Journal of Economics and Finance, 2019, 48: 835-856.

[172] Chen Z, Du J, Li D, et al. Does Foreign Institutional Ownership Increase Return Volatility? Evidence from China [J]. Journal of Banking & Finance, 2013, 37 (2): 660-669.

[173] Chen M, Wu J, Jeon B N, et al. Do Foreign Banks Take More Risk? Evidence from Emerging Economies [J]. Journal of Banking & Finance, 2017, 82: 20-39.

[174] Cheng M, Geng H, Zhang J. Chinese Commercial Banks: Benefits from Foreign Strategic Investors? [J]. Pacific-Basin Finance Journal, 2016, 40: 147-172.

[175] Cheng M, Qu Y. Does bank FinTech reduce credit risk? Evidence from China [J]. Pacific-Basin Finance Journal, 2020, 63: 1-24.

[176] Chiang Y C, Chan M H. Foreign Ownership and Firm-level Stock Return Volatility in Taiwan [J]. Investment Management & Financial Innovations, 2017, 14 (3): 261-269.

[177] Cihak M, Muñoz S, Scuzzarella R. The Bright and the Dark Side of Cross-border Banking Linkages [J]. Finance a Uver, 2012, 62 (3): 200-218.

[178] Claessens S. Global Banking: Recent Developments and Insights from

Research [J]. Review of Finance, 2017, 21 (4).

[179] Cole C R, Ferguson W L, Lee R B, et al. Internationalization in the reinsurance industry: An analysis of the net financial position of US reinsurers [J]. Journal of Risk and Insurance, 2012, 79 (4): 897-930.

[180] Cubillas E., F. González. Financial liberalization and bank risk-taking: International evidence [J]. Journal of Financial Stability, 2014, 11: 32-48.

[181] Cull R, Peria M S M, Verrier J. Bank Ownership: Trends and Implications [J]. The World Bank Working Paper, 2018.

[182] Cummins J D, Rubio-Misas M, Vencappa D. Competition, efficiency and soundness in European life insurance markets [J]. Journal of Financial Stability, 2017, 28: 66-78.

[183] De Haas R, Van Lelyveld I. Multinational banks and the global financial crisis: Weathering the perfect storm? [J]. Journal of Money, Credit and Banking, 2014, 46 (s1): 333-364.

[184] De Rosa C, Luciano E, Regis L. Geographical diversification and longevity risk mitigation in annuity portfolios [J]. ASTIN Bulletin: The Journal of the IAA, 2021, 51 (2): 375-410.

[185] Dina A E. Globalization on the Romanian insurance market in terms of competition [C] //Proceedings of the International Conference on Business Excellence. 2011, 12 (1): 311-323.

[186] Dragotă I M, Cepoi C O, Ştefan L. Threshold effect for the life insurance industry: evidence from OECD countries [J]. The Geneva Papers on Risk and Insurance-Issues and Practice, 2022: 1-22.

[187] Drakos A A, Kouretas G P. Bank ownership, financial segments and the measurement of systemic risk: An application of CoVaR [J]. International Review of Economics & Finance, 2015, 40: 127-140.

[188] De la Mano M, Padilla J. Big tech banking [J]. Journal of Competition Law & Economics, 2018, 14 (4): 494-526.

[189] Deng L, Lv Y, Liu Y, et al. Impact of fintech on bank risk-taking: Evidence from China [J]. Risks, 2021, 9 (5): 99.

[190] Esqueda O A, Assefa T A, Mollick A V. Financial globalization and stock market risk [J]. Journal of International Financial Markets, Institutions and Money, 2012, 22 (1): 87-102.

[191] Faia E, Laffitte S, Ottaviano G I P. Foreign expansion, competition and bank risk [J]. Journal of International Economics, 2019, 118: 179-199.

[192] Fang Y, Van Lelyveld I. Geographic Diversification in Banking [J]. Journal of Financial Stability, 2014, 15: 172-181.

[193] Fiala T, Havranek T. The sources of contagion risk in a banking sector with foreign ownership [J]. Economic Modelling, 2017, 60: 108-121.

[194] Fung D W H, Lee W Y, Yeh J J H, et al. Friend or foe: The divergent effects of FinTech on financial stability [J]. Emerging Markets Review, 2020, 45: 1-19.

[195] Gaies B., S. Goutte., K. Guesmi. What Interactions between Financial Globalization and Instability? —Growth in Developing Countries [J]. Journal of International Development, 2019, 31 (1): 39-79.

[196] Galema R, Koetter M. Big fish in small banking ponds? Cost advantage and foreign affiliate presence [J]. Journal of International Money and Finance, 2018, 81: 138-158.

[197] Ghosh A. How does banking sector globalization affect banking crisis? [J]. Journal of Financial Stability, 2016, 25: 70-82.

[198] Goetz M R, Laeven L, Levine R. Identifying the valuation effects and agency costs of corporate diversification: Evidence from the geographic diversification of US banks [J]. The Review of Financial Studies, 2013, 26 (7).

[199] Goetz M R, Laeven L, Levine R. Does the geographic expansion of banks reduce risk? [J]. Journal of Financial Economics, 2016, 120 (2): 346-362.

[200] Grassa R, Moumen N, Hussainey K. Do ownership structures affect risk disclosure in Islamic banks? International evidence [J]. Journal of Financial Reporting and Accounting, 2021, 19 (3): 369-391.

[201] Gulamhussen M A, Pinheiro C, Pozzolo A F. International diversification and risk of multinational banks: Evidence from the pre-crisis period [J]. Journal of Financial Stability, 2014, 13: 30-43.

[202] Han L, Zheng Q, Li L, et al. Do foreign institutional investors stabilize the capital market? [J]. Economics Letters, 2015, 136: 73-75.

[203] Havrylchyk O, Jurzyk E. Inherited or earned? Performance of foreign banks in Central and Eastern Europe [J]. Journal of Banking & Finance, 2011, 35 (5).

[204] Han I, Liang H, Chan K C. Locational Concentration and Institutional Diversification: Evidence from Foreign Direct Investments in the Banking Industry [J]. The North American Journal of Economics and Finance, 2016, 38: 185-199.

[205] Hartwell C. A. If You're Going Through Hell, Keep Going: Nonlinear Effects of Financial Liberalization in Transition Economies [J]. Emerging Markets Finance & Trade, 2017, 53: 250-275.

[206] Havrylchyk O, Jurzyk E. Inherited or earned? Performance of foreign banks in Central and Eastern Europe [J]. Journal of Banking & Finance, 2011, 35 (5).

[207] Hlaing S. W., M. Kakinaka. Financial crisis and financial policy reform: Crisis origins and policy dimensions [J]. European Journal of Political Economy, 2018, 55: 224-243.

[208] Hollo D, Kremer M, Lo Duca M. CISS-a composite indicator of systemic stress in the financial system [J]. ECB Working Papers, 2012.

[209] Huang Y., Y. Ji. How will financial liberalization change the Chinese economy? Lessons from middle-income countries [J]. Journal of Asian Economics, 2017, 50: 27-45.

[210] Hu J L, Yu H E. Risk management in life insurance companies: Evidence from Taiwan [J]. The North American Journal of Economics and Finance, 2014, 29: 185-199.

[211] Huo R, Ahmed A D. Return and volatility spillovers effects: Evaluating the impact of Shanghai-Hong Kong Stock Connect [J]. Economic Modelling, 2017, 61: 260-272.

[212] Islamaj E, Kose M A. What types of capital flows help improve international risk sharing? [J]. Journal of International Money and Finance, 2022, 122.

[213] Iwanicz-Drozdowska M, Smaga P, Witkowski B. Role of Foreign capital in stability of banking sectors in CESEE countries [J]. Finance a Uver, 2017, 67 (6): 492-511.

[214] Jeng V S C. Competition and its variation over time: An empirical analysis of the Chinese insurance industry [J]. The Geneva Papers on Risk and Insurance-Issues and Practice, 2015, 40: 632-652.

[215] Jeon B N, Olivero M P, Wu J. Multinational banking and the international transmission of financial shocks: Evidence from foreign bank subsidiaries [J].

Journal of Banking & Finance, 2013, 37 (3): 952-972.

[216] Johri A, Dubey A, Shukla S. Foreign Direct Investment: Effect and Impact on Indian Insurance Sector [J]. Issue 2 Indian JL & Legal Rsch. , 2023, 5: 1-15.

[217] Jordà Ò. , M. Schularick. , A. M. Taylor. Financial Crises, Credit Booms, and External Imbalances: 140 Years of Lessons [J]. IMF Economic Review, 2011, 59 (2): 340-378.

[218] Jouida S, Bouzgarrou H, Hellara S. The effects of activity and geographic diversification on performance: Evidence from French financial institutions [J]. Research in International Business and Finance, 2017, 39: 920-939.

[219] Joyce J P. Financial globalization and banking crises in emerging markets [J]. Open Economies Review, 2011, 22: 875-895.

[220] Kalemli-Ozcan S, Papaioannou E, Perri F. Global Banks and Crisis Transmission [J]. Journal of international Economics, 2013, 89 (2): 495-510.

[221] Kanno M. The network structure and systemic risk in the global non-life insurance market [J]. Insurance: Mathematics and Economics, 2016, 67: 38-53.

[222] Karolyi G A, Sedunov J, Taboada A G. Cross-border Bank Flows and Systemic [J]. AvailableatSSRN2938544, 2018.

[223] Kasman A, Kasman S, Gökalp G. Stability, competition, and concentration in the Turkish insurance sector [J]. International Journal of the Economics of Business, 2020, 27 (2): 269-289.

[224] Kim J B, Li X, Luo Y, et al. Foreign investors, external monitoring, and stock price crash risk [J]. Journal of Accounting, Auditing & Finance, 2020, 35 (4): 829-853.

[225] Krishnamurthy A, Vissing-Jorgensen A. The effects of quantitative easing on interest rates: Channels and implications for policy [R]. National Bureau of Economic Research, 2011.

[226] Lane P. R. Financial Globalisation and the Crisis [J]. Open Economies Review, 2013, 3 (24): 555-580.

[227] Lane P. R. International Financial Flows and Macro-Financial Risk in SSA [J]. Journal of African Economies, 2016, 25 (4): 580-613.

[228] Lanne M, Nyberg H. Generalized forecast error variance decomposition for linear and nonlinear multivariate models [J]. Oxford Bulletin of Economics and Statistics, 2016, 78 (4): 595-603.

[229] Lassoued N, Sassi H, Attia M B R. The impact of state and foreign ownership on banking risk: Evidence from the MENA countries [J]. Research in International Business and Finance, 2016, 36: 167-178.

[230] Lee C C, Lin C W, Zeng J H. Financial liberalization, insurance market, and the likelihood of financial crises [J]. Journal of International Money and Finance, 2016, 62: 25-51.

[231] Lee C H, Chou P I. Financial openness and market liquidity in emerging markets [J]. Finance Research Letters, 2018, 25: 124-130.

[232] Lee C C, Hsieh M F. Bank reforms, foreign ownership, and financial stability [J]. Journal of International Money and Finance, 2014, 40: 204-224.

[233] Lee G, Jeong J. An investigation of global and regional integration of ASEAN economic community stock market: Dynamic risk decomposition approach [J]. Emerging Markets Finance and Trade, 2016, 52 (9).

[234] Lee H S, Chong S C, Yap S, et al. Does Economic Freedom in Host Countries Lead to Increased Non-Life Insurance Development? [J]. SAGE Open, 2021, 11 (4): 11: 1-18.

[235] Lee S, Bowdler C. Banking sector globalization and monetary policy transmission: Evidence from Asian countries [J]. Journal of International Money and Finance, 2019, 93: 101-116.

[236] Lehkonen H. Stock market integration and the global financial crisis [J]. Review of Finance, 2015, 19 (5).

[237] Li J, Li J, Zhu X, et al. Risk spillovers between FinTech and traditional financial institutions: Evidence from the US [J]. International Review of Financial Analysis, 2020, 71.

[238] LiT, LiM Li T, Li M. An empirical analysis of the factors influencing the development of insurance industry in China [J]. SAGE Open, 2020, 10 (4): 1-10.

[239] Luo Y. , S. Tanna. , G. De Vita. Financial openness, risk and bank efficiency: Cross-country evidence [J]. Journal of Financial Stability, 2016, 24: 132-148.

[240] Meslier C, Morgan D P, Samolyk K, et al. The benefits and costs of geographic diversification in banking [J]. Journal of International Money and Finance, 2016, 69: 287-317.

[241] Motelle S, Biekpe N. Financial integration and stability in the Southern

African development community [J]. Journal of Economics and Business, 2015, 79: 100-117.

[242] Mühlnickel J, Weiß G N F. Consolidation and systemic risk in the international insurance industry [J]. Journal of Financial Stability, 2015, 18: 187-202.

[243] Naufa A M, Lantara I W N. Foreign Ownership, Return Volatility, Trading Volume, and Risk of Stocks in Indonesia [J]. International Journal of Banking and Finance, 2017, 13 (2): 119-141.

[244] Navaretti G B, Calzolari G, Pozzolo A F, et al. Multinational banking in Europe-financial stability and regulatory implications: lessons from the financial crisis [J]. Economic Policy, 2010, 25 (64): 703-753.

[245] Nguyen A P, Nguyen H A, Ho T H M, et al. Risk and returns of different foreign ownership portfolios: Evidence from Vietnam stock market [J]. Cogent Economics & Finance, 2019.

[246] Nguyen Q K. Ownership structure and bank risk-taking in ASEAN countries: A quantile regression approach [J]. Cogent Economics & Finance, 2020, 8 (1).

[247] Nishimura Y, Tsutsui Y, Hirayama K. Do international investors cause stock market spillovers? Comparing responses of cross-listed stocks between accessible and inaccessible markets [J]. Economic Modelling, 2018, 69: 237-248.

[248] Ochieng I L, Olweny T O, Oluoch O J, et al. Effect of foreign equity flows on stock market volatility in Kenya Empirical evidence at Nairobi securities exchange [J]. Journal of Finance and Investment Analysis, 2019, 8 (3): 1-5.

[249] Outreville J F. A Note on Geographical Diversification and Performance of the World's Largest Reinsurance Groups [J]. Multinational Business Review, 2012, 20 (4): 376-391.

[250] Padilla J. BigTech "Banks", Financial Stability and Regulation [J]. Financial Stability and Regulation, 2020, 38: 11-26.

[251] Pawłowska M, Serwa D, Zajaczkowski S. International Banking and Liquidity Risk Transmission: Evidence from Poland [J]. IMF Economic Review, 2015, 63 (3): 585-605.

[252] Pervan M, Curak M, Mariajnovic I. Dynamic panel analysis of B&H insurance companies' profitability [J]. Recent Researches in Business and Economics, 2012, 1 (7): 158-163.

[253] Pervan M, Poposki K, Curak M. How Well Insurance Companies in Macedonia Perform [J]. Recent Researches in Applied Economics and Management, 2014, 1: 457-463.

[254] Phan D H B, Narayan P K, Rahman R E, et al. Do financial technology firms influence bank performance? [J]. Pacific-Basin finance journal, 2020, 62: 101210.

[255] Philippon T. Thefintech opportunity [R]. National Bureau of Economic Research, 2016.

[256] Qin X., C. Luo. Capital account openness and early warning system for banking crises in G20 countries [J]. Economic Modelling, 2014, 3: 190-194.

[257] Reinhardt D, Riddiough S J. The Two Faces of Cross-border Banking Flows [J]. IMF Economic Review, 2015, 63 (4): 751-791.

[258] Rivai A, Indiastuti R, Firdaus A. Foreign Shareholdings Impact on Credit Risks of Acquired Local Bank in Indonesia [J]. International Journal of Advanced Science and Technology, 2020, 29 (9).

[259] Rosa C, Luciano E, Regis L. Geographical Diversification and Longevity Risk Mitigationin Annuity Portfolios [J]. AvailableatSSRN3501701, 2019.

[260] Schmid M M, Walter I. Geographic diversification and firm value in the financial services industry [J]. Journal of Empirical Finance, 2012, 19 (1): 109-122.

[261] Schoenmaker D, Sass J. Cross-border insurance in Europe: Challenges for supervision [J]. The Geneva Papers on Risk and Insurance-Issues and Practice, 2016, 41: 351-377.

[262] Shaban M, James G A. The effects of ownership change on bank performance and risk exposure: Evidence from Indonesia [J]. Journal of Banking & Finance, 2018, 88: 483-497.

[263] Sheng T. The effect of fintech on banks' credit provision to SMEs: Evidence from China [J]. Finance Research Letters, 2021, 39: 1-14.

[264] Shim J. An investigation of market concentration and financial stability in property-liability insurance industry [J]. Journal of risk and insurance, 2017, 84 (2): 567-597.

[265] Smets F, Wouters R. An estimated dynamic stochastic general equilibrium model of the euro area [J]. Journal of the European economic association, 2003, 1 (5).

[266] Stulz R M. Fintech, bigtech, and the future of banks [J]. Journal of Applied Corporate Finance, 2019, 31 (4): 86-97.

[267] Tacneng R. The impact of minority foreign ownership and controlling shareholder on bank risk and performance: Evidence from an emerging economy [J]. Managerial Finance, 2015, 41 (5): 526-546.

[268] Teräsvirta T, Tjøstheim D, Granger C W J. Modelling Nonlinear Economic Time Series [M]. Oxford: Oxford University Press, 2010.

[269] Tillmann P. Capital inflows and asset prices: Evidence from emerging Asia [J]. Journal of Banking and Finance, 2013, 37 (3): 717-729.

[270] Tobias A, Brunnermeier M K. CoVaR [J]. The American Economic Review, 2016, 106 (7).

[271] Todea A. Cross-correlations between volatility, volatility persistence and stock market integration: the case of emergent stock markets [J]. Chaos, Solitons & Fractals, 2016, 87: 208-215.

[272] Tonzer L. Cross-border interbank networks, banking risk and contagion [J]. Journal of Financial Stability, 2015, 18: 19-32.

[273] Umutlu M, Akdeniz L, Altay-Salih A. The degree of financial liberalization and aggregated stock-return volatility in emerging markets [J]. Journal of banking & finance, 2010, 34 (3): 509-521.

[274] Van Horen N, Claessens S. Foreign banks: Trends, Impact and Financial Stability [J]. IMF Working Paper, 2012, No. WP/12/10.

[275] Verbeke A, Asmussen C G. Global, local, or regional? The locus of MNE strategies [J]. Journal of Management Studies, 2016, 53 (6).

[276] Vo X V, Ellis C. International financial integration: Stock return linkages and volatility transmission between Vietnam and advanced countries [J]. Emerging Markets Review, 2018, 36: 19-27.

[277] Wang R, Liu J, Luo H. Fintech development and bank risk taking in China [J]. The European Journal of Finance, 2021, 27 (4-5): 397-418.

[278] Wanjugu M J. The Determinants of Financial Performance in General Insurance Companies in Kenya [D]. School of Business, University of Nairobi, 2014.

[279] Weiss G N F, Bierth C, Irresberger F. Systemic Risk of Insurers around the Globe [J]. AvailableatSSRN2419508, 2014.

[280] Wu J, Luca A C, Jeon B N. Foreign bank penetration and the lending

channel in emerging economies: Evidence from bank-level panel data [J]. Journal of international money and finance, 2011, 30 (6): 1128-1156.

[281] Yang K, Wei Y, He J, et al. Dependence and risk spillovers between mainland China and London stock markets before and after the Stock Connect programs [J]. Physica A: Statistical Mechanics and its Applications, 2019, 526: 1-11.

[282] Yang Z., Y. Zhou. Quantitative Easing and Volatility Spillovers Across Countries and Asset Classes [J]. Management Science, 2017, 63 (2): 333-354.

[283] Yao T, Song L. Fintech and the economic capital of Chinese commercial bank's risk: Based on theory and evidence [J]. International Journal of Finance & Economics, 2023, 28 (2).

[284] Yildirim C, Efthyvoulou G. Bank value and geographic diversification: regional vs global [J]. Journal of Financial Stability, 2018, 36: 225-245.

[285] Yin H. Bank globalization and financial stability: International evidence [J]. Research in International Business and Finance, 2019, 49: 207-224.

[286] Zhang P, Sha Y, Wang Y, et al. Capital market opening and stock price crash risk-Evidence from the Shanghai-Hong Kong stock connect and the Shenzhen-Hong Kong stock connect [J]. Pacific-Basin Finance Journal, 2022, 76.

[287] Zhu W, Yang J. State ownership, cross-border acquisition, and risk-taking: Evidence from China's banking industry [J]. Journal of Banking & Finance, 2016, 71: 133-153.